Meu IRMÃO crê
DIFERENTE

José Fernandes de Oliveira

Pe. Zezinho, scj

Meu IRMÃO crê
DIFERENTE

Leituras ecumênicas

Dados Internacionais de Catalogação na Publicação (CIP)
(Câmara Brasileira do Livro, SP, Brasil)

Zezinho, Padre
   Meu irmão crê diferente : leituras ecumênicas / Padre Zezinho. – São Paulo : Paulinas, 2014. – (Coleção catequistas e aprendiz)

   ISBN 978-85-356-3729-8

   1. Celebrações ecumênicas 2. Igreja Católica - Liturgia 3. Liturgia 4. Orações 5. Palavra de Deus (Teologia) I. Título. II. Série.

14-01789   CDD-264

Índice para catálogo sistemático:
1. Celebrações ecumênicas : Cristianismo   264

Direção-geral: *Bernadete Boff*
Editora responsável: *Andréia Schweitzer*
Copidesque: *Mônica Elaine G. S. da Costa*
Coordenação de revisão: *Marina Mendonça*
Revisão: *Ruth Mitzuie Kluska*
Gerente de produção: *Felício Calegaro Neto*
Projeto gráfico: *Manuel Rebelato Miramontes*

1ª edição – 2014

Nenhuma parte desta obra poderá ser reproduzida ou transmitida por qualquer forma e/ou quaisquer meios (eletrônico ou mecânico, incluindo fotocópia e gravação) ou arquivada em qualquer sistema ou banco de dados sem permissão escrita da Editora. Direitos reservados.

Paulinas
Rua Dona Inácia Uchoa, 62
04110-020 – São Paulo – SP (Brasil)
Tel.: (11) 2125-3500
http://www.paulinas.org.br – editora@paulinas.com.br
Telemarketing e SAC: 0800-7010081
© Pia Sociedade Filhas de São Paulo – São Paulo, 2014

Sumário

Posicionando-me 11

Premissas

1. Sinalizando 15
2. Algaravia de vozes 17
3. Anunciadores de um Deus incomum 19
4. Em diálogo 28
5. Situando-nos 30
6. O recado no automóvel 31
7. Meu irmão crê diferente! 34
8. Eu creio, tu crês, ele crê 38
9. Um pouco mais ecumênicos 40

Parte I
Luzes

10. Graças a Deus, em diálogo 43
11. Crente preocupado 45
12. O grande porquê deste livro 47
13. Posicionar-se 48
14. Quando o assunto é religião 49
15. Os cinco líderes 52
16. Ecumenismo é comunicação 54
17. Três histórias para dissecar um tema 56
18. Poucas e boas certezas 60
19. Muitas perguntas não respondidas 62
20. Por causa do milagre 66
21. É isso que me identifica 69

22. O que nos faz católicos 71
23. Eles e nós 74
24. Intercessores daqui e de lá 76
25. Nossas interpretações 79
26. Pequenas e grandes diferenças 81
27. Minha irmã evangélica 84
28. Não tentou convertê-la? 87
29. Meu amigo reencarnacionista 90
30. Irmãos gêmeos na fé 92
31. Isto mesmo: crente católico! 94
32. Convictamente ecumênico 97
33. Catolicismos diferentes 99
34. Jeito deles e jeito meu 102
35. Humildes perante Deus 108
36. Una, Santa e Universal 110
37. Os nomes e as Igrejas 114
38. As muitas Igrejas de Cristo 116
39. Padres e pastores 124
40. Ênfases e acentos 128
41. A Bíblia deles e a nossa 132
42. Bússolas e caminhos 133
43. Diferentes, mas iguais 138
44. A Igreja das rosas especialíssimas 140
45. Religião de moleque 143
46. Meu sobrinho Fernando 145
47. Buscar Jesus na outra Igreja 148
48. Cristo no catolicismo ou numa outra Igreja? 150
49. Heróis por que intérpretes 151
50. As novas interpretações 154
51. Igrejas que se entreolham 155

52. Religiões que se elogiam 157
53. Perseverar em Cristo e na Igreja 160
54. Aprender com outras igrejas 165
55. Imagens mal compreendidas 168
56. Santos e heróis da fé 172
57. Nosso Senhor e Nossa Senhora 176
58. Nosso afeto por Maria 183
59. Chamaram-na de Cidinha! 186
60. Apenas algumas certezas 188
61. Certezas poucas e boas 192
62. Espiritualidade conciliadora 199
63. Um povo entre mil 201

Parte II
Sombras

64. Agredir em nome de Jesus 213
65. Crer sem ofender 215
66. Ecumenismo para católicos 218
67. Catequese de aproximação 219
68. Crente católico 220
69. Contra a fé do outro 222
70. Carta-resposta a um autoproclamado evangélico 224
71. Estudar a nossa e a fé dos outros 227
72. Ecumenismo e entreguismo 229
73. Mudaram de Igreja 232
74. Instrumentalizadores 234
75. Religião de caolho 235
76. Pregação ecumênica 238
77. Católicos não ecumênicos 241
78. Reciprocidade 243

79. A doce e suave fiel 245
80. Fé e pragmatismo 246
81. Dois pregadores e dois templos 248
82. Não conseguem dialogar 250
83. Nem no nicho nem no lixo 252
84. Coisas infalíveis 255
85. No toco de árvore 259
86. Anúncio do fim dos tempos 261
87. O céu garantido 264
88. Supervalorizadores 266
89. Faça isso sete vezes 268
90. Jesus é o Senhor 272
91. Eles querem você com eles 277
92. Jesus falou com eles... 278
93. O Cristo hóstia 281
94. Entre Ágabo e Simão 282
95. Púlpitos e creme de baunilha 285
96. Pregação triunfalista 288
97. A verdade mais verdadeira 290
98. Os intérpretes do céu 293
99. Flores, canteiros e jardins 296
100. A briga dos buquês 297
101. Creio porque não vejo 298

Parte III
Perspectivas

102. Se Deus quisesse tudo igual 303
103. Se as Igrejas se calarem 305
104. Maria não está lá 307
105. Todos juntos ao menos uma vez 309

106. Caminhos ecumênicos 310
107. Ecumênico com muita honra 312
108. O sol que brilha no meu quintal 314
109. Crescer no ecumenismo 316
110. Tão perto e tão distantes 318
111. Ecumênicos, graças a Deus 321
112. Leituras da fé 326
113. Não temos medo, somos ecumênicos 327
114. Sombras ao redor dos templos 329
115. Sábios e não crentes 331
Recado final 334
Bibliografia 335

Posicionando-me...

A honestidade e o respeito para com meus irmãos de outras religiões me compelem a lembrar que este livro foi escrito para católicos. Os não católicos talvez, para seu crescimento na fé, devam consultar os livros de suas igrejas. Há autores bons e serenos nas outras procuras por Cristo e pelo céu. Não sou nem o primeiro nem o melhor dos que buscam dialogar sobre Deus.

Meu intuito é mostrar aos que congregam comigo na Igreja Católica que entre nós há quem pregue e até creia diferente, e que em outras religiões e igrejas há doutrinas diferentes da nossa diante das quais devemos nos situar sem clima de belicosidade. Eles falam, nós falamos. Cremos no mesmo Cristo, mas não cremos do mesmo jeito, Cremos no mesmo Deus, mas não o interpretamos da mesma forma.

Com esta série de leituras ecumênicas quero levar os católicos que as lerem a ter uma ideia mais clara do que nós, católicos, professamos e ensinamos e do que outras igrejas professam e ensinam.

Não é minha intenção inferiorizar ninguém, mas também não me proponho a ensinar tudo o que a nossa e as outras igrejas ensinam. Aos meus, porventura, leitores passo noções de catolicismo. São os nossos porquês, que talvez facilitem nossa compreensão dos porquês de outras igrejas e religiões.

José Fernandes de Oliveira

Premissas

1. Sinalizando...

Eu afirmo, sim, que a verdade é mesmo como escrevi: que cada um de nós é a medida das coisas que são e que não são; mas existe uma diferença infinita entre homem e homem, e exatamente por isso as coisas parecem e são de um jeito para uma pessoa e, de um outro jeito, para outra pessoa...
(Protágoras 483-410 a.C.)

Num dia qualquer, pela manhã, entre 5 e 8h da manhã, ou depois das 23h, deixe seu televisor ou seu rádio ligado. Comece a sintonizar as emissoras. Verá e ouvirá dezenas de pregadores, na sua maioria cristãos, anunciando Jesus da maneira como seu grupo o entende e interpretando a Bíblia a partir da sua leitura ou releitura. Alguns falam com absoluta convicção e certeza, o que não significa que saibam mais do que seus teólogos e pensadores da fé.

E é bom distinguir entre pregador da fé e pensador da fé. Nos dias de mídia intensa como os de agora tem valido mais a palavra inflamada do pregador. Mas nem todo pregador que sai pelas ruas e rádios, templos e televisões a converter pessoas para Jesus é estudioso e pensador da fé. Muitos deles demonstram pouca intimidade com livros. Estamos em plena *era do sentir* e imenso número deles prega sobre o que sente e induz o fiel a buscar uma experiência de sentir Deus, que nem sempre é fé refletida e consciente.

No magno debate entre Bernardo de Claraval e Pedro Abelardo (1130 e.c.) venceu o inflamado Bernardo e perdeu o filósofo, já enfermo, ambos católicos. No embate entre o teólogo Meister Eckhart e o místico Richard Rolle, que minimizava a importância dos estudos e punha a fé na experiência e no sentir, nenhum seguidor mudou de lado... As posições se cristalizam quando se trata de mudar de visão. Nos dias de agora, quem enche os templos são os pregadores que transpiram certezas e até vendem toalhinhas milagrosas a preço diferenciado, mas que supostamente curam porque tocaram no suor do ungido pregador que chora pelo povo e com o povo. Daqui a décadas veremos o resultado dessas vitórias.

2. Algaravia de vozes

Clima de pós-orgia: No dizer de alguns analistas da comunicação midiática, como Jean Baudrillard, que vivamente recomendo a quem deseja estudar a comunicação moderna, há décadas respiramos um clima de pós-orgia.* Todo mundo fala e ninguém ouve! Todo mundo pode e ninguém ouse dizer que não pode! Qualquer um pode subir a um púlpito e ninguém poderá contestar sua unção e sua profecia! Talento e preparo não são essenciais: essencial é o grau de visibilidade: "Sou visto, logo existo!". Deus o ordenou! Igrejas não podem determinar quem pode falar a um microfone, quando Deus o está chamando para aquela missão! Restam sempre as incômodas perguntas: Que Deus? Que chamado? Que crentes? Que fé?

Que Deus eles anunciam? São tantos a anunciar o poder, as curas, as promessas, a graça, a recompensa, o perdão e as ameaças de Deus e cada qual do seu jeito, que o ouvinte despreparado concluirá que se trata de muitos deuses e não do mesmo Deus, muitos Cristos e não o mesmo Cristo. Começa com o tratamento dado a Deus por pregadores e cantores que frequentemente alternam entre o *você*, *tu* e *vós*. Dificilmente alguém se mostra indeciso a esse ponto quando fala com seus pais ou irmãos...

Nem todos estão certos: São milhões de lábios, milhões de cabeças, milhares de templos e de púlpitos proclamando que Deus existe, tem um recado para os nossos tempos e *o que Jesus quer de cada fiel para os dias de agora*. Sim, eles sabem porque têm fé. Mas ter fé pode ser o mesmo que crer, mas não é o mesmo que saber... As pessoas simples não fazem essa distinção. Gostam de um pregador famoso e com jeito de homem ou mulher de

---
* *A transparência do mal.*

Deus e decidem que a pessoa que amam e admiram está certa. Milhões admiraram Mahatma Gandhi, Madre Teresa de Calcutá, Nelson Mandela e Fidel Castro. Mas um desses personagens prendeu seus próprios companheiros por longos anos na prisão e mandou matar quem se opunha ao seu regime. Estavam todos certos ou só aqueles que respeitaram a vida?

Discurso arrecadador: Na algaravia de vozes a anunciar Jesus, todos precisam arrecadar melhor para melhor anunciar. A proposição é a de que Deus será generoso para quem for generoso para com a sua Igreja. E a destinatária não pode ser qualquer Igreja, porque não é qualquer Igreja que tem tantas verdades e milagres como a deles... Preste atenção e observe o discurso arrecadador. Deus pediria aquele dinheiro? Se Deus não pediria, não seria o caso de os pregadores dizerem quem realmente quer aquele dinheiro e para quê?

Enfoque e diálogo: Preste atenção no enfoque. Entre eles, alguns são ecumênicos. Admitem que o outro *também* está com Deus e que Deus *também* está com ele. E há os que dizem que Deus *só está com eles* e que *só eles leram direito* o Livro Santo, pelo que *só eles são os porta-vozes capazes* de lhe oferecer o que Deus quer para este mundo...

> No passado, as pessoas religiosas estavam abertas a toda espécie de verdade. Estudiosos judeus, cristãos e muçulmanos estavam dispostos a aprender, tanto com os gregos pagãos que ofereciam sacrifícios aos ídolos quanto com outros.
>
> Não é verdade que ciência e religião sempre andaram às turras: na Inglaterra, o *éthos* protestante e o puritano eram compatíveis com a ciência dos primórdios da modernidade e contribuíram para seu avanço e sua aceitação. Os jesuítas incentivaram o jovem Descartes a ler Galileu e eram fascinados por ciência. Aliás, diz-se que a primeira coletividade científica não foi a Royal Society, mas a Sociedade de Jesus (Karen Armstrong: *Em defesa de Deus*).

3. Anunciadores de um Deus incomum

Anunciadores: Eles anunciam que Deus existe, é um só, mas é três pessoas e uma delas esteve aqui na Palestina. São pregadores cristãos das mais diversas igrejas, congregações e assembleias que se proclamam cristãs. Anunciam um Deus muito diferente dos deuses ou do Deus aceito pela maioria das outras religiões, que, por sua vez, também tiveram e têm dificuldade enorme de explicar suas *teogonias* e *parusias*: origens e manifestações dos deuses.

Inexplicáveis: A verdade é que nem Deus nem suas teogonias são explicáveis apenas à luz da razão. E outra verdade é que a razão também não explica tudo o que inquieta a mente humana.

Estamos em um mato sem cachorro... Nem a fé explica tudo, nem o sentimento nem a razão, nem a ciência têm explicação para tudo. Então, adotamos as nossas explicações parciais, escudados ou no sentimento, ou na intuição, ou na razão, e as canonizamos. Achamos que o caminho do outro leva, mas não chega. E decretamos que o nosso é mais caminho, e se não chega hoje, chegará um dia... É o discurso latente nos escritos e artigos que se lê há séculos.

***

Deus esteve aqui! Segundo os pregadores cristãos, o grande ungido, que se chamava Jesus e que cruzou as aldeias, estradas e praias da Palestina, era o próprio Deus! Ensinam que Deus é um só, mas é trindade de pessoas, e que a segunda pessoa da Trindade, o Filho, aqui esteve e assumiu a natureza humana. Era uma só pessoa, mas tinha duas naturezas: a divina e a humana. Nasceu em Nazaré da Galileia e morreu em Jerusalém.

Isto! Aquele Galileu carpinteiro que se chamava Jesus era o próprio Deus que é Pai, Filho e Espírito Santo, e ele era o Filho. O Pai agiu com ele, mas não foi visível. O Espírito Santo deu sinais e agiu com ele, mas não se fez visível.

Fé difícil: É o que os cristãos anunciam. É uma fé difícil para quem a leva a sério. Como toda fé, está longe de ser óbvia. Não nos admiremos se há pessoas que a rejeitam. Pode ser fácil para milhões de crentes cristãos, mas não é para os não crentes, ou para crentes não cristãos.

***

Fé polêmica: Uma coisa é proclamar isso superficialmente, com lindas canções, palmas e aplausos para o nosso Deus que se encarnou; porém, garantir que ele tem poder e age no mundo, sustentar essa fé perante pessoas inteligentes e críticas, ou diante dos perseguidores de religiões e igrejas estranhas, é outra coisa! Alguns toleram, outros não estão nem aí. E há outros, como Friedrich Nietzsche, Christopher Hitchens e Richard Dawson que a combateram e combatem com veemência. Não conseguem ficar quietos diante deste estranho Deus que se faz humano, nasce de uma virgem e morre impotente numa cruz. Se outros podem anunciá-lo, eles podem denunciá-lo. E é o que fazem. Eles também têm suas crenças, mas não no Deus em que cremos.

***

Por que razão nos admirarmos se alguém duvida e decide crer em Deus de outra forma? Não estamos também nós crendo em Deus de outra forma? Bilhões não creem num Deus em três pessoas. Por conseguinte, não veem em Jesus ninguém mais além de um profeta honesto e bom, perseguido e crucificado.

Escândalo e provocação: A frase é de Paulo, que experimentou na carne os açoites dos descrentes: "Mas nós pregamos a Cristo crucificado, que é escândalo para os judeus e loucura para os pagãos" (1Cor 1,23). Nossa fé escandaliza ateus e outras religiões que dizem que um Deus como este não faz sentido: Deus não se rebaixaria a esse ponto de se tornar humano. Assim, não aceitam a fé cristã. Jesus para eles pode até ter sido um homem ungido, mas Deus, nunca! Aceitam o jesuísmo, mas não o cristianismo. Jesus humano, bom e mártir, sim. Jesus Deus, não!

***

Contra as outras hipóteses: Mas é o que todos os dias padres, pastores, seminaristas, religiosas, leigos, pregadores, diáconos, cantores e um exército de catequistas e anunciadores da existência de Deus ensinam. Ele era o próprio e único Deus que é três pessoas. Muitos dos que o anunciam nem sequer se dão conta de que estão anunciando o único Deus que há. Não são poucos os que se benzem ou falam como se estivessem diante de três deuses. Ainda há o padre ou diácono ou pastor que em plena televisão fala de Deus Pai, Deus Filho e Deus Espírito Santo, em vez de falar de Deus: Pai, Filho, Espírito Santo. O detalhe os trai!

Sentem pena de nós: Como provavelmente aconteceu a Paulo no Areópago (At 17,19), muitos giram o dedo indicador em círculo, ao lado da cabeça, quando os ouvem. Os parentes de Jesus o consideraram insano (Mc 3,21). Dialogar com um mundo que não está disposto nem mesmo a conversar sobre isso e com jornalistas que, às vezes, maliciosamente reportam essa fé com estudada ironia, eis o desafio para um coração que diz que, em se tratando de Deus, isso é perfeitamente possível! Se Deus pode tudo, então pode isso. Se não pode, então não pode isso.

Jornalista maliciosa: Uma entrevistadora, anos atrás, perguntou a um sacerdote católico se Deus poderia se manifestar em forma de cabra, boi ou cobra, que são suas criaturas, já que se manifestou em forma de homem. A resposta do sacerdote mestre e teólogo foi serena: "O finito e impotente nunca poderia se tornar infinito, mas o infinito e todo-poderoso pode assumir a forma de finito. Se ele pode tudo, ele pode parecer menor aos nossos olhos. Nós é que jamais conseguiríamos nem mesmo parecer infinitos".

Insatisfeita, ela disse que o padre fugira da questão e zigueza-gueara pelo assunto sem responder. E ele disse claramente: "Se uma cabra, um boi ou uma cobra poderiam ser deuses? Não. Se Deus poderia manifestar sua presença na forma de vento, línguas de fogo, vozes, animais ou outros sinais? Poderia. No caso do ser humano Jesus, nós afirmamos que ele não apenas manifestou presença: foi presença!"

A entrevistadora disse com um sorriso no canto dos lábios: "É preciso coragem para afirmar uma coisa dessas". E o padre teólogo respondeu: "E não é preciso coragem alguma para rir dessa fé pelo canto esquerdo da boca. Eu não estou rindo do seu jornalismo e das suas convicções. Então, além de coragem, eu tenho respeito. Foi isso que Deus veio ensinar ao mundo que disso andava esquecido...".

***

Fronteiras e limites: Não provou nada, mas estabeleceu fronteiras entre quem crê e quem o questiona e entre quem não crê e o crente que dele discorda. Nenhum dos lados pode ter tamanha certeza de que Deus faria ou não faria *kênosis*, isto é, descer até sua criação. Simplesmente não sabemos o suficiente sobre o Deus que afirmamos ou negamos.

***

Um jornalista irônico, ao invés de me entrevistar, me deu duas estocadas sobre minha fé cristã, perguntando como uma pessoa aparentemente estudada e culta como eu poderia enveredar por esse caminho absurdo.

Agradeci pelo "culto", que não sou, mas que revela que leio muito. Respondi perguntando também como um jornalista, supostamente estudado e competente como ele, acabara enveredando pelo caminho da notícia contada apenas do seu jeito, em vez de ouvir o ponto de vista do entrevistado e tentar achincalhá-lo perante os presentes... Se eu deturpo a ideia de Deus não estaria ele deturpando a ideia de notícia? Traduziria minha ideia ou imporia a dele? Eu estava ali propondo minha crença, mas ele estava impondo sua descrença, enquanto me entrevistava! Na época, vinte anos lecionando Comunicação me ensinaram a não ser encurralado por perguntas nas quais a resposta já vem embutida.

***

Direito deles, direito meu: Entendo o professor universitário, o estudante, a moça culta, o pregador de outra fé que não aceitam que Deus possa ser um só em três pessoas. Entendo quem não aceita que Deus tenha estado aqui em forma humana. Entendo o historiador que me lembra de que tais parusias, teogonias e presenças divinas existiram em muitas culturas. Eles falam do ponto de vista de quem não vê a menor possibilidade de Deus ter-se tornado humano.

Não nos entendem e jamais entenderão. Nem nós mesmos nos entendemos. Se não conseguimos formular a contento nossa ideia de Deus entre nós, muito menos seremos capazes de provar cabalmente quem é Deus e como ele age.

***

O discurso e a realidade: Grandes teólogos, pensadores inteligentíssimos, deixaram claro desde os primeiros séculos que uma coisa é nosso discurso sobre Deus e outra realidade é o Deus sobre quem discursamos. Ele é mais. No dizer de Karl Bart e também de Karl Rahner, ele é o *Totalmente Outro*. Qualquer comparação claudica. Falar sobre Jesus Deus, humano e divino, Filho eterno, já é difícil. Querer provar a um descrente inteligente que assim é, fica ainda mais difícil. Podemos citar os livros nos quais acreditamos, mas a razão dele não aceita essas escrituras. Para ele são documentos sem valor. Não aceita seu conteúdo como prova.

Quando, pois, ouso falar sobre o Coração Sagrado do Homem Deus, eu, pregador dehoniano, que escolhi acentuar para um mundo sem misericórdia e propenso à vingança ou à indiferença que Deus é compassivo e que o Filho esteve aqui e derramou seu coração sobre os pequenos, os humildes e feridos pela vida, já sei que serei contestado. Não veem Deus da mesma forma e não aceitam essa compaixão como eficaz ou infinita.

Deus não age como eles esperam: Para eles, o Deus que tem poder e não o usa não é tão bom quanto parece. Se pode tudo, por que não intervém? Vai deixar seus filhos se destruírem, se matarem, se eliminarem, para depois agir? Não seria o caso de impedir tanta violência e tanta fome? Se criou a produção, não poderia intervir na distribuição dos alimentos?

Não foi ele que por quase quarenta anos deu cesta básica de maná e de codornizes no deserto ao seu povo para que não morresse de fome (Ex 16,35)? Na era dos aviões, por que ele não toca os corações de seus filhos obedientes e ricos para levar de avião o moderno maná, lá onde se passa fome? Podia fazer no deserto e não pode hoje? Ou aquilo era apenas linguagem figurativa?

Foi o que ouvi de um químico descrente. Nem adiantou querer responder. Ele entrou no carro e foi embora. Eu saía da rádio América, onde pregara sobre o coração compassivo de Jesus.

A visão da Igreja: Os documentos da nossa Igreja deixam claro que Deus não é obrigado a fazer chover de madrugada o moderno maná para um povo que o tem, mas concentra tudo nas mesas de uns poucos a quem nada falta, enquanto a milhões não chega nem mesmo o pão cotidiano.

O mesmo Jesus que dizemos ser Deus e que no Pai-Nosso mandou orar por esse pão, também nos disse que cometeremos crime se negarmos o que temos a mais aos que nada têm, ou não têm o suficiente. A tarefa é nossa.

Por que Deus não intervém? Quisera eu ter a resposta na ponta da língua, mas não a tenho! Entendo que esse assunto de livre escolha e de dizermos sim ou não à vida e a Deus não foi abolido. Somos mais livres do que imaginamos e mais influenciados do que admitimos ser. Estudo linguagem religiosa há quase quarenta anos e afirmo que a maioria dos pregadores da fé vive de repetir sem refletir. Usam frases e conceitos ouvidos nas suas igrejas, mas poucos demonstram ter um pensamento assimilado e elaborado a partir das centenas de livros que leram. A maioria lê pouco! Assino embaixo do que acabo de dizer. Os que refletem não ousam responder por que Deus não intervém. Há coisas sobre Deus que simplesmente não sabemos e não entendemos! Pregadores mais afoitos explicam tudo, ignorando o que diz a Bíblia que tanto citam. Ela diz que os desígnios e as decisões de Deus são insondáveis.

> Com a sua voz, Deus ribomba maravilhosamente; faz grandes coisas, que nós não podemos compreender (Jó 37,5).

> Então vi toda a obra de Deus, que o homem não pode perceber, a obra que se faz debaixo do sol, por mais que trabalhe o homem para a descobrir, não a achará; e, ainda que diga o sábio que a conhece, nem por isso a poderá compreender (Ecl 8,17).

> Meus pensamentos não são os vossos pensamentos, nem os vossos caminhos, os meus caminhos, diz o SENHOR (Is 55,8).

Até que ponto Deus nos dá liberdade? Até que ponto ele a retoma? Seria liberdade se não pudéssemos dizer não a ele e até negar sua existência? O fato de podermos livremente afirmá-la ou negá-la sem sermos imediatamente jogados no inferno pode ser uma prova de que Deus não existe ou que existe e respeita nossas escolhas. Pagaremos nós mesmos o preço delas...

O Deus invisível: Talvez a falta que Deus faz quando o ignoramos seja a maior prova de que ele existe. É como o ar que não vemos, mas existe. Não há como negá-lo só porque não o vemos. É quando ele nos falta e quando estrebuchamos na poltrona puxando o que podemos dele pela boca ou pelas narinas, que percebemos o quanto precisamos dele.

Talvez seja o ato de aceitar seu amor, que para nós, às vezes, parece estranho, por não vir como queríamos, talvez seja essa consciência que nos levará a entender os sentimentos humanos. Onde não há amor, há graves lacunas. Nada as preencherá de maneira satisfatória.

Negação de Deus não é o mesmo que ausência dele: Somos nós a negar. Ele pode estar agindo e presente e, mesmo assim, podemos negar. Teísmo ou ateísmo são escolhas nossas, não de Deus. Não é Deus quem nos vira as costas. Somos nós que nos afastamos do que não aceitamos. Ou somos nós que aceitamos, mas apenas do nosso jeito!

Se Deus existe, não tem que provar ao descrente que ele existe. Seguirá sendo e agindo como sempre. Se não existe, o ateu terá vencido, mas será uma "vitória de Pirro".* Ele também sairá escoriado de sua vitória, pois, quando se tira séculos de fé e de esperança de milhões de almas, é melhor que se tenha algo para pôr no lugar. Os poderosíssimos regimes comunistas ateus bem que tentaram, mas em menos de cinquenta anos perceberam que o marxismo, o leninismo e o maoísmo não tinham preenchido essa lacuna. Muitos devolveram os templos que haviam transformado em estabelecimentos do Governo ou do Partido.

---

* Tal expressão, pronunciada por Pirro, rei de Épiro e da Macedônia, tornou-se famosa porque, após a Batalha de Ásculo, quando lhe deram parabéns pela vitória conseguida a custo, ele respondeu com estas palavras: "Mais uma vitória como essa, e estou perdido!". (N.E.)

Complicado: Complicado é pregar, complicado é negar e complicado é aceitar Deus. Há multidões de estudiosos a afirmar e proclamar ou negar sua existência, ação e presença neste mundo. E tudo indica que assim será enquanto o ser humano for inteligente e rebelde para se perguntar por quê! Deus nunca será do nosso jeito. Nem do nosso nem dos ateus! Ele é Ele!

4. Em diálogo

Religião, supostamente, é diálogo, caridade e fraternidade para com os de dentro e, no mínimo, convivência amistosa com os de fora. A atitude mais natural de um crente seria elogiar o que há de bom na sua Igreja e na dos outros, e, quando discordasse, discursasse serenamente sobre as diferenças, sem jamais perder o respeito.
(Pe. Zezinho)

Os aproximadores: Um livro sobre atitudes ecumênicas, se pretende ser *catequese de atitudes*, deve apontar virtudes e valores e, sem se omitir, mostrar as incoerências de cá e de lá, posto que não há crentes perfeitos. Mas, primeiro, mostrem-se os valores! No seu todo, porém, uma catequese ecumênica deveria apontar para as convergências, as maravilhas de bondade e santidade que há nas mais diversas religiões. É Deus amado aqui e lá, Deus agindo lá e cá.

Foi esse o objetivo deste livro, desde que há dezesseis anos me debrucei sobre uma coleção de livros que objetivei escrever. Falaria de meus irmãos que *creem no mesmo Deus, mas não creem do mesmo jeito que eu*. Se devemos nos aproximar, que seja na caridade, na gentileza e na verdade. Está claríssimo nos documentos da Igreja Católica, da qual me honro de ser sacerdote há mais de quarenta anos.

***

Os inflexíveis: É verdade que houve e há profetas inflexíveis, pregadores que não cedem um milímetro e que não escondem suas intenções de puxar todos para o seu modo de se relacionar com Deus. Basta ligar o rádio e a televisão para ver como esse comportamento se disseminou. Aproximam-se para puxar e não para dialogar. Se puderem, levarão os fiéis que hoje nos ouvem e oram conosco para suas doutrinas e seus templos.

Também é verdade que há os serenos que conseguem ver a graça de Deus e as luzes dele na própria Igreja, como veem nas dos outros. O futuro da religião, a julgar pelo número de adeptos que os aguerridos conseguem, talvez não esteja entre os serenos e fraternos que não disputam os olhos e os ouvidos dos fiéis dos outros... Como a graça de Deus é surpreendente e gera guinadas, talvez os convertedores de hoje acabem se convertendo, também eles, ao diálogo de quem fala, mas também ouve!

***

Ecumenismo a caminho: Este livro caminha cheio de admiração no meio dos irmãos crentes que concluíram de maneira diferente sobre alguns aspectos da vida e da revelação. Mas caminha na franqueza de quem discorda de algumas coisas que ouve e de algumas atitudes que percebe, enquanto passam as marchas e procissões dos outros crentes.

***

Ecumenismo e cordialidade: Gostaria de ter sido sempre cordial com todos os irmãos e irmãs de outra fé e de encontrar a mesma cordialidade, mas nem sempre foi possível. Ou errei eu, ou erraram eles. Mas posso garantir e atestar seguramente que 95% dos outros crentes que encontrei eram irmãos e irmãs que, mesmo pensando diferente, viram em mim alguma luz, e eu neles.

Estas páginas prosseguem neste filão: *tenho irmãos e irmãs aos milhões em outras religiões.* Com a maioria deles, penso que seja possível dialogar. Com alguns foi, é e será difícil. Fanatizaram-se. Não estão preparados para ouvir e discordar sem discórdias nem exclusões. De tanto cortejar a exclusividade, acabam em exclusões. Minha Igreja me diz que devo respeitá-los. Talvez eu seja o irmão difícil, talvez eles!

Sem nos ouvirmos, jamais nos aproximaremos.

5. Situando-nos

Se todos os que se proclamam religiosos e crentes conhecessem o principal da vida e da fé; se todos vivessem os princípios da convivência fraterna e se todos fossem pessoas de princípio, tudo o que é superficial ou secundário permaneceria secundário. Então, seria bem mais fácil viver o ecumenismo.

Mas como a grande maioria dos pregadores e fiéis quase sempre acentua o periférico da fé, e vive mais de benditas e entusiasmadas exclamações e proclamações do que de sábias interrogações, os religiosos continuam separados e divididos por tabiques e muros, cada qual louvando o mesmo Deus do seu jeito. Os adjetivos "exclusivo" e "especial" suplantaram o advérbio "juntos". E isso explica aqueles seis templos na mesma rua, um de frente para o outro. Seus pregadores e fiéis nunca se reuniram, nem pensam em fazê-lo. Crer diferente, para eles, significa ser diferente!

6. O recado no automóvel

Admiramos uma pessoa sensata e a proclamamos iluminada quando, na verdade, ela apenas faz bem o que todos deveríamos fazer: É comedida, raciocina e pondera. Usa da razão para guiar seus sentimentos e dá o devido peso às coisas, inclusive à sua fé.
(Pe. Zezinho)

Eu saía da Livraria Cultura, no shopping Market Place, em São Paulo, onde fora comprar quatro livros: *Em defesa de Deus*, de Karen Armstrong, *A Igreja das revoluções*, de Daniel Rops, *Deus não é grande*, de Christopher Hitchens, e *Fé além do ressentimento*, de James Alison. Na minha estante são mais de duzentos os livros de crentes e ateus em diálogo ou em debate. Tenho me debruçado sobre o conflito religioso de nossos dias, conflito que virou disputa por números e influência política, que considero tampa de panela de pressão. Por enquanto, ainda chia e apita. Mais dia menos dia, como Chernobil ou Fukushima da fé, pode explodir, como já explodiu tantas e tantas vezes História adentro.

***

Li com encantamento e inquietação o livro de Jaques Attali, *Os judeus, o dinheiro e o mundo*, e o de Karen Amstrong, *Em nome de Deus*. Falam das injustiças e mortes causadas pela fé radical num Deus radical. Sim, os religiosos são capazes das maiores crueldades quando adquirem algum poder e encontram alguém que ouse crer e louvar de outro jeito que o deles...

***

Mil vozes religiosas se elevaram e se ampliaram nestas últimas décadas. Nunca se falou de Deus tanto, por tanto tempo e a tanta gente. Percebo isso no rádio, na televisão, na internet, nos templos e congressos, nos livros e nas esquinas.

> Mais do que anunciar Deus, um número assustador de pregadores da fé anunciam "o Deus que os escolheu", o qual, ao fim e ao cabo, por conta de seus exclusivismos, se torna "o Deus que encolheu". Voltamos à era do "eleito mais eleito".

Número é coisa perigosa! De repente, um pregador pode achar que está mais certo porque construiu mais templos e arrebanhou mais ouvidos e olhos!... Não percebem que o Ibope[**] não é nem nunca foi prova de que a verdade veio para o nosso lado!

***

Eu dizia que saía da livraria. Uma pequena rebelde, de não mais de três anos, aprontava um auê, que se ouvia por todo o shopping. Por mais de quinze minutos, os pacientes e serenos pais a impediram de voltar à perfumaria. O que a fazia tão aguerrida? Sua boneca Barbie que, para ela, era mais do que símbolo, estava viva, e queria porque queria um perfuminho. Não levou! Na hora, os pais negaram e proibiram. Era caro demais. Não cederam à chantagem do marketing que joga crianças contra seus pais. Mais tarde explicariam o porquê da sua recusa. Tinha a ver com o limite do símbolo! Admirei-os. Aquilo, sim, foi catequese! Enfrentaram a birra da filha sem se alterar. Ela teve que perder porque, se vencesse, a loja teria vencido.

***

[**] Abreviatura de Instituto Brasileiro de Opinião Pública e Estatística, uma das maiores empresas de pesquisa de mercado da América Latina, que, no Brasil, virou expressão comum como sinônimo de audiência e prestígio. (N.E.)

A caminho de casa – moro perto –, em menos de três minutos, três carros de crentes me ultrapassaram. Davam o seu recado no vidro traseiro: "Sou feliz por ser católico", "Deus é fiel", "Jesus está voltando!". Não foi difícil imaginar a que igrejas pertenciam. Decidi que concluiria meu livro, havia meses na gaveta. *Meu irmão crê diferente* é meu esforço de jogar um pouco de luz por onde passo.

Não imagino que venha a vender um milhão de cópias. Trabalho com outro conceito de marketing. Mas ainda acredito que nós, crentes, poderíamos mudar o mundo... Isto, se não tivéssemos tantos tabiques, tantos muros, tantas assembleias e tantos pregadores que jamais se encontram!... O irônico em tudo isso é que adoram um Deus infinito e acham que não têm sobre o que conversar... Mais do que triste, é trágico.

7. Meu irmão crê diferente!

Existe o crente que se apresenta como mais crente, mas que nem sempre é o mais coerente e o mais sensato!... Existe a verdade e existem os crentes, mas são duas realidades diferentes.
(Pe. Zezinho)

Milhares de púlpitos: Há centenas de religiões no mundo e milhares de denominações, algumas com apenas trezentos membros. Mas seus fiéis acham que é lá que se encontra a verdade mais verdadeira. Não estariam naquela Igreja se assim não pensassem. Os crentes vão embora de uma Igreja e se tornam ex-crentes ali para se tornarem novos crentes lá, porque acham que finalmente acharam a verdade e porque alguém os convenceu de que o que até então tinha sido verdade, não era... A verdade estava na Igreja criada há dez, há trinta, há cem ou duzentos anos, e não na Igreja de vinte séculos.

Cristão: A palavra cristão foi usada pela primeira vez na atuante Igreja de Antioquia, ainda no primeiro século. A palavra católico estava nos escritos de Santo Inácio de Antioquia, logo após o ano 100. É bem verdade que ter o nome mais antigo ou ser mais antigo não faz um grupo ser mais verdadeiro, mas também é verdade que ser novo não faz um grupo mais de Deus do que os outros.

Disputas aguerridas: As aguerridas disputas dos anos 300, tendo, de um lado, os bispos Alexandre e Atanásio e, do outro, o padre Ário, os três negros, cuja inteligência e determinação honram os cristãos negros, deram origem a muito do que hoje católicos e evangélicos sustentam: *Deus Uno e Trino, Jesus é Deus, Jesus era uma pessoa com duas naturezas, Jesus Cristo é* o *Filho consubstancial ao Pai, não inferior*. Devemos aos negros o Credo que hoje recitamos em nossos templos. Eles suscitaram estas questões. Perdeu o padre cantor Ário, que influenciara multidões, incluindo imperadores; venceram o bispo pastor e o bispo teólogo. Como se vê, as disputas teológicas começaram cedo. Irmãos que acreditavam de maneira diferente lutaram por ver suas ideias triunfarem. Tanto Atanásio como Ário amargaram exílios e perseguições por suas afirmações.

***

A dança dos números: Hoje, os membros de igrejas antigas ou com 500 mil a 1 bilhão de adeptos, às vezes, usam seus números e seu tamanho para provar sua legitimidade. Os pequenos usam seu rápido crescimento ou seus milagres para provar que os novos movimentos da História a eles pertencem. Não há pregador que não saiba que os números são importantes, mas eles não provam que a verdade ou a graça de Deus está com uma Igreja. Há que haver outros parâmetros. Número por número os comunistas atingiram mais de 1,5 bilhão de pessoas. E eles nem sequer acreditavam em Deus.

Missionários e proselitistas: Eles querem fazer discípulos, preferivelmente através dos templos deles. É para lá que chamam seus convidados. Devem vir e ouvir seus pregadores. Se nos convidam é porque acham que seus pregadores pregam mais verdades que os nossos. Sou chamado a conviver com alguns deles em aviões, em ônibus, metrôs, armazéns e supermercados. De vez em quando um deles me dá um folheto, na esperança de me levar para o templo onde ele ora. Respeitosamente recebo e leio. Ajuda a conhecer as outras cabeças e os outros corações... Alguém está adorando a Deus de um jeito que não é o meu. Se leio os ateus, por que não leria os outros crentes?

***

A verdade é que o ser humano crê do jeito dele e procura gente para crer do mesmo jeito. E é ali que ele se dá bem. O instinto de associação determina, às vezes, a fé da pessoa. "Creio como esta Igreja, porque foi ali que me senti bem". "Creio, porque lá alguém me disse o que eu precisava ou queria ouvir." "Vi Deus agindo lá." " Lá eu senti Deus."

***

Até aí, tudo bem. São escolhas! Mas, quando, por crer diferente, uma pessoa não aceita a outra e chega a caluniar, ameaçar, interferir no site da internet, perseguir, prejudicar – e houve até casos de morte –, então estamos no terreno da enfermidade mental disfarçada sob o nome de fé.

Eleicionismo: Refletir sobre tais comportamentos é questão de máxima urgência. Igrejas e religiões já foram à guerra por conta de um desabrido eleicionismo: "Deus nos escolheu, logo rejeitou vocês"... Nos primeiros séculos havia escaramuças em ruas, invasões a templos dos outros e até mortes por conta da verdade sobre Jesus. Hoje ainda vemos facções em briga na Irlanda. E já houve tristes episódios de outros pregadores chutarem nossas imagens e de fiéis a quebrarem-nas em nossos templos. Também houve católicos que rasgaram Bíblias evangélicas, ou protestantes radicais que queimaram o Alcorão, suscitando revides e mortes em países muçulmanos. Queimaram movidos por amor errado por Jesus e mataram por amor errado a Maomé.

Eleitos, sim, mas não únicos: Deus os escolheu, sim, mas sua conclusão foi errada, porque Deus pode escolher muitos e dar a cada escolhido missão especial. O mundo será mais bonito quando as pessoas de crenças e práticas religiosas diferentes conseguirem se emocionar e amar juntas; ou, juntas, ajudar os que sofrem.

Nesse dia não teremos o triste espetáculo de hospitais marcarem dias ou horários diferentes para as várias igrejas cristãs, porque até na hora da caridade seus líderes e pregadores não conseguem se abraçar. E uma enfermeira pentecostal encantada com seu pastor não porá as toalhinhas dele numa paciente de outra fé, e outra enfermeira católica não porá um escapulário no peito de uma paciente de outra Igreja. Vai contra qualquer norma de decência e vai contra as leis de nosso país.

> **Frase carinhosa**
> "Meu irmão crê diferente" deveria ser uma frase carinhosa. Para milhões de pessoas não é. Para elas tem o mesmo significado de "Meu irmão está errado e eu estou certo". Ainda não somos suficientemente inteligentes e serenos para conviver com a diferença, nem suficientemente cristãos para amar quem ama Jesus, ainda que de um jeito diferente do nosso. Andamos confundindo nosso jeito de crer com verdade verdadeira. E não é nem nunca foi a mesma coisa.

8. Eu creio, tu crês, ele crê

Quando eu "só posso estar certo", os que não concordam comigo "só podem estar errados"; assim não há nem pode haver diálogo.
(Pe. Zezinho)

Absolutismos: Karen Armstrong, em seu livro *Em defesa de Deus* (p. 316), lembra que a idolatria sempre foi um dos perigos do monoteísmo. Ao dizer que só pode haver um absoluto e ao rotular de suprema qualquer ideia, teologia, nação, política ou ideologia finita, uma comunidade tende a destruir tudo o que se opõe a ela...

A atitude mais cômoda é mostrar os erros das outras igrejas e religiões para exaltar as virtudes da nossa. Mas é desonesta. Leia jornais de algumas igrejas cristãs e preste atenção nas suas manchetes que acentuam os deslizes das outras e jamais falam dos próprios. Não primam pela ética. Na Igreja Católica, se uma revista fizer isso será reprovada pelo bispo e pelos fiéis. Desconheço revista católica que use manchetes demolidoras contra outra Igreja. Mas conheço pelo menos duas igrejas que primam em criar manchetes demolidoras contra nós.

Vai bem e vai mal: Por conta disso é, também, fácil dizer que o diálogo entre as igrejas vai mal. Teríamos que situar a Igreja e o pregador, posto que há, hoje, visível boa vontade entre a maioria das que se consideram igrejas cristãs. O diálogo não vai bem com algumas igrejas e alguns pregadores, mas sou dos que apostam que porcentagem de 90% dos cristãos, senão mais, é constituída de pregadores que se dão ao respeito, respeitam e, mesmo quando pensam e oram diferente, agem como irmãos em Cristo. Nem todas as igrejas são comandadas por pregadores truculentos, irresponsáveis e trogloditas...

Minoria militante: Pequena minoria alvoroçada e boanérgica, a depender da cidade ou região, assume tom belicoso de soldados em linha de batalha e falam em vitória sobre os católicos. Um deles, que em julho de 2012 calculou em 5 milhões os participantes de uma manifestação da sua Igreja em São Paulo, foi contestado pela *Folha de S.Paulo,* que usando de métodos aceitos largamente apontou apenas pouco mais de 300 mil. O mesmo pregador predisse que em 2020 serão o maior país evangélico do mundo. São afirmações que ribombam na mídia, mas carecem de provas ou de fundamentação. É o marketing belicoso. Estão lá para vencer os católicos. Não chegam a 3%.

Leio as revistas, converso, ligo a televisão e o rádio e percebo que houve um grande progresso na pregação das igrejas. Afirmam-se sem diminuir as outras. Discorda-se, mas há muito mais respeito do que havia alguns anos atrás. Foram-se os dias de um chutar os símbolos do outro ou de um diminuir os números, a história e os valores do outro, enquanto se superdimensionava os próprios. Quando a agressão acontece, há que se ver quem a praticou: uma Igreja ou uma pessoa em estado de euforia. Os guerreiros da fé e demolidores de altares alheios precisam de mais do que diálogo. Falta-lhes a cultura da paz...

A fé evoluiu: Na maioria dos países, se Jeú e Elias fizessem hoje o que fizeram ao vencer, eles que depois de conseguir a graça mandaram passar a fio de espada os crentes do deus Baal (2Rs 10,25; 1Rs 18,22-40), seriam presos sem fiança, rejeitados por 99% da opinião pública e trancafiados num manicômio. A fé evoluiu.

9. Um pouco mais ecumênicos

Estamos um pouco mais ecumênicos: Deus seja louvado, ao menos aqui no Brasil, pelos irmãos cristãos, judeus, islâmicos, budistas e outros que nos mostram seus valores, e sabem ver os nossos! Deus seja louvado por bispos e reverendos católicos, bispos e reverendos das mais diversas igrejas que, de há muito, descobriram o valor dos encontros e das buscas em comum!

Houve, há e sempre haverá enfoques diversos e até divergências, mas, com exceção de uns poucos de lá e de cá, temos discordado sem discórdia. Este livro, como faz a Bíblia, falará de nossa unidade na diversidade, mas não omitirá os desvios de cá e de lá. A Bíblia mostra virtudes e pecados dos patriarcas. Não aponta apenas para seus sucessos. Nós cristãos nem sempre fomos um mar de gentileza e de respeito uns pelos outros. Falo em linguagem acessível a qualquer fiel, fugindo dos termos técnicos. Eu poderia ter escrito um livro acadêmico, mas desde o princípio não foi esta a minha intenção. Queria e quero chegar ao leitor comum.

> A primeira parte tratará das luzes.
> A segunda, das sombras.
> A terceira, das perspectivas.

Parte I

Luzes

10. Graças a Deus, em diálogo

Tem havido substancioso crescimento de diálogo entre as igrejas cristãs. Quem ainda o atrapalha são pregadores certíssimos, por isso, inflexíveis, a quem Deus sopra uma nova verdade por semana. Como ouvem Deus diariamente, agem como quem não precisa ouvir os outros crentes... (Pe. Zezinho)

Os ecumênicos, graças a Deus, ainda pensam e oram diferente, mas já não se proclamam mais eleitos e mais fiéis, nem disputam o primeiro lugar no Reino. Há quem ainda o faça. Um dia, ele também se converterá ao jeito de Paulo, que disse ter "combatido o bom combate, travado uma boa luta", mas não disse que derrotou ninguém (2Tm 4,7). Paulo também disse ter feito uma boa corrida, mas não disse que chegou primeiro. Não estava à procura de um pódio. Melhor ainda, o apóstolo que todos admiramos disse que estava reservada para ele uma coroa de louros, mas não só a ele, como também a todos os que correram com ele. Paulo era diastólico. Seu coração se abria para os outros. Seja este texto o começo deste livro.

Para ganhar os fracos fiz-me fraco com eles. Fiz-me tudo para todos, para por todos os meios chegar a salvar alguns. E eu faço isto por causa do evangelho, para ser também participante dele. Não sabeis vós que os que correm no estádio, todos, na verdade, correm, mas um só leva o prêmio? Correi de tal maneira que o alcanceis. E todo aquele que luta de tudo se abstém; eles o fazem para alcançar uma coroa corruptível; nós, porém, uma incorruptível. Pois é assim que eu corro e combato. Sei para onde corro e não dou socos no ar. Tenho um objetivo e por isso subjugo o meu corpo, e o reduzo à servidão, para que, pregando aos outros, eu mesmo não venha de alguma maneira a ficar reprovado (1Cor 9,22-26).

Combati o bom combate, cheguei ao final da corrida e mantive a fé. Agora espero receber a coroa da justiça que me está reservada, coroa que o Senhor, justo juiz, me dará naquele dia; mas não somente a mim, e sim também a todos os que esperam por sua vinda (2Tm 4,7).

Apliquemos o pensamento de Paulo a todos os irmãos em Cristo. Então poderemos dizer: meu irmão e minha irmã creem diferente, mas nos amamos de maneira semelhante e com a mesma e sincera busca de quem sabe que não sabe tudo.

11. Crente preocupado

Temos fé no mesmo Deus, mas não temos a mesma fé...
Somos vítimas de nossos ângulos...
(Pe. Zezinho)

Semelhante a milhões de discípulos de Jesus e tal qual milhões de crentes judeus e de outras religiões, louvo a Deus pelos que creem nele. Não acho que sou e que sei mais do que meus irmãos de outra fé. Temos fé no mesmo Deus, mas não temos a mesma fé.
(Pe. Zezinho)

Acho que tenho o que ensinar a eles, e eles, o que me ensinar. Alguns deles são tão profundos que certamente podem me ensinar muito mais do que eu a eles. Num encontro desses líderes tenho consciência de que meu lugar seria nas últimas fileiras. Iria para ouvir. Apesar de ter escrito e cantado mais de 15 ensaios populares sobre ecumenismo, sei que meu lugar não é na linha de frente entre os líderes ecumênicos que hoje se encontram com frequência para dialogar sobre suas igrejas. Minha Igreja e meus irmãos de outras igrejas sabem do meu esforço, mas já me dou por feliz em repercutir o que eles debatem nos seus encontros maduros e serenos. Popularizo o que eles aprofundam a cada novo encontro. Cresci em ambiente de diálogo, e isso para mim foi uma grande bênção. Não tenho que estar naqueles encontros para praticar, como católico, meu diálogo ecumênico. Tenho é que repercutir o que eles encontram juntos.

Acho que não me engano ao dizer que tenho sido amado e respeitado pela maioria dos irmãos da minha e das outras igrejas. Se alguém discorda, dou e ele ou a ela esse direito. Não vemos tudo do mesmo ângulo. Quando os mais afoitos sugerem que eu aceite a Igreja deles como mãe, eu serenamente reajo e respondo que *minha mãe é ótima e a deles também, mas não estou precisando trocar de berço nem de mãe.* Poderemos ser irmãos, tendo mães-igrejas diferentes.

***

Caminho difícil

Em determinados casos tem sido difícil levar adiante o diálogo. Há irmãos que não aceitam falar e, em seguida, ouvir. Não faz parte da sua cultura. *Conjugam o verbo converter com tanto radicalismo que omitem o verbo dialogar.* Mas, graças ao bom Deus, constato que a grande maioria fala e ouve. Tenho tomado o cuidado de não feri-los com minhas convicções. Apresento-as com gentileza. Noto que fazem o mesmo. Sei que discordam da Igreja onde comungo, mas por respeito a mim e a nós, católicos, são fraternos e gentis. Nós também para com eles.

Acredito em atitudes ecumênicas. Se divergimos em menos de 5%, por que acentuar as divergências, quando temos mais de 95% em comum? Não fujo delas, mas não lhes dou prioridade. É mais o que nos une do que aquilo que nos separa.

12. O grande porquê deste livro

Já foi dito, mas relembremos. Este livro não tem por finalidade listar os 50 ou 60 temas que nos separam dos irmãos de outras comunidades católicas, de outras religiões ou de outras igrejas, mas de lembrar que há irmãos que não creem nem oram como nós, inclusive irmãos da nossa própria Igreja. Alguns desses temas são a ideia de cura, eleição, salvação, chamado, visões, revelações, graça, demônios e anjos. Nem por isso devemos perder a oportunidade do diálogo. Estamos cercados de fiéis que não creem exatamente como nós cremos. E há os que oram diferente e chegam a impor a outras comunidades o seu jeito de orar.

> 1. Escrevo para católicos que foram formados por catequistas e movimentos que acentuam aspectos outros da fé católica. Seu modo de falar e de louvar não é o da maioria.
> 2. Escrevo para católicos cercados de vizinhos, amigos e parentes que nasceram e cresceram em outras igrejas, ou parentes que foram para lá. Tais católicos admitem que, às vezes, se sentem desafiados nas suas convicções. A insistência de alguns acaba gerando conflito. Muitos desses católicos encontram enorme dificuldade de conviver com pessoas que teimam em levá-los para outra Igreja, e que até os ofendem, dizendo que nossa Igreja traiu Jesus. Usando dos mesmos argumentos, um católico bem instruído poderia dizer-lhes o mesmo.
> 3. Escrevo, também, eventualmente para algum irmão de outra religião que, por acaso, passe os olhos por este livro. Espero que se sinta respeitado, enquanto desfilo aqui, para meus irmãos católicos, as minhas convicções de quase setenta anos dentro da fé católica.

13. Posicionar-se

- Cremos no mesmo Deus, mas cremos diferente. Na nossa própria Igreja há acentos e práticas diferentes. Este, o desafio!
- Conseguiremos amar-nos e respeitar-nos, mesmo crendo diferente? Veremos santidade e graça de Deus nos outros, mesmo se não oramos do mesmo jeito, nem nos relacionamos com Deus da mesma forma? Havendo diferenças, saberemos expressá-las sem ferir, diminuir, ironizar ou ofender a fé e a Igreja do outro? Diremos que sua mãe não é mãe e sua Igreja não é Igreja? E como diremos isso sem ofender?
- Para encher os nossos lugares de oração, mentiremos? Maquiaremos as estatísticas e os percentuais, de modo a mostrar nosso crescimento vertiginoso e a decadência dos outros? E quando acontecer conosco, teremos a humildade de analisar o que realmente houve com nossa catequese? Buscaremos nossos adeptos nos outros templos, com a conversa de que temos mais, vemos mais, sabemos mais, somos mais eleitos e correspondemos com mais fidelidade?
- Divulgaremos falsos milagres e falaremos de falsos anjos, falsos demônios, falsas revelações, falsos recados do céu? Entraremos em diálogo ou em debate? Qualquer um poderá pregar em nossos templos, ou prepararemos gente capaz de ouvir os outros e respeitar a fé alheia?
- Não apenas eu; milhares de cristãos fiéis e pregadores precisam repensar seu ecumenismo e sua fé. Se for excludente e exclusiva, mais nos afastará do que nos aproximará do Cristo.
- Continuemos. Há muito que falar sobre os cristãos em diálogo!

14. Quando o assunto é religião

Falo como pessoa religiosa que não tem mágoa nem medo de nenhuma outra religião. Mas fatos são fatos, às vezes dolorosos. *Religião, primeiro, rima com persuasão, aos poucos começa a rimar com imposição e quase sempre termina em divisão.* Não deveria ser assim, mas assim tem sido.

- Quando o assunto é religião, há o grande líder, poderoso em palavras e em marketing, que encanta e seduz milhares; e há os milhares que, encantados por sua palavra, pelo marketing bem conduzido e por suas promessas e garantias de quem viu mais, seguem-no em qualquer situação. A palavra dele passa a ser mais importante que suas vidas. Se ele disse, é porque é verdade. Quem é contra ele, é mau ou mal-intencionado.
- Quando o assunto é religião, as pessoas se dividem. Há os que vão para cá, para lá, para ali, para acolá. E há os que viram as costas e franzem os sobrolhos. Há, ainda, os que mentem, agridem, atacam e fazem de tudo para acabar com a outra religião. E há os que não hesitam em matar para salvar a sua ideia de Deus.
- Quem matou Jesus não foram os ateus, politeístas ou romanos. Foram religiosos que agiram em nome da pureza da fé e da verdade. Inúmeras guerras começaram com a negação de religiosos enlouquecidos. E se houver uma terceira guerra mundial, os fundamentalistas religiosos intolerantes estão mais perto de causá-la do que os ateus que governam o mundo. Quando o comunismo estava no auge, os ateus

davam as cartas. Mas o quadro do momento aponta para religiosos fundamentalistas em ordem de batalha.

- Quando o assunto é religião, uma copia as coisas e os gestos da outra e depois diz que inventou ou fez melhor, porque Deus chamou seus membros para melhorarem o mundo. Logo, o que elas criaram, Deus mandou criar o que as outras criaram, é humano, é do demônio, ou é menos do céu.
- Quando o assunto é religião, há o que pede e há o que exige dinheiro e bens; há o que cobra 1%, 10%, 50% para a expansão da fé! E quem só quer receber é punido, porque tem que dar. O que é dado aos líderes é dado a Deus, porque os líderes só usam aquilo para o bem. Dinheiro e religião, em geral, formam cumplicidade amigável e poderosa.
- Quando o assunto é religião, há o que abençoa, o que deixa ir e o que amaldiçoa; o que não deixa ir e ainda ameaça com o inferno. E há o que enche o fiel de medo! Este fica porque, se for embora, já não tem certeza de que irá para o céu; o amor acaba e fica o medo.
- Quando o assunto é religião, são milhares as ideias de Deus, céu, inferno, paraíso, vida e morte, bênção e castigo. Cada uma sabe mais que a outra e cada qual tem a verdade mais verdadeira.
- Quando o assunto é religião, exceto por uma respeitável porção de pessoas verdadeiramente caridosas, amorosas e humildes, um grande número é prepotente, acha que achou e para de procurar. São crentes que agem vaidosamente, como os únicos certos, forçam a barra, impõem, mentem, espalham preconceito, não querem conversa, sentem-se mais eleitos e mais fiéis, picham os outros, diminuem os números e o valor dos outros; aumentam seus números e seus feitos; dão um jeito de esconder seus defeitos e

espalhar suas virtudes, e de espalhar os defeitos e esconder as virtudes dos outros.

- Quando o assunto é religião, os corações generosos, que há em todas as religiões, conseguem ver Deus amando, inspirando e agindo nos outros. Os outros, aguerridos, maus ou desorientados, parecem ter o demônio na alma, tal a dureza com que tratam quem crê ou vive diferente deles. Fé ou enfermidade?

Afastemo-nos desses religiosos. Aproximemo-nos dos outros. Eles encontraram o suficiente da verdade para continuarem sua procura.

15. Os cinco líderes

Diz uma história irônica, mas instrutiva, que no mesmo dia morreram cinco líderes religiosos; bons crentes que amavam de verdade e que, por meio de suas religiões, haviam chegado ao céu. Foram recebidos pelos anjos e pelos falecidos de suas igrejas que já estavam no céu, embora, no caso de uma das igrejas, se ensinasse que até hoje ninguém entrou no céu porque a última trombeta ainda não tocou. Assim mesmo também ele entrou no céu.

Recém-chegados, estavam lá, fraternos e abraçados. Tinham conseguido a salvação porque aqui na terra haviam amado a todas as pessoas, independentemente de cor, raça, credo ou religião. Tinham sido irmãos, apesar de suas diferenças. Encantados com o céu que era totalmente diferente e até melhor do que suas religiões pregavam, passaram aquelas primeiras horas eternas abismados com o que viam. Sim, o céu era infinito de verdade. Era bilhões de vezes mais informação do que poderiam conseguir aqui na terra. E riam de si mesmos ao ver quão pouco sabiam sobre Deus e sobre o céu.

***

Em dado momento eterno (!), passaram perto de um grupo pouco amistoso, num salão isolado à entrada do céu. Estavam na antessala, mas não entravam. Portavam carimbo na testa e traziam seus livros e símbolos religiosos debaixo dos braços, separados uns dos outros por tabiques reforçados, porque nem lá se misturavam.

Um anjo explicou: "São os fanáticos de todas as religiões. Porque eram sinceros vieram para cá, mas porque continuam cabeçudos, não aceitam entrar. Fanáticos não admitem partilhar o céu com gente que não acreditou como eles. *Passaram a vida dizendo quem não iria e não devia entrar no céu e agora passarão a eternidade dizendo quem não deveria ter entrado".*

***

Os cinco líderes perceberam que fanático religioso é como bêbado cabeça-dura: não muda e não acha que precisa mudar, nem mesmo na porta do céu. Garante que, nem que Deus o convide, só entrará se o céu se adaptar ao jeito dele. Como não é, está lá, esperando que Deus mude de ideia e aceite a doutrina dele. Na terra dizia como as coisas deveriam ser e, agora, discute sobre como deve ser o céu... Enquanto isso, o castigo dele é ver entrar no céu todos os que ele garantiu que Deus não acolheria. Continua sem aceitar Mateus 25,31-46.

16. Ecumenismo é comunicação

- O ecumenismo é uma das mais nobres formas de comunicação religiosa.
- Auxiliado pela graça de Deus, eu comunico minha fé em presença de outros irmãos que, em minha presença, também comunicam a deles. Eu a comunico do meu ângulo e eles, do deles.
- Na maioria das vezes comunicamos isoladamente, mas, em muitas outras, comunicamos juntos. Falamos de nossas semelhanças e, quando preciso, de nossas diferenças, sem nunca nenhum de nós perder a classe ou o respeito.
- Dou a eles o direito sagrado de falar de Deus e eles me dão o mesmo direito. Somos filhos amorosos do Deus amoroso, falando de nossas experiências de amá-lo e buscá-lo, a partir de nossas igrejas e de nosso ângulo.

***

- Nem eu nem eles achamos que sabemos tudo. Aliás, admitimos que é quase nada o que sabemos. Então, eu ouço a comunicação deles e eles a minha. Não concordamos em tudo, mas nos tratamos muito bem. Somos filhos bem educados, falando cada qual da própria mãe e interessados em um ouvir o outro falar sobre a sua. Dessa comunicação serena nasce nossa admiração mútua e nossa maturidade em manter nossas convicções, sem jamais fazer pouco caso das convicções do outro. Discordamos sem discórdia.
- O ecumenismo é hoje uma das mais altas formas de comunicação cristã. Quem o descobriu está mais perto dos evangelhos. Quem o combate está décadas ou séculos atrasado.

Vai ter que caminhar muito até descobrir que o Deus que o ilumina também ilumina os outros, o Deus que o ama também ama os outros e que o outro também ama o Deus que ele ama.

- A palavra é humildade. Só corações com desejo de humildade conseguem aceitar o ecumenismo. Os outros viverão sempre a tentação de, um dia, converter o outro para o seu jeito de pensar e de orar. Isso porque, no fundo, eles sonham com a hegemonia: um dia todo mundo orará como eles. Nunca entenderam a ideia de um só rebanho e um só pastor. Ainda confundem unidade com unificação.

17. Três histórias para dissecar um tema

1. O astrônomo que sabia tudo

Era uma vez um astrônomo fanaticamente seguro de si. Achava que só do telescópio dele, só do observatório dele e só com os métodos dele se podia ver a grande estrela que todos procuravam. Nunca aceitou a hipótese de que outros astrônomos, de outros pontos da Terra, com outros instrumentos e em outros observatórios pudessem ver a mesma estrela. Morreu achando que o único observatório válido para ver a grande luz era o dele, o único lugar era o dele e que os únicos métodos eram os dele.

> Há pessoas que insistem em chamar a sua pequena vela de holofote. Confundem o barulho e a propaganda que fazem de si mesmos e de seu grupo com a verdade que pregam. Acham que, porque gritam mais do que os outros, sua verdade é maior do que a dos que ouvem os outros e falam com serenidade.

2. O buraco na lona

Era uma vez cinco meninos que, escondidos atrás de cinco buracos na lona do circo, observavam o *show* dos malabaristas. Acabado o *show*, foram discutir sobre quem vira mais e melhor. Acabaram ofendendo-se. Dois deles até partiram para gritos, tapas e palavrões, para decidir quem sabia mais sobre o *show* e sobre quem vira mais a partir do seu buraquinho na lona.

Três se conformaram, quando um amigo que vira o *show* mais de dentro lhes garantiu que todos tinham visto a mesma coisa. Mas dois deles continuaram teimando que, de lá do seu buraquinho, se via mais. Sentiam-se mais iluminados e mais privilegiados do que os outros, porque seu buraquinho era mais importante; não era um furinho qualquer como os dos outros...

Deus lhes havia dado aqueles buraquinhos para verem mais e não podiam admitir que outros, de outros buracos, dissessem que viram tanto ou mais do que eles viram. Fizeram de tudo para tapar ou desacreditar os outros buracos. Não conseguindo, decidiram espalhar em todas as esquinas e praças por onde iam que os outros moleques não mereciam crédito, porque não tinham visto nada. Daqueles lugares era impossível ver o *show*! Só eles podiam ver. Só eles sabiam contar como é que foi...

Vinte anos depois, eles continuam com a mesma molecagem. Ainda acham que só do seu buraquinho é que se via o grande espetáculo. Precisam dessa ilusão de meninos que teimaram em não crescer.

3. Os donos da água

Era uma vez um bando de iluminados que disputavam entre si para ver quem via melhor a Cachoeira da Paz, que ficava lá em cima na montanha da Luz Eterna. Os do lado de cá diziam: "Daqui é que se vê quase tudo!". Os do lado de lá juravam que de lá é que se via praticamente toda a extensão da cachoeira. Gritavam uns para os outros e convidavam quem passava a conhecer a cachoeira, mas do seu lado, porque seu lado é que permitia melhor visão. E havia os que aproveitavam para fazer propaganda contra os que, do outro lado, afirmavam ver alguma coisa: "Que nada! Eles estão nas trevas! Eles ainda estão na ignorância, ainda não viram direito! Deus não lhes deu o que deu a nós! Nós, sim, podemos ver quase tudo porque Deus nos escolheu para, deste lado, ver o que pode e deve ser visto! Venham para o nosso lado! Daqui é que se vê a verdade da cachoeira".

Era esse o teor das discussões. Bebiam da mesma água, mas até isso eles deturpavam, cada lado dizendo que a água do outro lado era mais suja.

Um dia, um adulto sério os convidou a olhar a cachoeira, juntos, do meio do rio, e a beber das águas limpas, juntos. Alguns foram, gostaram e aproveitaram para finalmente conversar e se conhecerem. Outros, com medo de se misturarem aos menos puros, não aceitaram o convite, porque achavam que aquilo era uma cilada para fazê-los mudar de lado e não para ensiná-los a ver juntos.

***

Os que foram para o meio ficaram amigos e nunca mais um falou do outro. Por várias razões, continuaram a valorizar o seu ângulo, para onde voltavam de vez em quando, mas davam sempre um jeito de ir beber junto aos irmãos do outro lado. Construíram uma plataforma e uma ponte que facilitava o trânsito entre eles. Agora, sempre que podem, dão um jeito de se ver. Gostaram da experiência de nadar e beber juntos daquelas águas que descem da cachoeira.

Os que não foram continuam criticando, impedindo os outros de ir e achando mil defeitos em quem bebe do lado de lá ou bebe junto. Pior ainda, criticam os que mergulham juntos. Por causa deles a vida naquele rio ainda é cheia de problemas. Por causa deles, a maioria dos projetos de melhorar o rio e a região continua parada. Eles insistem que são os únicos herdeiros daquelas águas. Deus as deu a eles...

Religião é como remédio. Tomado na dose certa, cura. Na dose exagerada, pode intoxicar e causar disenteria espiritual.
A palavra "eu" é muito bonita. Mas fica feia quando se torna onipresente. O egoísta usava a palavra "Deus", mas descobriu que podia tirar o D e o S dela. Ficou com o que lhe interessava. Todo sujeito que cultiva demais o pronome "eu", usa mal o nome de Deus.

18. Poucas e boas certezas

*Pessoas que afirmam estar absolutamente certas,
na verdade, não estão nem absolutamente e,
às vezes, nem relativamente certas.*
(Pe. Zezinho)

Está em curso há mais de três décadas, nos templos, na rádio e na televisão, a pregação da certeza. "Deus me disse, eu vi, eu sei!" Será mesmo que viram? A pregação caminha em direção assumidamente de viés à de Paulo de Tarso, o pregador da esperança. O apóstolo era um homem de muitas esperanças e poucas certezas. Seus escritos estão, sim, recheados de esperança. Várias vezes, citando Habacuc, ele lembra que o justo vive da fé (Rm 1,17; Gl 3,11; Rm 4,3-16).

Se Paulo vivesse hoje, talvez estivesse perguntando aos pregadores de rádio e televisão de onde eles tiram toda a certeza que demonstram de que vai haver milagre no sábado; de que um câncer vai desaparecer se todos fizerem grande clamor, ou que no domingo em seus templos haverá curas? Como podem ter certeza de que alguém que aderiu à sua Igreja e paga religiosamente o dízimo será salvo, quando Jesus expõe a ridículo a vaidade dizimista na parábola sobre o fariseu e o publicano no Templo? Judas aderiu a Jesus e acabou traindo-o... Se muitos que andavam com Jesus foram embora, como podem ter certeza e passar tanta certeza aos seus seguidores de que o futuro será exatamente como profetizam?

***

A pregação de Paulo é bem mais humilde. Ele anuncia a esperança que conduz à certeza, mas acentua muito mais o sentido cristão da espera. Quem decide é Deus. É da fé fundada na esperança que ele vive. Quanto à sua salvação, ele espera e confia. Mas do futuro quem sabe é o Senhor. É dele uma das bonitas reflexões sobre a esperança: Paulo diz que fomos salvos na esperança. Ora, a esperança que se vê não é esperança; porque não é preciso esperar pelo que já foi alcançado (Rm 8,24).

Em outras palavras: dar garantia e pregar certeza é uma coisa. Pregar a esperança e a fé, já é outro projeto. Quando prego a fé, estou dizendo que eu também não sei. Quando prego a certeza, estou dizendo que vi, senti e sei, por isso, posso garantir. Quantos pregadores da certeza foram lá, viram e ouviram e sabem? Quem é assim tão excepcional?

É verdade que, às vezes, Paulo fala de algumas certezas, mas sempre acompanhadas de dúvidas. Em Filipe 1,6 ele fala de certeza! Mas Paulo é o pregador da esperança fundada na fé. Paulo espera!

A certeza quase sempre atropela a espera e a realidade. Apressa seu anúncio. Faz festa depressa demais pelo sucesso das suas abóboras. Depois briga com Deus pelo sucesso que durou tão pouco (Jn 4,6-9).

19. Muitas perguntas não respondidas

O marketing pode até vender certezas, mas nem toda a certeza vendida é verdadeira, assim como nem todo peixe grande e colorido é peixe sadio.
(Pe. Zezinho)

Aos meus ouvintes e amigos não hesito em dizer que sou um homem de muitas perguntas, poucas respostas e poucas certezas. Foi sempre assim. Considero-me afortunado, porque aprendi que a fé e a esperança costumam ser copiosas onde há muitas perguntas, mesmo com poucas respostas claras. Temos então, como o justo de Habacuc e como Abraão e Paulo, que viver da fé, já que as certezas nem sempre se tornam evidência (Rm 1,17; Gl 3,11).

Trocando em miúdos, digo, com milhões de católicos, que, sim, tenho algumas certezas:

> Deus existe, é pai e ama. Jesus Cristo é o seu Filho e veio nos mostrar o caminho para o colo infinito do Pai. O Espírito Santo ilumina e dá palavras certas do jeito certo e na hora certa. Tenho certeza de que nasci, estou vivo e morrerei, mas não sei quando e como. Também não tenho certeza de que me salvarei e estarei no céu com quem me precedeu. Apenas espero que assim aconteça.

***

Por isso, ao anunciar Jesus e sua misericórdia e um céu futuro, não garanto nada a ninguém. Não digo que *Deus quer, Deus pede, Deus manda, Deus garante*. Vou em direção contrária ao que se vê todos os dias na televisão e se ouve no rádio. Digo apenas que o Santo Livro tem passagens onde o escritor diz que Deus garante, Deus falou e Deus disse. Disse a eles e não a mim, porque eu nunca ouvi a voz de Deus a sussurrar o que quer que fosse aos meus ouvidos.

Deus nunca me apareceu, nem anjo ou santo algum me disse qualquer coisa. *Não sou vidente, nem ouvinte do céu. Sou aprendiz. Ouço a Igreja, leio os livros santos, leio os teólogos, leio irmãos mais sábios do que eu. E isso tem sustentado minha fé.*

***

Deus não precisa me aparecer para eu crer nele e ser seu pregador. E se aparece e fala aos ouvidos de outros pregadores, palmas para eles. Mas que seja verdade, porque se for embuste e Deus nada lhes diz (Jr 14,14), vai haver consequências. Nos "ais" do capítulo 23 de Jeremias há uma condenção peremptória a esse tipo de pregador que põe nos lábios de Deus o que Deus não lhes disse. Não se brinca de púlpito nem de profecia. Quem o faz desafia o céu.

Jesus não precisa falar aos meus ouvidos, nem Maria ou santo algum precisam se manifestar para eu crer que estão no céu. *Não tenho nenhum recado novo a dar ao mundo, além dos que a Bíblia oferece e a Igreja dá nos seus documentos.* Não prego certeza que, aliás, nem consta entre as nossas sete pedagógicas virtudes fundamentais. Não está na lista das virtudes acentuadas pelo nosso catecismo. Ela vem como prêmio a uma fé serena, uma esperança sem alardes e à paciência de deixar que Deus nos conduza e vá mostrando seus sinais. Ouvi-lo e vê-lo nunca me aconteceu. E sei que também não aconteceu à maioria quase absoluta dos pregadores cristãos. A minoria que diz que o vê e fala com ele tem que fazer mais do que agitar auditórios com enxurradas de milagres. Sobre isso Jesus alerta:

Porque surgirão falsos cristos e falsos profetas, e farão tão grandes sinais e prodígios que, se possível fora, enganariam até os escolhidos (Mt 24,24).

Em Mateus 24,25-28, Jesus propõe que não acreditemos neles. Jesus não nega o valor dos milagres nem a quantidade. Nega sua instrumentalização. Milagre tem hora e porquê...

***

Aprendi no catecismo que as principais virtudes são *fé, esperança, caridade, prudência, justiça, equilíbrio e fortaleza*. Há outras, mas nunca me disseram que devo pregar a certeza, talvez pelo fato de que a maioria dos que tinham certeza acabou fundando novas igrejas e grupos dissidentes. O cemitério das religiões está cheio de certezas que se revelaram enganos e embustes. Foi coisa de pregador e de marketing, mas não de Deus.

Sua certeza era tão grande que não conseguiram mais aceitar as certezas dos outros. A maioria deles acabou sem a humildade de admitir um eventual erro de profecia ou de anúncio de milagre. Acham sempre uma explicação quando o milagre certo e garantido não acontece. Mas como voltar atrás, se haviam pregado certeza?

Sabe-se que alguém é falso profeta quando não se retrata nem pede desculpas pela certeza que deu para algo que não se verificou. Nunca se ouve desses irmãos ou irmãs a frase: "Eu errei. Eu me enganei! O milagre que anunciei não era milagre!". Com suas cabeças tortas e afabilidade de santo não conseguem ser nem justos nem verdadeiros. Se fossem, pediriam desculpas pelo milagre anunciado que não se verificou; admitiriam que foi engano seu...

***

A pregação mais incerta que há é a da certeza. Pregador sereno mostra os fatos de ontem e aponta humildemente para um possível futuro, mas ele mesmo admite que sabe pouco, diante do que é preciso saber sobre Deus e seu amor por nós. Certeza de céu e de salvação é uma coisa, promessa de céu e de salvação é outra. Promessa ainda não é certeza. Paulo, antes de morrer, fala dessa esperança que virou certeza, serviço fraterno e esperança (2Tm 4,7-8). No fim, dizia que combatera o bom combate e, agora, esperava com mais força ainda. Suas epístolas são eivadas de esperança.

***

O justo vive da fé (Rm 1,17; Gl 3,11; Hb 10,38), dizia ele. Em mais de 50 passagens ele fala da esperança cristã. Os novos pregadores de mídia eletrônica são bem mais ousados. Apresentam-se como os novos porta-vozes da certeza de céu para quem os seguir. E conseguem adeptos aos milhares. Nem poderia ser diferente. Quem não quer bilhete garantido para o céu? Quem não quer ouvir o mais recente recado de Deus? Quem não quer ouvir palavras de alguém que cura caroços e enfermidades, garante empregos e sucesso nos negócios e liberta de tumores? Por que viver da fé que pode um dia gerar a certeza, se podem no domingo à tarde ir buscar a certeza de que Deus dá o milagre a quem lhe for fiel? Por que sair por aí tateando, se alguém lhe garante que sabe por onde dá pé?

20. Por causa do milagre

Uma coisa é admitir e reconhecer o milagre,
outra coisa é fabricá-lo. Declarar que um fato é
milagroso não o faz milagroso.
(Pe. Zezinho)

A Bíblia deixa claro que milagres acontecem. Jesus fala deles e os faz e reconhece sua importância no anúncio do Reino.

> "Ai de ti, Corazim! Ai de ti, Betsaida! Porque, se em Tiro e em Sidom fossem feitos os prodígios que em vós se fizeram, há muito que se teriam arrependido, com saco e com cinza" (Mt 11,21).

> "Mas eu tenho maior testemunho do que o de João; porque as obras que o Pai me deu para realizar, as mesmas obras que eu faço, testificam de mim, que o Pai me enviou" (Jo 5,36).

> Respondeu-lhes Jesus: "Já vo-lo tenho dito, e não o credes. As obras que eu faço, em nome de meu Pai, essas testificam de mim" (Jo 10,25).

Não é a quantidade de milagres nem o tamanho do entusiasmo que determina o valor do anúncio do Reino. Proclamemos ou não, milagre que é, milagre permanece. Mas quando não é, lembra o joio no meio do trigo. Apenas parece. O tempo dirá se era joio ou trigo. O tempo dirá se o que o pastor ou o padre proclamou era milagre ou não era. Jesus prediz que haveria falsos e espantosos milagres capazes de seduzir e enganar até os eleitos (Mt 24,24). Até os evangelizados ficariam confusos...

Milagre esperado supõe esperança. Milagre prometido supõe certeza. "Deus fez! Só pode ter sido ele!" Um desses irmãos que apostam em "igrejas de milagres" me dizia que foi para aquela Igreja porque viu o milagre acontecer diante dos seus olhos. Não havia como negar: Deus estava lá. E eu lhe disse citando Jesus em Mateus 24,24: "É aí que começam as diferenças entre a sua fé e a minha. Deus também está lá onde não se veem seus milagres. Você crê porque viu e eu creio mesmo sem ter visto. No seu caso, crer é buscar evidências e, no meu, é buscar mais fé. Eu não vi, mas creio. Você não acreditava, mas depois que viu, agora crê. Acho que Deus pode operar prodígios na minha e na sua Igreja e em qualquer lugar do mundo. Mas, mesmo que não aconteça nenhum milagre por anos a fio, exceto o milagre da Eucaristia na minha paróquia católica, eu ainda assim creio que Jesus está lá conosco. Jesus não precisa fazer nenhum milagre lá no nosso templo para eu acreditar que Ele é um redentor eficaz. No dia em que o fizer, acharei perfeitamente normal, porque chegou a hora de Ele fazer o que achou que deveria fazer por aquela pessoa. Mas quem decide é Ele, sem marketing do tipo: 'Venha conosco porque no nosso templo há milagres'".

***

A uma senhora, que disse que ficou curada após tocar na manga da minha túnica, numa Eucaristia à qual presidi, respondi com serenidade: "É que a sua hora de ser libertada chegou e certamente não foi por minhas palavras ou por minha pregação de certeza, nem por minha túnica, mas por sua fé que Jesus curou".

Citei Jesus (Lc 8,45). Expliquei-lhe que motivei a sua fé, até sem o perceber e sem nada lhe sugerir. Eu nem sequer sabia do seu problema. Deixei claro que não brinquei de profeta ou de vidente e que nem disse que no auditório havia alguém com câncer. Apenas falei do Cristo que se importa conosco e tem poder para nos libertar.

Não dei garantias nem prometi nada. Fui um instrumento inconsciente daquele milagre. Se outro pregador quiser assumir que foi instrumento de alguma cura é um direito dele e é também um risco. Eu prefiro anunciar a fé e a esperança. Sou mais da linha de Paulo. Não a certeza, mas a esperança o fortalecia, porque ele levava o tesouro da fé em vaso de barro.

> Temos, porém, este tesouro em vasos de barro, para que a excelência do poder seja de Deus, e não de nós (2Cor 4,7).

Ele sabia dos perigos da pregação e da fragilidade do pregador que às vezes não resiste em divulgar o produto do seu quintal como o melhor do mundo.

> Não sejamos mais meninos inconstantes, levados em roda por todo o vento de doutrina, pela conversa enganosa dos homens que com astúcia agem fraudulentamente (Ef 4,14).

> A esperança não semeia confusão, porquanto o amor de Deus está derramado em nossos corações pelo Espírito Santo que nos foi dado (Rm 5,5).

Leiamos Paulo e sua catequese da esperança, mesmo sem certezas. Quem tem esperança não sai à cata de certezas. Diz ele que a esperança não confunde (Rm 5,5). A falsa certeza, cheia de "Converta-se já", "Jesus está lhe dizendo neste momento, pela minha boca", "aqui-agora-já", engana!

> Mas o Espírito expressamente diz que nos últimos tempos apostatarão alguns da fé, dando ouvidos a espíritos enganadores, e a doutrinas de demônios (1Tm 4,1).

Com enorme facilidade aplicamos esta sentença a outras igrejas e a outros pregadores. Mas ela se refere aos que mentem para fazer adeptos. Aquele que mente sabe que é dele que Paulo falava.

21. É isso que me identifica

Idens é palavra latina que significa "o próprio". Deu origem à palavra "identidade", que é o que faz com que um *ens*, ente, seja ele mesmo, autêntico; *autos-ens*: o próprio. O que identifica, torna exclusivo, define, carimba alguém ou um produto é, de certa maneira, a sua unicidade. Pode haver outros parecidos, mas iguais, não.

Um católico pode afirmar sua afinidade com outros cristãos por causa de algumas práticas ou doutrinas que todas as igrejas cristãs carregam em comum. Por exemplo:

> Cremos num só Deus que é Pai, Filho e Espírito Santo, cremos em Jesus como Filho de Deus, cremos na ressurreição, cremos no Batismo, cremos no perdão dos pecados, cremos na vida eterna. Se listarmos tudo aquilo que temos em comum com outras igrejas cristãs, encheremos folhas de papel. O que nos diferencia é certamente menos do que o que nos assemelha. Somos mais parecidos que diferentes.

Mas há as identidades

Identifica-nos aquilo que nos faz cristãos católicos e a eles, cristãos ortodoxos ou evangélicos. Eles se orgulham de seus nomes e doutrinas e nós, do nosso. A identidade parte de alguns aspectos de nossa teologia ou de nosso culto. Há coisas que fazemos e que um evangélico ou ortodoxo não faz e não faria. Às vezes nem mesmo ele sabe o porquê. E há coisas que os evangélicos fazem e afirmam e que nós não faríamos nem diríamos. Também nós nem sempre nos explicamos a contento. Mas há a atitude consciente: creio nisso e me expresso assim, porque realmente é assim que eu leio os evangelhos. Concluo que pode ser e é assim, e por isso escolho o catolicismo para, nele, viver o meu cristianismo.

Catolicismo e evangelismo

Já o evangélico dirá que escolheu o evangelismo como forma de afirmar seu cristianismo. No contexto de cristianismo, os adjetivos *católico, ortodoxo, evangélico* revestem-se de grande significado. São maneiras de expressar e buscar Jesus. No fundo, um católico e um evangélico bem versados na fé e na teologia sabem que, por trás da palavra evangélico e por trás da palavra católico está a ideia do evangelho. Dá-se o mesmo com os ortodoxos. No caso do católico, propõe-se o evangelho a ser pregado a toda criatura, portanto, universalizado, para todos, não apenas para determinado povo ou grupo. Este é o acento. No caso do evangélico, a proposta é a da fé vivida na mística da integridade do evangelho. Querem chegar o mais perto possível do que foi a proposta original do Cristo. No caso do ortodoxo acentua-se também a doutrina original. As palavras *cat-holos*, do grego, expressam a ideia da abertura para o mundo. Baseia-se no mandato de Jesus *a toda criatura*. As outras igrejas também vivem isso, mas seu acento é na Boa-Notícia (*eu-anguélion*) e na doutrina original (*ortos doxos*). O católico pensa o mesmo. O problema se agudiza quando um acha que o outro não tem reta intenção nem as bases do cristianismo. No confronto o acento acaba se tornando maior do que a Palavra. Achar-se mais cristão e mais eleito do que os outros é já um desvio da fé cristã.

22. O que nos faz católicos

O fato de alguém discordar da minha fé mostra que ele fez outra opção. O fato de ele não gostar de minha fé e por isso agredir minha Igreja e fazer de tudo para ressaltar a dele mostra que ele tem um problema de fundo psicológico; não consegue discordar sem odiar. (Pe. Zezinho)

A pergunta foi feita a um sacerdote num programa ecumênico: "O que caracteriza um católico". Sua resposta foi desastrada e infeliz. Disse que somos a primeira Igreja cristã, a única Igreja verdadeira, que temos Maria e os santos, que temos os sacramentos, principalmente a confissão e a Eucaristia. Se tivesse maior conhecimento do Catecismo da Igreja Católica, do Concílio Vaticano II e dos Documentos do Celam, e se tivesse lido a *Ut Unum Sint* não o faria de maneira tão acintosa diante de outros irmãos cristãos. Há maneiras de afirmar nossa fé sem ferir os outros. Para mostrar que a nossa é a melhor mãe da cidade não precisamos dizer que as outras mães são falsas.

Eles evidentemente reagiram. Não adiantou o padre pedir desculpas. Poderia ter afirmado nossas convicções sem ofender. Poderia ter acentuado o que realmente nos torna católicos. Se ainda tivesse partido de alguns conceitos, como: "para todos", "kat-holou", "abrangente", "unidade na diversidade", "acolhimento", "outra forma de hierarquia", "uma história de pelo menos 19 séculos desde Inácio de Antioquia, pouco após o ano 100, e do Bispo São Cipriano de Cartago (210-258) e sua concepção de catolicidade como nossa unidade em torno do bispo de Roma", "a ênfase nas congregações e ordens religiosas", "nas comunidades de vida", "nossa práxis do celibato para o clero, para os religiosos e as religiosas", "o lugar do sacerdote e o do leigo", "nossa visão do matrimônio indissolúvel", "nossa defesa intransigente dos direitos do feto humano", "nossa afirmação de fé na presença do Cristo na Eucaristia", "nosso conceito de salvação e graça", "nossas opções pastorais", "nossos sacramentos", "outra visão do sacerdócio ministerial".

Além disso...

... nossa visão de perdão e de penitência; nosso jeito de nos relacionarmos com o céu e com os cristãos que já estão lá, porque cremos que Jesus resgata e salva; nosso carinho pelos que Jesus santificou, em primeiro lugar, Maria; nosso relacionamento com ela como nossa mãe; nossa noção de morte, de vida eterna; nosso conceito de parusia; nossa visão de julgamento pessoal e particular e julgamento final e coletivo; de céu já, agora, sem esperar pelo último dia da humanidade...

Tudo isso teria facilitado um diálogo sem o mal-estar gerado pela diminuição das outras igrejas.

> O que nos faz católicos não é o fato de que "não somos como os outros", e, sim, de que somos nós mesmos, com identidade própria há vários séculos.
> Somos cristãos não necessariamente como, mas com os outros e para os outros, com nossa visão própria de fé, vida e morte, diálogo fraterno e intercessão dos santos daqui e dos santos do céu.
> Ser católico é uma mística de penitência, às vezes combatida, nem sempre compreendida, penitência que repetimos a cada Eucaristia. Mas é também mística de diálogo e, se preciso, de confronto com o mundo. Não o buscamos, mas não devemos fugir dele. Os papas, quando há que se falar, falam! O mundo reage. Nossa atitude muitas vezes já é uma resposta às doutrinas do mundo. Não é possível ser católico sem alguma polêmica e sem apologética! Se alguém acha que consegue concordar em tudo ou silenciar diante de tudo, reveja seu catolicismo.

Não sitiamos e não pretendemos ser sitiados, mas queremos ser cristãos situados. Cada novo Concílio Ecumênico, cada Conferência Episcopal nos situa. Temos o nosso lugar na sociedade que ajudamos a construir, quando as outras igrejas não estavam por aqui. Se reconstrução e correção de rumos se fazem necessárias, queremos ser ouvidos. Isso não significa que os outros não devam falar.

> A ideia de ser católico supõe *diálogo, abertura e abrangência.* Nenhum católico deve prosseguir sem essa informação. O Cristo crucificado pela humanidade e de braços abertos tem tudo a ver com nossa mística.

Somos cristãos de perda e de ganho, de derrota e de vitória, de cruz e de ressurreição. Honramos a cruz, honramos o túmulo esvaziado, acentuamos a ressurreição; todos os dias, chamamos a Deus de Pai e praticamente todos os dias pedimos à mãe de Jesus, que cremos estar no céu, que interceda por nós *agora e na hora de nossa morte.* Pensamos na morte todos os dias porque não a vemos como final, e sim como passagem. Cremos que o céu está cheio de santos que a misericórdia de Jesus perdoou e salvou. Somos *kat-holou,* de todos e para todos, abertos ao todo. Se outras igrejas também o são, bom para elas! Mas isso nos caracteriza!

23. Eles e nós

Há uma diferença de perspectiva quando dizemos "nós e eles" e quando, às vezes, dizemos "eles e nós". Colocar-se sempre em primeiro denota desvio de personalidade. Há que haver momentos em que os outros venham primeiro!
(Pe. Zezinho)

Um evangélico saberia dizer mais, mas creio saber a diferença entre nossas igrejas a partir do que eles acentuam. Convicto e feliz de ser evangélico, dizia-me um amigo meu, nascido e criado batista: "Não me imagino católico. Nasci e cresci na visão evangelista do cristianismo". Respondi que, então, ele entenderia que eu nasci e cresci com a visão católica do cristianismo. Ele cresceu na *mística da Boa-Nova* e eu, *na mística da abrangência* do Cristo. Ele *conjuga a Boa-Nova* e eu, *a inclusão universal*.

Sei o que o faz evangélico; ele o disse. É sua convicção de que a Palavra de Deus, a Boa-Notícia, mudará o mundo, começando por mudar a pessoa. Sua mística é: *Felizes os que ouvem a Palavra de Deus e a praticam.*

Ele acentua Lc 8,21: "E foi-lhe dito: 'Estão lá fora tua mãe e teus irmãos, que querem ver-te'. Mas, respondendo ele, disse-lhes: 'Minha mãe e meus irmãos são aqueles que ouvem a Palavra de Deus e a executam'".

Eu acentuo: "E aconteceu que, dizendo ele estas coisas, uma mulher dentre a multidão, levantando a voz, lhe disse: 'Bem-aventurado o ventre que te trouxe e os peitos que te amamentaram'. Ele disse: 'Antes, bem-aventurados os que ouvem a Palavra de Deus e a guardam'".

Segundo nossa ótica, era Jesus elogiando Maria pela coerência de praticar o que ouviu. Virgindade ou maternidade só tiveram sentido porque sua mãe era praticante da Palavra. O fato nos une. Os acentos no separam. Eu digo que Jesus naquela hora elogiou sua mãe, não apenas por tê-lo dado à luz, mas porque ela era a perfeita católica e a perfeita evangélica. Ele diz que Jesus elogiou todos os que vivem pelo evangelho. Eu digo que Jesus falava de sua mãe e acentuava sua santidade. Acho que os santos que nos precederam nos servem de modelo.

A maneira desse meu irmão, ao orar e interceder, é outra. Passa pela intercessão dos santos vivos e a caminho da salvação eterna. A minha passa pelos santos daqui e os que já se salvaram, com a vantagem de que os santos do céu são mais puros do que nós, que ainda pecamos.

São algumas das nossas diferenças, mas isso não nos impede de nos admirarmos e sermos bons amigos. Eu sei e ele sabe disso!

24. Intercessores daqui e de lá

Interceder tem sido um verbo confuso e em geral mal conjugado. Tornou-se um problema de escolha de versículos... (Pe. Zezinho)

Creio firmemente na intercessão dos santos. Jó foi resgatado do seu cativeiro por sua penitência e por sua intercessão em favor dos outros. Diz o texto de Jó 42,1-16: "Jó pediu perdão pelas coisas que disse e orou pelo amigos Elifaz, Bildade e Zofar, que, com Eliud, tentaram jogar Jó contra si mesmo ou contra Deus".

As discussões cessaram e, quando entrou a penitência, a caridade e a intercessão, Jó recebeu em dobro o que perdera. O texto aponta para o rumo que todos os cristãos deveriam seguir. Orar e interceder uns pelos outros, cessar as discussões sobre quem é ou sabe mais. O mesmo se pode ler em Rm 13,3; 14,1; 1Cor 1,11; Gl 5,15, quando o apóstolo recomenda que se evitem discussões inúteis e quando sugere que orem uns pelos outros (1Ts 5,25).

O hoje poderoso pregador que reúne multidões desafiou os católicos a mostrar mais milagres do que os que acontecem na sua Igreja. Não contaram para ele que já tivemos pregadores que operavam mais milagres do que supostamente ele realiza. Aqueles pregadores também diziam que eram indignos e que não eles, mas Jesus curava. Também sobre eles caíam os holofotes da época. Os fiéis também tocavam em seus mantos. Se havia algum preço para os panos tocados nele não sabemos, mas lá também se apostava que os milagres eram prova de eleição. Jesus diz que não são! Disse que nem todos os que moveram multidões e operaram maravilhas em seu nome serão reconhecidos como seus (Mt 7,22-23). O motivo será o de sempre: acharem-se mais de Deus que os outros. É bom ler com temor e tremor o que ele diz aos fariseus de seu tempo que se achavam mais eleitos que os outros.

> E não presumais, de vós mesmos, dizendo: "Temos por pai a Abraão"; porque eu vos digo que, mesmo destas pedras, Deus pode suscitar filhos a Abraão (Mt 3,9).

A pregadora fez pouco caso do Batismo de aspersão dos católicos, que ela apelidou de respingo, por não molhar o corpo todo, e esqueceu o episódio da última ceia, da reação de Pedro, semelhante à dela, que quis ter o corpo inteiro lavado por Jesus por se achar diferente dos outros, e da resposta de Jesus (Jo 13,9-10). O mesmo Pedro garantiu que mesmo que os outros não fossem fiéis a Jesus, ele seria. Levou tombo maior do que os outros... (Mt 26,34). Nossas Bíblias dizem a mesma coisa. Então por que ridicularizar a Igreja maior e mais antiga?

***

E disse também esta parábola a uns que confiavam em si mesmos, crendo que eram justos, e desprezavam os outros:

> Digo-vos que este desceu justificado para sua casa, e não aquele; porque qualquer que a si mesmo se exalta será humilhado, e qualquer que a si mesmo se humilha será exaltado (Lc 18,9-14).

Uma coisa é o diálogo sereno e forte, e outra são as afirmações de que o outro não entende as Escrituras... O debate sobre se um santo daqui pode mais do que um santo de lá vai longe. Depende do que entendemos por *morte, céu, misericórdia, salvação, poder salvífico do sangue de Cristo, promessa de redenção,* sheol, *espera, descanso e repouso do justo.*

***

Por misericórdia de Jesus iremos para o céu logo, ou daqui a dez ou vinte mil anos, quando o planeta e a humanidade acabarem? Ou iremos quando Jesus quiser? Ele tem ou não tem esse poder de nos dizer que hoje mesmo estaremos com ele no paraíso (Lc 23,43)? Pode vir outra vez e nos buscar e levar aonde está, quando ele quiser, ou terá que esperar o toque da última trombeta? Que toque é esse: o da vitória do céu ou o da misericórdia? (Jo 14,3; 1Cor 15,52). Temos que ficar apenas com as passagens que dizem que as portas do céu se abrirão só no fim dos tempos, quando há outras que deixam claro que ele devolveu a vida na hora a, pelo menos, três pessoas? E quem podia devolver a vida aqui vai ter que esperar o dia da glória para nos dar a vida eterna?

***

O que os escritores dos evangelhos queriam dizer? O que Paulo realmente queria dizer? Que Jesus não é salvador eficaz? Que na realidade não lhe foi dado todo poder (Mt 28,18)? Que aquilo foi acréscimo posterior da comunidade de fé?... Que não há ninguém salvo no céu, porque Jesus ainda não levou ninguém para lá? Nem mesmo à mulher que o deu à luz aqui? São perguntas que faço a quem me diz que não devo orar aos santos, porque eles não me ouvem! Eu digo que ouvem e que estão definitivamente salvos! Acho provas disso na mesma Bíblia que afirma que Deus é rico em misericórdia (Ef 2,4). Recordo sempre a passagem:

> Pois diz a Moisés: "Compadecer-me-ei de quem me compadecer, e terei misericórdia de quem eu tiver misericórdia" (Rm 9,15).

25. Nossas interpretações

Grande tentação dos pregadores, e poucos escapam a ela, é a de confundir interpretação da Bíblia com manipulação de versículos. Acontece muito mais do que imaginamos...
(Pe. Zezinho)

Um exemplo de como se pode prolongar por séculos uma discussão é a expressão "hoje mesmo estarás no paraíso" (Lc 23,43). É usada de mil maneiras para explicar nossos dogmas. Já ouvi irmãos dizerem que não foi dito "hoje mesmo" e que paraíso não é céu... Um deles garantiu que os evangelhos quiseram dizer: "Digo-te hoje mesmo: estarás no paraíso!". Arranjou dois-pontos para a versão em português, já que o grego não tem dois-pontos nem ponto-e-vírgula, para garantir que Jesus não prometeu o paraíso naquele mesmo dia. Então, estamos conversados! Eles concluem lendo suas versões de Bíblia que não há ninguém salvo definitivamente, e eu digo que há.

> Não fosse a interpretação, não haveria tantas igrejas e tantos fundadores. É o risco que os cristãos correm quando fazem uso da sua liberdade. *Acabamos dizendo que Jesus disse o que achamos que ele diria.* Na verdade, juntando e comparando tudo o que disseram que ele disse, as coisas ficam mais claras. Se ficarmos em frases isoladas, acabaremos transformando a Bíblia em tacape.

Chegados a este ponto do livro, permita-me um esclarecimento. O leitor já terá percebido que presto atenção nos livros, nas revistas, programas de rádio e televisão de crentes católicos e pentecostais, e de agnósticos e ateus. Poderia citá-los de maneira erudita, mas aí perderia a chance de chegar aos que não se entusiasmam com livros acadêmicos.

Mas recomendo a quem deseja saber o que se diz a favor e contra a religião que conheça alguns autores: Joseph Ratzinger, Karen Armstrong, Jürgen Moltmann, Richard Dawkins, Carl Sagan, Karl Rahner, Karl Barth, Hans Küng, Daniel Dennet, Christopher Hitchens, Joseph Campbel, Gerard Messadiè. Entre eles há cristãos e ateus.

> Saiba o que se diz pró e contra Deus e pró e contra as igrejas, e conclua. Se não está pronto para ouvir quem crê diferente, não leia! Se acha que pode ouvir e ler sem se abalar, corra o risco. O mundo está cheio de novos crentes, novos descrentes, ex-crentes e ex-descrentes. A vida é cheia de voltas e reviravoltas. Judas, o discípulo, foi embora de Jesus e Paulo, o perseguidor, morreu por quem ele perseguira... Teólogos, bispos, reverendos, padres e pastores perderam a fé; ateus, militantes a encontraram.

***

A fé é canção que muitos cantam, muitos apenas ouvem e muitos se negam a cantar juntos. Param de achá-la bonita, quando ela exige harmonia. Mas é canção que continua com outros ritmos e outras vozes, às vezes tão modificada que é difícil reconhecê-la.

26. Pequenas e grandes diferenças

Trazer alguém para o nosso lado é instinto de associação que, às vezes, determina o rumo de uma fé.
(Pe. Zezinho)

Há centenas de religiões no mundo; milhares de denominações. E cada dia nasce mais uma, algumas das quais com apenas 50 membros. Mas seus fiéis acham que lá é que se encontra a verdade verdadeira. *Igrejas geram igrejas e a dissidência é vista como bênção pelos novos membros. Definitivamente, o carisma da fidelidade e da unidade não funciona com eles.* Quando discordam entre si, partem para uma nova fundação. E começam ensinando que, finalmente, alguém conhece a verdade como ela é. Acontece que a Igreja da qual vieram tinha o mesmo discurso! Também ela era dissidente de outra que também achava que tinha algo melhor a oferecer ao mundo.

No caso de alguns grupos, ouve-se no rádio, o mundo esperou 2 mil anos até que aparecesse um pregador e servidores verdadeiramente fiéis ao Cristo. Estão certos em parte. De fato não é o número de crentes que torna uma religião verdadeira. É preciso mais do que número para uma fé merecer credibilidade.

Então, os membros de igrejas antigas ou com 500 a 900 milhões de adeptos usam seu tamanho para provar sua legitimidade. Os pequenos usam seu rápido crescimento ou seus estrondosos milagres para provar que, um dia, eles serão "a bola da vez". O marketing, na maioria das vezes,

> tira o bom senso do pregador, se é que ele o possuiu alguma vez. Facilmente anuncia que foram 5 milhões, quando não passaram de 300 mil os presentes ao ato. Mas vale mais a trombeta do que o fato!

***

O ser humano crê do jeito dele e procura gente para crer do jeito dele. Isso é natural. Também quem fuma e bebe oferece um cigarro ou um copo a quem chega. Trazer alguém para o nosso lado é instinto de associação que, às vezes, determina o rumo de uma fé. O conceito nem sempre formulado resume-se nestas ideias: "Creio como esta Igreja crê porque foi ali que me senti bem. Creio, porque eles me disseram o que eu queria ouvir. Creio porque eu precisava ouvir aquilo que me disseram. Deus está agindo lá". São estes os argumentos.

***

Até aí, tudo bem! Mas quando, por crer diferente, uma pessoa não aceita a outra e chega a caluniar, ameaçar, perseguir, valer-se da tenaz, prejudicar, interferir através de *hackers* da fé no site da Igreja desafeta, então estamos falando de enfermidade, disfarçada com o nome de fé. O mundo será mais bonito quando as pessoas de crenças e práticas religiosas diferentes conseguirem se emocionar e amar, juntas; ou ajudar, juntas, os que sofrem. Então, não teremos o triste espetáculo de os hospitais marcarem dias ou horários diferentes para as várias igrejas cristãs, porque, até na hora da caridade, seus líderes e pregadores não conseguem se abraçar.

***

"Meu irmão crê diferente" deveria ser uma sentença carinhosa. Para milhões de pessoas. Não é. Para elas, tem o mesmo significado de "Meu irmão está errado e eu estou certo".

Ainda não somos suficientemente inteligentes para conviver com a diferença, nem suficientemente cristãos para amar quem ama Jesus de um jeito diferente do nosso. Andamos confundindo nosso jeito de crer com verdade verdadeira. E não é, nem nunca foi, a mesma coisa!

27. Minha irmã evangélica

Éramos da mesma família,
mas deixamos de ser da mesma Igreja.
(Pe. Zezinho)

Tive uma irmã que já está com Deus. Como sou católico, não acho que ela esteja dormindo à espera do último dia. Creio que Maria da Conceição Oliveira Andrade, que, por um tempo, foi filha de Maria e católica, e depois se casou com um excelente cristão de outra Igreja, está no céu. Não acho que Jesus negue o céu para alguém que era de outra Igreja e se fez católico, alguém que era judeu e se fez cristão ou alguém que era católico e se fez metodista. Faz tempo que aprendi com minha própria Igreja que quem dá o céu é Deus e quem decide quem vai ou não vai é Ele. O critério é a justiça do Reino e o grau de caridade. Jesus diz que até publicanos e prostitutas chegarão ao céu antes de muitos crentes (Mt 21,31-32; Mt 25,31-46).

***

Creio que minha irmã foi salva pela sua bondade e pela misericórdia de Jesus. Nos anos 1950, ela deixou o catolicismo para se casar com um metodista. Como ele não mudaria e ela, jovem ainda, amava mais a ele do que à Igreja Católica, optou por ele e aceitou a fé do homem que ela amava. Julgou o amor por ele um bem maior do que a fé na qual fora educada. Milhões de moças fizeram e fazem o mesmo todos os dias. Em menor proporção, os rapazes.

Eu era menino e não entendia bem por que houve tanto conflito do lado dele e do lado dela. Ele, porque casara com uma católica, mesmo tendo ela deixado a nossa Igreja. Ela, porque casara com um evangélico. O tempo mostrou que foi um amor duradouro. Aprendemos todos a nos respeitar e, tendo eu, seu irmão, optado pelo sacerdócio católico, acho que passamos muita coisa bonita uns para os outros.

Convicto, mas bom de diálogo

Ele nunca abdicou de suas convicções, nem nós. Mas nem por isso discutimos ou nos agredimos em nome de nossas igrejas. Quando eu o visitava, ele citava os versículos que melhor conhecia para ilustrar nossas conversas. Eu expunha o ponto de vista católico. Íamos lá, nas festas deles, e eles vinham cá nas nossas. Ainda acontece. Orávamos por eles e eles, por nós. Conseguimos ver beleza em nossas igrejas e um na do outro.

Ao morrer, minha irmã me falava serena de ir ver Jesus e encontrar nossa mãe. Estive lá poucos instantes antes da sua morte. Respeitosamente eu, padre católico, esperei que chamassem o Reverendo Élcio e sua esposa para orarem por minha irmã, que optara ser da Igreja deles. Eu já orara por ela em vida, a pedido dela mesma. O ritual é tão parecido que não vi muita diferença nas preces. Além disso, quem salva ou condena é o juiz supremo, não eu, que, como Paulo, nem a mim mesmo sou capaz de julgar (1Cor 1,43).

Aprendizado

Hoje, refletindo sobre o acontecido, vejo que, todos, aprendemos. Na Igreja dela os dois contribuíram para que se respeitasse mais a Igreja Católica, mesmo havendo diferenças. Nós, católicos, também aprendemos muita coisa bonita sobre os evangélicos. Afinal, nem nós nem eles somos hereges colaboradores de satanás. Temos bom diálogo com várias igrejas não católicas. Quem estudou mais não se prevalece e quem viveu experiência de fé mais intensa não diminui a do outro. Vemos luzes uns nos outros. Aqui e acolá alguns irmãos se exaltam ferindo e ridicularizando a outra Igreja, mas é coisa pessoal, fé e caridade não resolvidas...

Somos, sim, irmãos que divergem em alguns pontos, mas, no essencial, concordamos: "Deus existe, é Pai, mandou-nos Jesus, que morreu por nós e ressuscitou, está vivo no Pai e um dia voltará". Enquanto isso, tentamos guardar seus ensinamentos, um dos quais é conviver serenamente com gente que crê, pensa e ora diferente de nós. Jesus soube elogiar até gente que não era dos judeus nem do grupo dele.

Convictos

Gosto muito de ser católico, mas sei admirar quem gosta de ser evangélico. Viajo muito e descubro muitos evangélicos que pensam exatamente como eu penso. O sol não brilha apenas no telhado de nossas igrejas, e o rio de água pura de Deus não corre apenas no quintal de nossas igrejas. Além das portas de nossas paróquias, há outros santos, alguns até mais santos do que nós.

Alguns cristãos são podres de orgulho. E precisamos tomar cuidado para não estar entre eles. Acham-se os melhores, os mais puros, os mais eleitos e os únicos herdeiros da verdade mais verdadeira. Eles são da luz e os outros são das trevas... Viver com minha irmã evangélica, membro de uma Igreja de raiz anglicana, ajudou a ela e a nós. Penso que também a seus filhos, que praticamente cresceram todos serenos, abertos e sem radicalismos. Afinal, nossas igrejas não são um bicho de sete cabeças... Nenhuma de nós é a besta do apocalipse! Já é um bom começo para quem crê em Jesus Cristo!

28. Não tentou convertê-la?

Deus sabe como e onde salvar alguém

Não tentei e não tento converter ninguém para minha Igreja. Já me darei por feliz se nos convertermos, ambos, para o diálogo fraterno. Quanto à salvação de sua alma, se eu salvar a minha já será uma grande vitória. Estou com o apóstolo Paulo, quando disse que se daria por feliz se conseguisse salvar alguns... (Rm 11,14). Deus soube como e onde salvá-la. Eu apenas ofereço meu testemunho de católico feliz e capaz de sofrer sem perder a paz. Se esse alguém quiser um dia ser católico, será escolha dele ou dela. Não brinco de Deus nem com o seu nome, nem com minha Igreja! Foi o que aprendi nos meus muitos estudos da fé cristã.

Se alguém a quem prezo se declarar ateu, agnóstico, evangélico, pentecostal ou kardecista, respeitarei. Continuaremos a interpretar a vida, a morte, o céu e Jesus de maneira diferente. Mas, quanto a alguém se tornar católico como eu, ou deixar de o ser, é assunto entre essa pessoa e Deus. E mesmo que meu irmão opte pelo ateísmo, como creio em Deus, ainda pensarei que é assunto entre ele e o Deus em quem ele não crê.

> Se há muitos barcos e barqueiros querendo salvar os náufragos da vida, não vou chamar todos os náufragos para a nossa barca. Estarão salvos também nas outras. Só espero que a nossa barca e a dos outros os levem, agora, ex-náufragos da vida, para o destino certo...

***

Sabedor de minha história, um católico acentuadamente conservador, que não aceita o ecumenismo, perguntou-me que tipo de padre era eu, se nem mesmo a minha irmã tentei trazer de volta para nossa Igreja. Respondi que era um sacerdote educado para dialogar e que religião não se impõe. Está na Bíblia. Jesus respeitou a decisão do jovem rico que não foi com ele (Mt 19,16). Nem os muçulmanos sérios impõem. Está no Corão. Mostrei-lhe os documentos do Concílio Vaticano II e pelo menos cinco outros documentos e declarações sobre nosso trato com as outras igrejas. Ele não havia lido a *Ut Unum Sint* de João Paulo II.

Fui rápido e rasteiro: "Quando minha irmã optou por não ser mais católica, eu era um menino e nada entendia disso. Quando fiquei sacerdote, era um jovem adulto que já sabia o suficiente para não julgar minha irmã ou meu cunhado. À medida que o tempo passou, fui cristão o suficiente para saber que não se puxa nem empurra ninguém para uma igreja. Vi, na minha própria família e na dos vizinhos, anos depois, que os filhos também fazem suas escolhas, que nem sempre são as dos pais. Forçar, usar de chantagem, julgar, jogar trechos da Bíblia contra eles não parece ser fraterno. Então orei e oro, dialogo quando querem falar e, se preferem não falar, não interfiro. Prego para quem quer me ouvir e aceita me ouvir. Não posso querer que minha família pense como eu penso e ore como eu oro".

E prossegui: "Quanto a salvá-los é assunto de Jesus Cristo. Por crer na intercessão dos santos daqui e de lá, eu oro e espero. Quando for minha hora de ir para o céu – e espero que na sua misericórdia Deus me acolha em seu colo –, penso continuar a orar em silêncio por eles. Não discuto, não imponho, não tento puxá-los para meu púlpito e meu altar.

Ouvirão minhas canções ou lerão meus livros, se quiserem. Sei que Deus os ama e sei que amam a Deus. Um dia, conversaremos sobre tudo isso. Se não for aqui, será no céu. Mas saberão que não brinquei de puxá-los para o meu lado da cachoeira ou para o meu lado da verdade. Anuncio Jesus, mas não pego fiéis a laço. Deus vê, Deus sabe, Deus toca, Deus chama. Eu dou a minha resposta e sei que eles darão as deles".

Se concordou, não sei. Despediu-se e foi embora.

29. Meu amigo reencarnacionista

O Jurandir e eu nunca brigamos sobre o tema. Ele sabe que eu não creio como ele crê e eu sei que ele não crê como eu creio. Concordamos em muitas coisas desta vida, mas, sobre o depois, não tem jeito: eu digo que não voltaremos e que a vida é uma só, que continua depois da morte, mas não há retorno. Ele diz que há. Não aceita meus argumentos e eu não aceito os dele. Já brinquei, dizendo que aquele de nós dois que for primeiro terá a obrigação de dar um sinal honesto para o outro, dizendo se há ou não há reencarnação. Supostamente, indo para Deus saberemos mais do que sabemos agora! Mesmo não aparecendo um para o outro, daremos sinais. Como creio em santos e ele em espíritos de luz, estamos abertos ao assunto.

Jurandir não gosta de ser chamado de espírita ou de espiritualista. Afirma ser kardecista e acha que ser chamado de reencarnacionista é muito pouco para tudo o que ele crê. É estudioso, ora muito e é muito caridoso. Ele diz me admirar muito e vê enormes valores na Igreja Católica, com suas obras sociais e sua pregação. A noção de céu, de morte e de reencarnação é que nos distancia. O conceito de "Lar" sustentado por ele não é exatamente o que sustento a respeito da outra vida. Mas sabemos administrar muito bem as nossas diferenças. Ele lê muito e eu também. Os nossos livros não o convencem e os deles também não me balançam as convicções. Assim como os ateus não aceitam nossos argumentos, nós que cremos também discordamos de alguns aspectos da fé do outro.

Assim, eu oro aos santos que não me aparecem e ele fala com espíritos que também não lhe aparecem, mas dão sinais. Eu digo que os santos já estão em Deus e ele diz que os espíritos estão em repouso e em Deus, mas que voltam e que alguns deles tornarão a viver como outra pessoa, ou em outro corpo. Ele me explica longamente o processo no qual ele crê e eu explico o meu. Ele acentua a purificação gradativa. Eu acentuo a misericórdia de Deus, que não manda a gente de volta.

***

Temos tido conversas interessantes. Ao final, ele ri, dizendo que sabe que eu nunca aceitarei a doutrina kardecista. Pelo que vejo, ele também não aceitará a doutrina católica. Nesse caso, depois da morte nós dois teremos uma conversa no céu, assim esperamos. Lá, um de nós dois dirá: "Viu só como eu estava mais perto da verdade?". Ou talvez os dois dirão: "Não é como afirmávamos". Por enquanto somos amigos que não pensam do mesmo jeito sobre isso de morrer e voltar a viver. Eu acentuo a ressurreição e ele, a reencarnação. Ele diz que há provas científicas. Eu também!

Esses dias, morreu uma nossa amiga católica. Dissemos: "Ela agora sabe. Nós continuaremos procurando!".

30. Irmãos gêmeos na fé

Tenho um amigo pastor, o Benevides, com quem dialogo com frequência. Numa reunião com jovens, brincamos de irmãos gêmeos na fé. Ele, pastor evangélico, levava no peito o cartaz: *Pregai o evangelho*; e eu, católico, carregava os dizeres: *a toda criatura*. Na verdade é essa a mística que nos une. Queremos pregar a mesma mensagem, mas os evangélicos gostam de acentuar o *eu anguelion*, e nós, católicos, que já existíamos muitos séculos antes da Igreja dele, também cremos tão seriamente quanto eles no *eu-anguélion*. Mas gostamos de acentuar *a toda criatura*, de onde *cat-holos* para todos.

Vista desse modo, a luz de Deus, que brilha em todos os quintais e templos onde se invoca o Senhor Jesus, faz mais sentido. O Espírito que nos move e nos guia nos aproximará em tudo, se o deixarmos agir em nós. Nem por isso perdemos nossas características e nossas identidades. Ela faz uma religião ser o que é.

Já falei dessas ênfases. Sei que alguém é católico não porque tem imagens, ora aos santos, reza terço, ou gosta de missa. São sinais que abraçamos, dentro de nossa maneira de conviver com o sagrado.

Mas a fé vai além dos sinais e dos gestos. Sei que alguém é católico porque, se for católico sereno e instruído na fé, seu modo aberto de ver a vida permite um diálogo com outras raças e culturas sem perder seu senso de unidade, suas certezas quanto a Jesus, quanto aos que já foram salvos e estão com Jesus, mormente a pessoa de Maria a primeira cristã, seu modo de encarar a vida e a morte, seu gosto pelos sinais e sacramentos, seus ritos especiais que dão um sentido de universalidade em tudo o que faz e sua tranquila aceitação da liderança do bispo de Roma como representante, hoje, dos apóstolos de ontem. Chamamo-lo de Papa, porque vemos nele um pai na terra. A palavra vem do grego. Acentuamos bastante o carisma da pessoa em nossa Igreja. Entre nós é raro que um pequeno grupo que discorde forme outra Igreja. O senso de unidade entre nós é forte. Novas igrejas nascem muito mais entre os evangélicos porque seu conceito de unidade é diferente. É uma das razões por que damos tanta importância ao carisma da unidade.

Os evangélicos têm outras formas de ver a vida, de se organizar e de acentuar sua fé cristã. É claro que há diferenças até profundas em alguns aspectos, mas, se cremos em Jesus e no amor de Deus para com todos, saberemos acentuar o que nos une e dialogar serenos e sem agressividade, nem mentiras sobre o que nos separa.

Dias atrás o Benevides me telefonou pedindo desculpas por uma pregação que ambos vimos na televisão. Uma cantora, pregadora pentecostal das mais aguerridas, foi ouvida dizendo que os evangélicos derrotariam a Igreja Católica e que em breve o mundo seria evangélico. Nem ele nem eu gostamos da palavra *derrotar* que ela usou. Ela falou como se fôssemos erva daninha a ser destruída e a Igreja dela, a mais nova flor do canteiro do cristianismo. Tão nova que ainda não aprendeu a dialogar e a respeitar a História, tão flor única que, quando exala seu novíssimo perfume, incomoda até as outras flores do canteiro evangélico. Uma Igreja de menos de quarenta anos derrotaria uma de vinte séculos. É discurso que já vimos no que deu, que ouviremos no que dará. Um bom católico jamais usa essa linguagem. E diria o Benevides, um evangélico também não. O cristianismo não suporta essas bravatas nem do lado de cá nem do de lá.

31. Isto mesmo: crente católico!

Sou crente católico. Isto mesmo! Crente há mais tempo do que muitos novos crentes de agora. Eles, meus irmãos cristãos de outras igrejas novas, são crentes evangélicos ou pentecostais. Já fui repreendido por chamá-los de igrejas. Quem me repreendeu disse que eu deveria chamá-los de denominações cristãs. Mas, quando eles nos chamam de denominação católica, ficamos chocados. Seria como dizer que nossa mãe é mãe, mas a deles é apenas genitora. Não parece justo nem caridoso. Posso até estar convicto da unicidade da minha Igreja e crer que ela é "a Igreja". Eles nutrem a mesma convicção a respeito da deles. Mas jogar-lhes isso no rosto é coarctar qualquer diálogo.

Se eles consideram-se igrejas e chamam sua comunidade de igreja, cabe a mim respeitar. Penso diferente deles sobre o conceito de Igreja e eles não pensam exatamente como eu. Mas somos assembleias que se reúnem em nome de Jesus. Algumas igrejas, pelo acento que dão ao Espírito Santo, denominam-se pentecostais. Mas também elas confessam que Jesus é o Cristo. Todos se sentem chamadas. *Ekkalein, ekklesia*, Igrejas. São comunidades de fé cristã que se sentem chamadas a anunciar o Reino de Deus.

Quando um fiel católico se diz crente em Jesus e faz a sua lista de razões, talvez ouça um evangélico dizer-se crente evangélico por isso, mais isso, mais aquilo. O erro está naquele que acrescenta ou dá a entender que, *portanto, ele é mais cristão, melhor filho, mais salvo e mais fiel*. Estabelecer identidade é uma coisa, declarar-se mais do que os outros, é outra.

***

Não preciso apagar a estrela do outro para mostrar a grandeza da minha. Não preciso xingar nem diminuir a mãe do meu amigo ou vizinho só porque acho a minha mais bonita e mais serena. E não preciso trocar de mãe, se já tenho uma e me dou bem com ela. Nem que não me desse bem, ainda assim teria que aprender a viver com minha mãe.

A questão da identidade tem a ver com a fé no Espírito que nos inspira. Não nascemos em vão da mãe que temos e não fomos chamados a viver esta fé por acaso. É claro que prezo a minha Igreja. Não estaria nela se não a considerasse a melhor e a primeira chamada em Cristo. Mas entendo que Deus tem muitos chamados. Como vou ter certeza de que Deus não chama outros? Porque não creem, nem se expressam, nem oram como eu? Se papas chamaram outras igrejas de "igrejas", por que eu não as chamaria?

Temos raízes e podemos frutificar na nossa própria Igreja. Para ser santo não é preciso mudar de Igreja. O que é preciso é mudar de vida e saber quem somos, o que Deus espera de nós e o que podemos dar a Deus nesse caminho e nesta Igreja em que ele nos colocou.

Quem quiser odiar, agredir e ofender sua Igreja-mãe porque ela não disse nem fez tudo o que esperava será como o filho que procura outra identidade e vai embora procurar outra mãe, porque a mãe da qual ele nasceu lhe parece errada.

> É difícil crer que esse filho seja tão santo que possa trocar de mãe sem consequências. Isso mexe com identidade.

***

Cristo no catolicismo ou numa outra Igreja? A escolha é fundamental e só pode ser feita na serenidade. Os que proclamam sua identidade à custa de mentiras ou agressões contra a outra Igreja perdem a moral. Os que estabelecem sua escolha porque realmente acreditam no Espírito Santo de Deus aprendem a respeitar o mesmo Espírito que arranca o que divide e que aproxima até os inimigos. Descobrem que são quem são por graça de Deus e que os outros são quem são por graça do mesmo Deus. Quem acha que ser cristão é uma graça e não o ser é uma desgraça não entendeu Jesus.

32. Convictamente ecumênico

1. Sou católico convicto e ecumênico, e não o sou porque é fácil, mas porque é preciso. Sou católico e sou ecumênico quando respeito a fé dos outros, sem titubear na minha. Se desrespeitado pelo outro que ainda não entendeu que o diálogo é da essência do cristianismo, tenho paciência e espero que um dia ele mude. É como ter mãe, conhecê-la bem e amá-la, mas saber tratar a mãe dos meus amigos com o maior respeito. Eu não trocaria minha mãe pela deles, nem me mudaria para a casa deles; acho minha mãe maravilhosa e a deles também. Mas, na hora de comparar e escolher, fico com a minha. Vejo nela alguns valores que me são caros e que não vejo nas outras.

2. Eu seria mal-educado, sem cultura, sem caridade, antiecumênico e, por isso, mesmo anticristão, se ridicularizasse, se saísse por aí falando mal da mãe de outros e se lhes propusesse que abandonassem sua mãe e viessem morar na minha casa. Proselitistas mal-educados costumam ser antiecumênicos. O problema é mais de boa educação do que de fé. Adoram suas igrejas, agridem as outras e não conseguem adorar Jesus. De tal maneira ligaram sua Igreja com Jesus que proíbem Jesus de estar nas outras e as outras de dizer que Jesus está com elas.

3. Alguns cristãos, de tanto gostar de Jesus, conseguem não gostar de quem o ama de um jeito diferente. Enlouqueceram na sua fé e não perceberam isso. Obcecados na sua Igreja, perderam a ternura pelos outros. E com ela, a fé e a caridade.

4. Sou ecumênico e, por saber que Deus atua na minha Igreja mas também na dos outros, luto pelo ecumenismo. Não é tudo a mesma coisa, porém, como flores num jardim e até no mesmo

buquê, poderíamos conviver, ainda que com diferenças acentuadas. Somos santos e pecadores, e eles também. Temos propostas e práticas bonitas de se viver, e eles também. Temos o que melhorar, e eles também. Vejo a sinceridade deles e eles, a minha. Eu sei que eles não pretendem se tornar católicos e eles sabem que eu não me tornaria evangélico. Mas sabem que eu amo o evangelho. E sei que eles também poderiam ser, e muitos deles são de fato, *católikoi*: abertos a todos.

5. Sou ecumênico, pois sei onde acaba o fanatismo do "só nos sabemos". Quanto menos religiosos fanáticos houver, mais chance de paz o mundo terá. Não há maior contradição do que um crente terrorista.

33. Catolicismos diferentes

Enquanto corrijo estas linhas, completo 46 anos de sacerdócio católico. Pesquiso "Prática e Crítica de Comunicação nas Igrejas" há 42 anos e constato que cada dia mais divergimos quanto a determinadas práticas e doutrinas, por conta dos enfoques e acentos assumidos. Com o advento da televisão e do rádio, a depender do grupo que o dirige, as divergências se acentuam. Orar em línguas, pregar políticas de esquerda ou de direita, expulsar demônios ao microfone são práticas que mostram o rumo de uma pregação.

As maneiras de expressar-se como católico estão cada dia mais divergentes e diversificadas. O que ouço e vejo me autoriza a dizer que, no papel, há um só catolicismo, mas, na prática, hoje visível na mídia e em alguns lugares de devoção, há vários catolicismos. Alguns deles quase irreconhecíveis. Até na missa, que deveria ser sacramento da nossa unidade, percebem-se as diferenças.

Se isso é bom ou é ruim, quem deve dizê-lo são o papa e seus irmãos bispos a quem coadjuvamos, o que, aliás, já foi dito em inúmeros documentos oficiais da Santa Sé e das Conferências Episcopais. Quem leu o Catecismo (CIC) e fez cursos de catequese, sabe que os enfoques e acentos podem levar multidões numa direção que nem sempre casa com os documentos oficiais da nossa fé. *Línguas, milagres, curas, maldições, anjos, santos, Maria, exorcismos, demônios, objetos de devoção, intercessão, vocabulários, missas, canções, revelações, aparições, pregadores e pregações, aceitação dos Concílios ou das Conferências Episcopais, unção, piedade, liturgia, pietismo, doutrinas sociais, abertura, fechamento, isolamento, proselitismo ao interno da Igreja, vidência, evidência...* tudo aponta para caminhos não exatamente iguais, não exatamente no mesmo trajeto, não exatamente coligados.

***

É como termos, todos, uma bússola que aponta para o Norte da fé católica, que é Jesus crucificado, por nós imolado e ressuscitado, mas cada grupo traçar o seu caminho, que nem sempre vai para lá em linha reta. Há práticas questionáveis e dignas de interrogações e de reparos. Raramente um grupo ou uma linha aceita que o seu caminho seja digno de revisão e de reparo; o dos outros, sim! A correção fraterna anda em baixa na nossa Igreja. Temos enorme facilidade em ver os desvios dos outros e dificuldade imensa em admitir os nossos.

> Assista a uma celebração coletiva de católicos e observe quem se mistura e quem se isola. Percorra os templos e veja quem conduz a liturgia daquele dia. Preste atenção às letras dos cantos e verá quais os acentos escolhidos pelo grupo de cantores.

Observe os trajes de sacerdotes e leigos e veja se eles ajudam ou impedem o diálogo. Abra os manuais de devoção de cada grupo, leia as orações e veja quais os enfoques daqueles irmãos. Foi o que fiz. E foi o que me levou a concluir que não acentuamos as mesmas verdades nem do mesmo jeito. Somos todos católicos, mas grande número é católico com acento forte numa só sílaba (´), cheio de interjeições (!), com poucas interrogações (?), grandes e exageradas exclamações (!!), sem conjunções e sem ligação com outros verbos ativos da fé.

***

Alguns dentre nós não oram, nem cantam, nem abordam, nem acentuam os mesmos temas. Se isso é bom, o tempo o dirá.

Já está dizendo pelo isolacionismo cada vez maior de alguns grupos que se afirmam iluminados. Os documentos já falaram sobre isso. Leia os principais documentos sobre a Eucaristia, sobre Liturgia e Catequese das últimas três décadas. Nem sempre foram obedecidos. Em alguns casos, visíveis pela televisão, é como se nunca tivessem sido escritos! Aquelas liturgias continuam palco para exibição de alguns talentos, em detrimento da assembleia. Ali se perderam a serenidade e o decoro do culto católico. Estamos precisando de um sadio ecumenismo dentro de nossa própria casa!

> Deus nunca falou comigo. Se falou, não percebi que era Ele. Faço parte de 99% dos cristãos, papa, bispos, sacerdotes, pastores, fiéis que nunca ouviram a voz de Deus e nunca oraram em línguas. Cremos captar sua mensagem, mas ouvir sua voz a nos soar nos ouvidos, não ouvimos! Vivemos da Palavra escrita e lida. Não recebemos novas revelações, nem particulares. Mas se o 1% que diz orar em línguas e receber novas divinas revelações estiver certo, então graças a eles vivemos uma era especialíssima. Deus está mandando recados novos para o mundo!
> Como Jesus mandou que questionássemos tais videntes e ouvintes em Mt 24,24 e em 24,5-11, cabe-nos questioná-los. Deus realmente fala com eles?

34. Jeito deles e jeito meu

*Desde agora ninguém me incomode;
porque trago no meu corpo
as marcas do Senhor Jesus (Gl 6,17).*

São queridos. Um excelente casal. Mas nosso catolicismo é quase diametralmente oposto. Não os acho maus católicos, nem superiores, nem inferiores. Também não me coloco nem acima nem abaixo deles. Oram muito e acho isso lindo. Não me proclamo mais culto e mais inteligente, embora eu tenha uns 30 anos a mais de estudos da fé.

Não os julgo pelo que fazem, nem pelo modo como praticam seu catolicismo. Aprendemos com mestres diferentes e em livros diferentes. Eles têm o deles e eu o meu jeito, minhas informações e minhas convicções. Meu catolicismo difere do deles em muitas coisas. Até no fundamental. Atribuímos um valor diferente às práticas e aos objetos da fé. Gosto da Teologia Primeira e da Teologia da Libertação. Eles acentuam a do Louvor e a dos Carismas e têm sérias objeções à pregação do social e do político, por conta de alguns exageros. Por outro lado, de onde me situo, também há casais com fortes objeções à Renovação Carismática Católica (RCC) por conta de alguns pregadores exagerados que acentuam demais o fim dos tempos, anticristo, os demônios e o pecado. Mas não é esse o objetivo da RCC. Não nasceu assim, nem para isso. Há pregações infiltradas que nunca eram nem são o objetivo da RCC.

Visuais

Nosso modo de nos postar diante das imagens diverge. Mas sei que é coisa deles e não da RCC. Faço uso sereno delas como sinais. Eles acendem velas e as colocam ao lado, para pedir graça ou para agradecer. Eu não. Para mim vela é só sinal. Acendo--a, explico e deixo-a ali como símbolo, mas não falo nem canto olhando para a imagem. Não falo com imagens, mas prezo-as muito porque me ajudam a falar com quem elas representam.

Superlouvadores

Eles valorizam a oração de louvor. Seus álbuns de canções são todos de cantores de louvor. Faltam as outras que também traduzem documentos da Igreja. Nós outros, que abordamos temas familiares e sociais, problemas sociais, encíclicas sociais, querendo um projeto de país mais justo, não estamos na sua estante. Eles não se dão bem com meus CDs. Já os ouvi dizer que minhas canções carecem de unção. Ignoram as mais de 300 canções de louvor que já escrevi. Entendem que o louvor é a mais alta espiritualidade que há, e eu concordo. Mas ignoram que tenho um terço das minhas canções enfocando-as. Contudo, por causa das outras preferem não ter meus álbuns na sua estante. Como sói acontecer em todos os grupamentos humanos, alguns deles nem sequer ouvem CDs que não sejam da linha deles. Encostam a um canto. Do nosso lado também há quem nunca ouça CDs da RCC. Simplesmente só ouvem os de cantores da sua linha. Sei de um grupo de jovens que não canta nenhuma canção que fale de doutrina social ou de direitos humanos. Aprenderam de algum pregador com forte acento no "louvai" e desconhecem Mt 5,23 e 25,31-46!

***

Eu valorizo os outros cinco ou seis aspectos da oração, sobretudo, a de penitência e de intercessão, a de justiça, a da paz no mundo e a dos direitos humanos. Falam do poder do terço – que hoje já é um quarto do rosário – e até o apontam como instrumento de libertação. Eu também o rezo, mas não o vejo dessa forma. Não lhe atribuo poder. É apenas mais uma pedagogia que pode levar a um diálogo com Maria enquanto contemplamos os mistérios que ela viveu com seu Filho. É prece de quem crê que no céu há santos e eles nos ouvem. Quem não crê que os céus já se abriram para bilhões que nos precederam não rezará o rosário, porque para ele Maria está no sono dos justos esperando a ressurreição. O Filho dela ainda não a levou para o céu!...

***

Não creio em terços milagrosos. Eles falam de novenas infalíveis, terços poderosos, orações infalíveis, preces milagrosas. Da minha parte, continuo achando que Deus faz como quer, quando quer e se Ele quiser. Eles falam de Maria, como se Maria dobrasse Jesus. "Se ele não der, peça a ela", dizem. Não vejo Maria desse jeito, nem Jesus desse jeito. Não entendo que, se Jesus não der, Maria dará ou o dobrará. Não uso esta frase nas minhas catequeses.

***

Se Jesus não deu, ela não vai insistir. As bodas de Caná foram um momento; não foi sempre assim, e não é assim agora no céu. Eles falam muito de trevas, pecado, demônio, maligno. Eu acentuo muito mais o poder da ternura e o Deus que educa. Eles oram em línguas e eu fico com Paulo que não acentua demais, nem supervaloriza esse dom. Está claro na Primeira Carta aos Coríntios, de 12 a 14. Eles adotam uma linguagem muito parecida com o grupo, e eu prefiro falar do meu jeito. Também não uso a linguagem de alguns irmãos da teologia da libertação. Minha palavra não está atrelada aos vocábulos de nenhum grupo. Mas respeito quem os usa. Se lhes faz bem, por que os contestaria?

Apolíticos

Eles não se envolvem muito com os aspectos políticos da vida, e eu sim. Acham que padres que falam de política são menos ungidos e eu acho que Davi, João Batista, Jeremias, Atanásio, São Luís de França, São Gregório Magno, São João Crisóstomo, Thomas Morus, falavam abertamente de política e eram santos e ungidos. A Igreja canonizou mais de 400 santos e beatos que exerceram a vida pública e fizeram política. Alguns dos papas canonizados eram hábeis políticos e governantes. Santo Ambrósio fora prefeito de Milão.

Videntes

Eles gostam muito de livros de revelados e videntes, e eu prefiro a Bíblia, o catecismo católico, os livros de Teologia e Sociologia e os documentos da Igreja. Não sigo os livros de videntes. Prefiro os documentos oficiais da Igreja. Corro para comprar a mais nova encíclica, mas raramente me mexo para comprar o mais novo livro da mais nova vidente. Os dois viajam cheios de fé para os lugares onde dizem que Maria está aparecendo a algum vidente. Eu oro daqui mesmo, mas gosto de ir a Fátima e Guadalupe, e a Aparecida, porque são devoções aprovadas pela Igreja. Acharam estranho que eu dissesse que Maria não está no centro da fé católica, mas é quem está mais próximo do centro.

***

Mostrei-lhes o livro *Dio e Il Mondo*, uma entrevista de Bento XVI a Peter Seewald, em italiano. Na página 282, o então cardeal diz: "Creio que todas as aparições marianas, por mais que sejam autênticas, nada acrescentam ao evangelho. Trata-se de acolher o núcleo da mensagem cristã, e de motivar na direção do que é de fato essencial, pois que leva à conversão, à fé, à esperança e à caridade". Acharam difícil acreditar que um cardeal, e depois papa, tenha dito isso. Mas está em outros documentos da Igreja que eles não leram. Colocam a devoção acima da doutrina.

***

Não é que eu não creia em Maria. Nela eu creio. É dos que dizem falar com ela que eu duvido. Há algumas exceções, mas a maioria estava iludida. A Igreja aprovou poucas dessas visões. Eles são emotivos e devocionistas, eu sou mais reflexivo e catequista. Eles têm dificuldade de praticar ecumenismo e diálogo, gostam de ler escritos do seu grupo, apenas os seus autores, apenas ouvir as suas canções.

Só os deles

Nas suas casas só entram livros e CDs de seu grupo. Eu abro o leque para, inclusive, irmãos de outras Igrejas e nem por isso duvido dos dogmas da minha Igreja. Sou de formação ecumênica. Eles receberam outra formação. Nem por isso me acho mais santo e mais católico do que eles. Reconheço seus valores e sua santidade, mas discordo da maneira como vivem a catequese. Os dois admitem que não terminaram de ler o CIC (Catecismo da Igreja Católica). Somos amigos, irmãos na fé e católicos, mas não vemos a vida do mesmo ângulo.

Não imponho o meu jeito e não deixo que me imponham o deles. Por isso, quando eles, na missa de ontem, quiseram me oferecer uma profecia dizendo-me que Jesus lhes disse para me dizerem algo muito especial, ouvi de bom grado e lhes disse que Jesus não me havia dito para lhes dizer nada especial; mas mesmo assim eu achava que deviam ler mais o catecismo oficial da Igreja e alguns autores não carismáticos...

Coração e cabeça

Ele riu e disse: "Jesus te ama apesar da tua ironia e do teu intelectualismo". Ri com ele e disse: "Jesus também te ama apesar de teu *pathein*".

Ele sabe a diferença entre *mathein* e *pathein*: apreender e experimentar. São escolhas de crentes, ditadas pela cultura ou pela índole de cada qual. Aristóteles que o diga!

35. Humildes perante Deus

Sobre Deus é muito mais o que não sabemos do que o que sabemos. A afirmação está em textos de grandes teólogos como Santo Tomás de Aquino e no Catecismo da Igreja Católica (CIC 36-67). E esse já um bom começo para recebermos os outros com humildade, na hora de falar de Deus e da vida.

Assim como existem os ateus pragmáticos, para quem convém que Deus não exista, também há os crentes pragmáticos, para quem convém que Deus exista, mas do jeito deles.

É o caso da atriz que diz que se converteu a uma Igreja evangélica, mas continua vendendo produtos pornográficos na televisão e afirma que Deus lhe deu sucesso e dinheiro. É o caso do industrial católico que diz que Deus o abençoou com muito lucro, mas continua sonegando impostos e pagando mal seus funcionários. É o caso do pregador que aluga um galpão e constrói ali seu templo, mas não paga os aluguéis. Não aderiram a Deus. Adaptaram Deus ao seu marketing e aos seus projetos de conquistar espaço.

> A experiência de crer deveria ser mais importante do que a de pertencer a uma igreja, mas, em muitos casos, pertencer a uma Igreja se tornou mais importante do que crer com honestidade.

Se algo tiver que mudar, mudam a doutrina sobre o social, o espiritual, a vida, o aborto ou o casamento, mas nunca o seu projeto, que é o de conquistar muita gente para crer do jeito deles. Quem conquista muita gente tem poder. E quem tem poder decide como é que se deve viver e falar com Deus e com o mundo. É assim que algumas igrejas se comportam. Pode ser tudo, menos fé. Deus não se presta a esse jogo de números. E é bem isso o que tem acontecido em alguns setores da fé. Deus está sendo usado por alguns de seus fiéis. O projeto é de poder e não de servir e crer. Não vê quem não quer.

36. Una, Santa e Universal

A expressão, mal compreendida como tem sido, dá pano para manga... "Una" porque única e "não tem pra ninguém" ou "una" porque unida? Faço parte de uma Igreja Universal, mas não a Universal do Reino de Deus. Um nome vem do grego e outro, do latim. Nós começamos no tempo em que se falava grego no império romano. Todo mundo entendia a palavra *cathólikos* usada pela primeira vez por Santo Inácio de Antioquia nos primeiros anos do século II, logo após o ano 100. Mais tarde nos chamamos de Igreja Católica Apostólica Romana para designar onde estava nossa liderança. Hoje há igrejas apostólicas fundadas no final do século XX que também dizem ter suas raízes nos apóstolos. Seus líderes se intitulam apóstolos ou bispos e elas adotam outros títulos, como Universal do Reino de Deus, Internacional da Graça de Deus e Mundial do Poder de Deus. E há dezenas de novas igrejas com títulos semelhantes. Direito deles, se assim creem. Direito nosso que assim cremos há séculos.

***

Alguns católicos andam confusos com o termo "universal". Mas esse termo não é novo para nós. Os que se intitulam Igreja Universal do Reino (IURD), com imenso poder de mídia, vieram depois. Enquanto escrevo, não completaram 50 anos. Este ano em que escrevo estas páginas, a Igreja Pentecostal Deus é Amor completa 50 anos. Antes que a IURD, Igreja Universal do Reino de Deus, fundada pelo Bispo Macedo na década de 1970, começasse, já existia, há muitos séculos, a nossa Igreja Universal Apostólica Romana, porque Católica quer dizer *universal, para todos, abrangente*. É Apostólica porque tem suas raízes nos apóstolos e nos primeiros séculos; é Romana porque busca sua unidade com a Igreja de Roma, cuja autoridade reconhece.

Os únicos universais?

Esses dias, um membro da Igreja Universal do Reino de Deus questionou minha afirmação, dizendo que os Universais agora eram eles. Perguntei se uma rosa tem que mudar o nome porque apareceu outra com maior poder de marketing no jardim... Ficou por conta de sua falta de conhecimento da História e dos fatos. Qualquer enciclopédia, qualquer jornalista, poderá informá-lo disso! Eles se chamam universais porque se acreditam possuidores de uma proposta que começou no Brasil no fim da década de 1970 e pretende chegar ao mundo inteiro. É o jeito de eles entenderem a Bíblia. Nós temos o nosso e há séculos nos chamamos "católicos" exatamente por essa mesma razão. Eles usam o termo em português e nós, porque temos séculos de estrada e de caminho, usamos o termo grego porque naquele tempo era a língua *koiné*, mais difundida no império romano. Temos uma história que não pretendemos jogar fora!

Universais porque abertos ao saber

Kat e *holos* são duas palavras gregas das quais se origina a palavra *Katholicós*, de onde vem "católico". Supõe abrangência. A tradução de *Kat'holos* é "para todos: isto é, Universal, abrangente", não só em termos de pessoas, mas também sem fechamentos para novos conceitos que não afetem nossas doutrinas centrais e dogmas dos quais não abrimos mão.

O Deus das lacunas

Entre nós, muito do que se pensa ser dogma não é, e muito do que é dogma nem sempre os católicos obedecem. Falta maior conhecimento das doutrinas das quais não abrimos mão e das que vamos reformulando com o crescer das informações. A Igreja não despreza as descobertas do mundo. Mas terá que rejeitá-las ou assumi-las com mais serenidade. É para ser pensado o que diz o cientista ateu, aberto a diálogo, Carl Sagan no seu livro *Variedades da experiência científica: uma visão pessoal da busca por Deus* (Companhia das Letras):

> Está evoluindo diante de nós um Deus das Lacunas; isto é, o que não conseguimos explicar é atribuído a Deus. Depois de um tempo, achamos a explicação e a coisa deixa de fazer parte do domínio divino. Os teólogos abrem mão dela, que, na divisão de tarefas, passa para o lado da ciência...

Teólogos ou pregadores?

Eu poria um reparo na afirmação de Carl Sagan. Teólogos estão bem mais abertos ao diálogo com a ciência e são muito mais cuidadosos em afirmar o divino. Quem fala até sem ter lido ou estudado sobre o assunto são os pregadores sem teologia – e são milhares –, que pregam certezas absolutas, dão garantias, apostam no milagre com hora marcada e, além do Deus das Lacunas, criaram o Demônio das Lacunas. O que é bom e não sabem analisar atribuem a Deus e o que é mau e não sabem explicar atribuem a algum demônio. Até demônio da diarreia, da dengue e da unha encravada já se viu nos templos e nas televisões...

Abertos e abrangentes

Por isso, todo o católico deve saber que ele faz parte da mais antiga Igreja Universal, que é a Católica Romana. Outras igrejas também adotam o nome "católica" ou "universal". Passar o nome para o português faz sentido para quem é recente. Nós o mantemos em grego porque, quando começamos, o império Romano falava a *koiné*, que era um grego popular. A universal de agora é, ainda hoje, liderada pelo Bispo Edir Macedo, que começou numa outra Igreja, mas criou a IURD, sempre se crendo chamado por Deus para divulgar Jesus desse novo jeito. Eles sabem as diferenças entre eles e nós. Convém que saibamos, nós também, as diferenças entre nós e eles. Clareza lá, clareza aqui!

Nem eles querem ser nós, embora usem um nome que nós usamos há séculos, só que em grego e latim, nem nós queremos ser eles. Vamos conviver civilizadamente juntos, mas nome é coisa importante, para eles e para nós. Que eles continuem se chamando Universais do Reino. É um direito que a Constituição lhes outorga. Nós continuaremos a ser Católicos, isto é, Universais, Apostólicos, Romanos. Repitamos. Isso mesmo: a Igreja Católica Apostólica Romana já faz tempo que é Universal e do Reino de Deus, tem mais de um bilhão de adeptos e apenas assina seu nome em grego, porque temos história e, quando começamos, há muito séculos, falava-se latim e grego.

Não se deixe confundir

Os irmãos da IURD não se deixam confundir. Fazem questão de dizer que não são católicos, embora a palavra "católico" signifique exatamente isso. Nós também não confundiremos as coisas. Quando o papa diz que a "Igreja Universal" convida-nos para alguma obra, está falando da Igreja Católica Romana. São séculos de universalidade!

Há muitos José e Maria no planeta. Saiba de quem se trata quando um deles o convidar. Saiba as diferenças entre as Igrejas e escolha tranquilo. Se quiser ser católico, escolha a Igreja Universal que segue e ouve o papa. Direito nosso. Os universais do Reino ouvem a liderança e seguem as instruções do Bispo Macedo. Direito deles!

37. Os nomes e as Igrejas

Católica, Ortodoxa, Evangélica, Protestante, Anglicana, Luterana, Batista, Adventista, Metodista, Pentecostal, Universal, Mundial, Internacional, Nacional, Assembleia, Mórmon, dos Santos dos Últimos Dias... cada Igreja adota o nome que melhor a caracteriza e mais lhe convém adotar. Conheço apenas uma Igreja Municipal que funciona em Taubaté, perto de um supermercado. Imagino que a ideia de Igreja seja sempre missionária. Municipal seria um projeto demasiado estreito para qualquer fundador; por isso, quase não se vê tais templos...

***

Dentro das Igrejas há grupos e movimentos que também adotam o nome que melhor os define. Entre nós, católicos, houve e há os carmelitas, beneditinos, teatinos, franciscanos, dominicanos, jesuítas, redentoristas, salesianos, vicentinos, dehonianos, paulinos; grupos que foram nascendo sob a inspiração de algum carisma vivido por determinado fundador ou fundadora.

A lista desses nomes encheria mais de dez páginas deste livro. Sim, o nome é importante. Define um jeito de viver que aquele grupo de cristãos adotou, da mesma forma que define os nomes de outras religiões. Ligam-se ao carisma, ao chamado, à inspiração, à dissidência, à descendência – da qual alguns se sentem honrados –, à espiritualidade, ao projeto futuro.

Conhecer para respeitar

Quem sai de uma Igreja sai por algum motivo que ele acha imperioso. Raramente vai admitir que saiu sem saber o que escolhia. Alguma vantagem haveria em mudar de igreja. Nem sempre é uma escolha maldosa, já o dissemos, mas nem sempre é pura.

Pode esconder vantagens ou ressentimentos mal resolvidos. E não nos cabe julgar quem mudou de Igreja. Sempre será assunto entre a pessoa e Deus. Ele viu, ele sabe. Mas dizer-se convertido e agredir a Igreja da qual se saiu revela ressentimento. Mostra que não encontrou ideia melhor de Deus. Ficaram faltando o perdão e a caridade...

A santidade passa pelo diálogo, pela penitência e pelo perdão! Jesus deixa claro que o Pai fará conosco o que fizermos contra os outros. Se não perdoarmos, correremos o risco de também não ser perdoados (Mt 18,35). E é o que acontece com muitos que mudaram de igreja. Não perdoam! É, também, o que acontece com quem ficou: guardam ressentimento. Não deveriam deixar por isso mesmo. Deveriam reagir, sim, mas não reagem de maneira pedagógica. É mágoa!

Um ex-católico que deixou a RCC para começar um grupo pentecostal não perdia ocasião para vergastar os católicos nas suas pregações no templo. Um dia num shopping, candidato a vereador, falou bonito dos católicos na frente do pároco e perante cinco outros católicos influentes, um deles jornalista. O pároco agradeceu, mas achou que deveria dar uma resposta pedagógica. Mostrou-lhe um folheto que ele distribuíra na semana anterior em seu templo. Era cruel contra nossa Igreja e denegria todos os padres, a quem classificava como o maior grupo de pedófilos do mundo. Deslavada calúnia. Mostrou-lhe o folheto que sua prima lhe dera e perguntou se ele o escrevera e, se não, por que o distribuíra... Mostraria aquele folheto a toda a comunidade católica da diocese, a menos que ele fosse ao rádio e se retratasse. Não se retratou, o texto foi divulgado e os próprios evangélicos deixaram de votar nele. Um verdadeiro evangélico não age daquela forma. Às vezes não reagir e não se defender é abandonar a justiça.

Mas também é verdade que há textos de católicos desrespeitosos com relação aos evangélicos. Diga-se a verdade, esclareça-se, mas a polêmica seja sadia. Confira-se o Documento de Aparecida de 2007 (DAp 229).

38. As muitas Igrejas de Cristo

E eu dei-lhes a glória que a mim me deste, para que sejam um, como nós somos um (Jo 17,22).

Vimos que as assembleias desses crentes em Jesus recebem os mais diversos nomes: Igreja Católica Apostólica Romana, Igreja Ortodoxa, Igreja Evangélica, Igreja do Evangelho Pleno, Igreja do Evangelho Quadrangular, Igreja Edificando em Cristo, Igreja Bom Pastor, Igreja Dai-nos a Paz, Igreja Luterana, Igreja do Cristo Salvador. Só no Brasil imagina-se que passem de dois mil os nomes de igrejas autoproclamadas cristãs.

Cada uma se acredita a depositária das verdades do Cristo e se proclama mais próxima da verdade do Senhor Jesus. Não fosse assim, não teriam nascido. Alguém achou que tinha algo a mais a oferecer, por isso deixou a outra Igreja da qual fazia parte e fundou essa nova assembleia. Estão divididos? Sim, muito divididos, embora o conteúdo bíblico no qual se inspirem seja 95% parecido. É nesses 5% que começam as diferenças. Umas acentuam determinados aspectos da vida de Cristo, outras põem o acento em outro aspecto. Depois, a divisão, debates, falta de diálogos ou diálogo, aproximação ou separação, ficam por conta dos pregadores mais fraternos ou mais radicais.

Conversa e conversão

Uns querem conversar, outros não; uns querem diálogo, outros querem adeptos... Precisam crescer e, por isso, umas escandalosamente falsificam as estatísticas e os números para, no marketing, as pessoas pensarem que é uma Igreja em crescimento vertiginoso, quando não é. Ultimamente algumas delas não escondem que funcionam como empresa eficaz. Intitulam-se igrejas de resultado. Traçam metas.

Algumas são livres e criativas na sua liturgia, quase tudo é permitido; também na sua teologia moral, não hesitam em admitir novos casamentos, porque encontram na Bíblia alguma explicação. Acentuam esta e suavizam as outras passagens. Outras são mais rígidas nos seus cultos, na sua doutrina, nas suas exigências. Exemplo disso é a doutrina sobre separação e divórcio, sobre a qual tanto se polemiza.

Ao texto Mc 10,1-12 e Mt 19,6, que são radicais exigindo a manutenção do vínculo, muitos apresentam Mt 5,32, que contém uma exceção. E suavizam também o texto Mt 19,9, que aceita como única exceção o caso de adultério da outra pessoa. Abrandam o texto de Paulo aos coríntios a respeito de não se casar de novo depois de alguma separação (1Cor 7,1). Em 1Cor 7,15 Paulo permite novo casamento só em caso de o fiel ter sido abandonado pela parte não crente. O crente não pode ser o autor da separação. Se apaixonar-se por outra pessoa e, por isso, não aceitar mais o vínculo com a primeira, não tem o direito a nova união. Encontramos muitos católicos que mudam de Igreja porque na nova Igreja esta cláusula sobre desfazer uma união é interpretada de forma mais branda. Nem sempre o fiel muda de Igreja por doutrina; muda porque lá se aceita situação conjugal que sua Igreja não admite. Dói-lhe não ser abençoado pela Igreja na qual foi batizado, quando ele ou ela não deseja mais conviver com a pessoa que alguns anos antes levou ao altar.

***

Quando, na rua, passar na sua frente algum carro com o nome de uma nova Igreja e com a propaganda deste ou daquele templo, não se espante, são sinais dos tempos. Muitas igrejas, muita divisão e pouco diálogo, mas todas pretendem ser porta-vozes do Cristo. E os pregadores esperam dos fiéis obediência, submissão e nenhuma contestação. "É porque é, assim diz a Palavra de Deus." São falaciosos e até mesmo cínicos. Aceitam quem trai a outra Igreja e vem para eles. Entendem que é certo porque é sair da mentira para aceitar a verdade. Só não podem, depois, traí-los e ir para a outra Igreja. Aí não. Aí é abandonar Jesus à verdade!

Sinceridade e verdade

Conseguirão todos esses pregadores e todas essas igrejas dialogar com sinceridade a ponto de chegar à unidade, no essencial e em pelo menos 95% da Bíblia, ou apontarão suas baterias nos 5% de diferença? Continuarão interpretando cada uma do seu jeito e em favor próprio os textos bíblicos que mais lhes interessam, carregarão suas baterias na recompensa, no céu, no castigo, no inferno e nos demônios, ou mostrarão a misericórdia e a compaixão? Dispensarão do dízimo quem tem graves enfermidades em casa, como faz o Governo que permite descontos do imposto, ou serão rígidos e radicais, a ninguém dispensando? Saberão vencer com serenidade e perder com dignidade? Não mentirão sobre estatísticas aumentando os números de 300 mil para cinco milhões a seu favor e diminuindo o que favoreceria a outra igreja? Aceitarão apenas os milagres acontecidos nos seus templos e negarão os operados em outros templos? Entenderão que Jesus talvez não queira tanta divisão e tantas igrejas, já que Ele orou para que todos fossem um?

***

Num dia de exposição de pinturas que lembrassem o Cristo, ao redor da praça estavam 150 quadros. Nenhum deles era igual ao outro; parecido, sim, igual não! Retratavam a mente do pintor. Eram tantos Cristos quantos os pintores. Num congresso de 35 igrejas cristãs, com 70 pregadores, seria interessante gravar os sermões! Haveria unidade de pensamento? Não foi, não é, nem nunca será fácil aproximar todos os pregadores do mesmo púlpito e da mesma mesa.

***

Quando Jesus orou pela unidade dos que se diziam seus discípulos, ele sabia do que estava falando. Todos querem ser os seus intérpretes e porta-vozes, poucos aceitam pregar junto... Nem seriam capazes. Não concluem suas leituras do mesmo jeito!

> Religião é o lado de cá que não sabe o suficiente, mas, mesmo na insuficiência, consegue crer e apostar no lado de lá. Ecumenismo são os grupos do lado de cá dialogando sobre as possibilidades daqui e de lá.

Pregador que pouco faz

Sou pregador da fé e anuncio a existência de Deus e sua presença entre nós na pessoa de Jesus. Sou um dos quase 2 bilhões de cristãos do mundo. Afirmamos que Jesus é Deus. Somos taxados de loucos, ingênuos, incoerentes ou atrevidos. Acusam-nos de abandonar um tipo de mitologia para criar outra. Mas sou sacerdote dessa fé com acento "para todos". Sou cristão católico. Há outros cristãos ortodoxos, evangélicos, pentecostais. Seus acentos divergem entre si e divergem do nosso. Lemos Jesus, de grupo a grupo, de maneira diferente.

Vivi sete décadas e em poucos anos espero estar entre os que Jesus, por sua misericórdia, resgatou e levou para o céu. Tenho a pretensão de, lá, encontrar bilhões de católicos, evangélicos e ortodoxos que me precederam. Suponho que no céu ninguém discute religião nem acha que tem mais Jesus do que os outros. Lá tais discussões de maior, melhor, mais fiel, quem mais cresce, quem mostra mais milagres serão coisa de pecadores cheios de fé, mas pecadores que ainda vivem do estilo "entendemos melhor a Bíblia e somos mais fiéis do que vocês"...

***

Lá encontrarei, assim suponho, os que aqui eram convictos de sua fé, mas respeitavam as conclusões dos outros. Mesmo discordando, amavam os outros crentes como irmãos.

Dias atrás um desses irmãos mais extasiados com o poder de Deus manifestado na sua Igreja quis saber se eu já expulsara algum demônio, se orava em línguas, se curara algum enfermo, se nunca tivera alguma revelação e se algum papa, bispo ou padre realizou tantos prodígios como os há na sua igreja. Dizia isso para explicar porque sua Igreja cresceu tanto e em tão poucos anos.

Achei que não adiantaria mostrar na Bíblia dele os textos Mateus 7,15-23 e Mateus dos capítulos 23 a 26. Ele os interpretaria contra nós e a favor de sua maravilhosa Igreja de milhares de curas, exorcismo e milagres. Em 50 anos de catequese aprendi que o problema das Escrituras não são os escritos, mas os leitores e as leituras.

Respondi que pelo que eu saiba de meus mais de 50 anos lendo História da Igreja, a imensa maioria dos papas, bispos, padres, abades catequistas e pastores não teve visões, nem revelações, não expulsou demônios, não viu anjos, não curou enfermos e não encheu seus lugares de milagres. Foram poucos os que receberam tais privilégios.

Ele argumentou então que isso prova que sua Igreja era a resposta de Deus para os nossos dias. Ele estava guardando essas revelações e prodígios para estes últimos dias da humanidade.

***

Pensei em Mateus 24,24-26, na carta a Tito.

> Porque surgirão falsos cristos e falsos profetas, e farão tão grandes sinais e prodígios que, se possível fora,

enganariam até os escolhidos. Eis que eu vo-lo tenho predito. Portanto, se vos disserem: Eis que ele está no deserto, não saiais. Eis que ele está no interior da casa; não acrediteis.

Mas não entres em questões loucas, genealogias e contendas, e nos debates acerca da lei; porque são coisas inúteis e vãs (Tito 3,9).

Rejeita as questões loucas, e sem instrução, sabendo que produzem contendas (2Tm 2,23).

Ele se ofenderia, mesmo tendo acabado de ofender a minha igreja. Conheço essa linha de argumentação. Está nos livros deles. Ele rebateria citando:

Naquele tempo, respondendo, Jesus disse: "Graças te dou, ó Pai, Senhor do céu e da terra, que ocultaste estas coisas aos sábios e entendidos, e as revelaste aos pequeninos (Mt 11,25).

A Igreja dele tinha menos seguidores do que a minha, mas em pouco tempo eles seriam maioria. A derrota dos católicos será inexorável, segundo ele! Prosseguiu citando:

E nos últimos dias acontecerá, diz Deus, que derramarei meu Espírito sobre toda a carne; e os vossos filhos e as vossas filhas profetizarão, os vossos jovens terão visões, e os vossos velhos terão sonhos (At 2,17).

E mostrou que os tempos apostólicos voltaram:

De sorte que transportavam os enfermos para as ruas e os punham em leitos e em camilhas para que ao menos a sombra de Pedro, quando este passasse, cobrisse alguns deles (At 5,15).

Admiti que sou pregador pouco prendado, que nunca atraí milhões de olhos e ouvidos numa só tarde para me ouvir, nunca organizei marchas para mais de 200 mil ou um milhão de crentes, que nem vou muito à grande televisão por escolha pessoal. Não tenho nenhuma nova revelação a transmitir ao mundo de hoje. Disse-lhe que de fato só tenho a Bíblia e as revelações feitas até o último dos apóstolos. Além disso, ofereço aos católicos o Catecismo e os Documentos da nossa Igreja e os aprofundamentos dos grandes teólogos destes últimos vinte séculos.

Vivo da fé no que Deus teria dito aos patriarcas, profetas, apóstolos e do que Jesus, o Filho, teria dito sobre ele mesmo, sobre o Pai e sobre o Espírito Santo. Todas as demais revelações eu posso até ouvir, mas fico com o que está nas traduções da Bíblia, porque não falo aramaico nem hebraico, sei um pouco de grego e a maioria dos livros da Bíblia não tem mais o texto original.

Disse-me, sentindo-se crente mais eleito, que tinha pena de mim que vivo uma fé tão limitada. Deus está revelando e operando maravilhas e eu me nego a aceitá-las.

E citou:

> Ai de ti, Corazim! Ai de ti, Betsaida! Porque, se em Tiro e em Sidom fossem feitos os prodígios que em vós se fizeram, há muito que se teriam arrependido, com saco e com cinza (Mt 11,21).

Indiquei-lhe a leitura do capítulo 2 da segunda carta a Timóteo, mas ele, que a conhecia, imediatamente disse que eu é que devia lê-lo e entender que o enganado era eu e que ele e seus irmãos salvos em Cristo não estavam incluídos naquele texto.

Quando o Documento de Aparecida, no número 229, sugeriu que aprendemos a polemizar de maneira sadia em defesa de nossa fé, deixou claro que não deveríamos perder o respeito e a compostura. Não perdi. Admiti perante ele e três de seus companheiros daquele posto de gasolina que realizo menos maravilhas do que seus pregadores. Pareceu-me satisfeito por pensar que me derrotara.

Sugeri que, quando voltasse para casa, abrisse sua Bíblia no texto da 1 Timóteo 1,1-8. Disse-me que sabia aonde eu queria chegar... Entrei no carro e disse: "Não quero chegar: cheguei! Quem começou o debate foi você. Aprofunde aquele texto e ache outros que justifiquem o fato de você ter ofendido meu ministério, enquanto eu apenas enchia meu tanque de gasolina no posto onde você ganha seu salário!...".

Ecumênico, sim, encurralado, não!

39. Padres e pastores

Poema de padre para pastor

Esta manhã, do meu ângulo e da janela da minha paróquia,
olhei para o lado e vi o sol que nascia lá no horizonte.

De lá do meu ângulo eu vi você,
do seu ângulo e da janela da sua paróquia,
olhar para o lado e contemplar o mesmo sol
que iluminava aquela manhã.

O sol foi subindo e iluminando a mim e o meu templo
e vi que o mesmo sol que me iluminava
iluminou, também, você e o seu templo.

Esta manhã, do estreito ângulo da janela
de minha pequena matriz,
eu vi você, do estreito ângulo da janela de sua matriz,
encantado com a luz que via. Parecia feliz consigo e com Deus.
Respeitosa e timidamente acenamos um para o outro,
como fazem dois estranhos
que não ousam puxar uma conversa.

Sua fé fez de você um homem de oração,
um filho feliz do criador
e um apaixonado pelas ideias e pela vida de Jesus.

Minha fé fez o mesmo comigo.
Afinal, seguimos o mesmo livro!
Seu povo o chama de Pastor José
e meu povo me chama de Padre José.
Nossas assembleias nos chamam de "reverendos".

Temos várias diferenças de enfoques ou de interpretação,
mas eu o acho sincero e admiro a fé dos seus paroquianos.
Espero que você também admire a dos meus.

Seguimos o mesmo livro, ou melhor,
quase as mesmas traduções,
já que nem eu nem você lemos o livro no original,
porque confiamos nos nossos tradutores.

Já descobrimos o mesmo sol e a mesma luz
e já descobrimos o valor dos nossos ângulos,
embora, olhando para lados opostos, vejamos o mesmo sol,
porque Deus nos colocou frente a frente.
Vemos quase a mesma coisa e quase do mesmo jeito.

Só nos falta nos reunirmos mais vezes
para conversarmos sobre a mesma luz e sob a mesma luz,
sob o mesmo sol e sobre o mesmo Jesus
que ambos dizemos amar.

O mundo ainda se escandaliza por ver que dois homens,
reverenciados pelos seus ouvintes por sua suposta sabedoria,

que falam do mesmo Senhor e do mesmo céu,
e se proclamam filhos encantados do mesmo Pai,
ainda não consigam orar juntos,
nem mesmo tomar um lanche no bar da esquina...

Do meu estreito ângulo orei por você, pastor José,
não para que você pense e ore como eu e venha para o meu lado,
porque isso é obra de Deus, e não nossa.
Espero que você também tenha orado por mim,
não para que eu entre na sua igreja, e, sim, para que nós dois,
homens sábios e inteligentes, entremos pela mesma porta,
a do diálogo e da compreensão,
para conversarmos mais vezes
sobre nosso povo e nossas igrejas.

Podemos pensar e até crer diferente,
e cada qual defender a sua igreja,
mas não podemos continuar agindo
como se uma Igreja não tivesse nada a ver com a outra.

Afinal, moramos na mesma rua, tomamos o mesmo metrô
e às vezes jantamos no mesmo restaurante.
O que nos une é 95%. Mas o que nos separa tem tido mais peso.
Se nossos fiéis não oram juntos, em parte, a culpa é nossa!

No céu, para onde nós dois achamos que iremos,
teremos que dar conta do que poderíamos ter feito
e não fizemos daquele púlpito,

para acabar com esse escândalo de seguidores de Jesus, que nem sequer se cumprimentam!

Que tal um encontro de quem não tem medo da fé do outro?

40. Ênfases e acentos

Porque todos podereis profetizar, uns depois dos outros; para que todos aprendam, e todos sejam consolados (1Cor 14,31).

Ênfases e acentos nos separam, como, às vezes, separam até quem ora na mesma igreja! Frases da Bíblia nos separam. Leituras e interpretações nos separam. Que pena que muitos de nós ainda sejamos irmãos ressentidos e separados! Não resistimos a comparar nossas igrejas e dar leve ou grande vantagem à nossa. É claro que com isso diminuímos a outra, nem que seja só um pouquinho!

Mas há os serenos. Admiro em muitos irmãos de outra Igreja sua ênfase principal, que é o Cristo e sua Palavra. A minha, além da Palavra, passa pelos sinais e sacramentos, passa pela Eucaristia e pelos santos que Jesus fez. Talvez, um dia, haja um acordo entre nós, mas a verdade é que o que me faz católico o faz evangélico. Bebemos da mesma fonte, mas nossas leituras não chegam à mesma conclusão.

A separação, melhor dizendo, as separações ocorreram em virtude de diferentes visões de eclesiologia e de graça daqueles que rejeitaram o catolicismo, a começar com Montano (160 a.C.), praticamente a primeira grande ruptura da Igreja, Ário (318 a.C.), que desafiou a fé na divindade de Jesus, e muitos séculos mais tarde João Wicliff (*1384), Ulrich Zwinglio (*1531), João Calvino (*1564), Martinho Lutero (*1546), Henrique VIII (*1547).

Ultimamente, com a multiplicação de milhares de fundadores de movimentos e igrejas também eles separados, os lados se estranharam. Um achou que o outro fora infiel. Os dois lados se julgaram. Esqueceram Mateus 7,1-2. Mas muitos dentre nós continuam a fazer o mesmo: estranham-se.

***

Meu irmão evangélico acentua a Palavra. Eu acrescento os gestos e sinais, mas sou dos que não conseguem acentuá-los sem a raiz que é a Palavra. A missa assenta-se na Palavra e o Breviário assenta raízes nela. Com os corolários que acho que devem ser feitos à Palavra, porque ela gera consequências, eu creio nos ritos e nos sinais. Os santos são a consequência da palavra bem vivida. São a prova viva, no céu, de que Jesus salva e que a Palavra funciona e gera santos para o tempo e para a eternidade.

***

Respeito outras convicções. Sei que ele, meu irmão de outra igreja, tem seus motivos para ser evangélico e não católico. Se eu lhe pedir uma lista, ele a dará, com mais de 30 razões para nunca deixar a sua igreja. Eu também as tenho para não ser da Igreja dele e não deixar a minha. Também tenho minhas ênfases e vivo o meu essencial, por questão de convicção.

***

A esposa evangélica de um amigo meu não acha possível algum católico ser também evangélico, já que, para eles, é impossível ser evangélico e católico. Expliquei-lhe a diferença entre congregar numa Igreja e viver as místicas do *eu-anguélion* (a Boa-Notícia) e do *kat holou* (para todos). Duas crianças podem discutir sobre a Boa-Notícia que receberam e uma achar que a recebeu melhor. Também podem discutir e brigar pelo colo da mãe, que uma acha que é mais dela e que, contudo, é colo para todos os filhos. Fazem isso porque ainda não amadureceram. Mais maduras, um dia, entenderão o jeito de cada mãe e o de cada filho e nunca mais discutirão sobre quem é mais filho e qual das mães é mais mãe.

A irmã de doze anos não tem mais ciúme do irmãozinho de três. Cede o colo da mãe para ele e até o leva no colo. Acabou a disputa. Ela é mais madura! Os religiosos mais maduros agem dessa forma. Os outros discutem sobre quem tem mais direito às luzes e quem é mais fiel. Um dia, menos deslumbrados e mais iluminados, a dor os fará crescer.

***

Perguntei uma vez a esta senhora se, por acaso, não quer o evangelho sem exclusão e para todos. Disse que sim. "Então, a senhora tem algo de católica!", disse eu. "Sem os sacramentos e sem as práticas e convicções da nossa igreja, a senhora crê na abrangência. Jesus disse: 'Ide e fazei discípulos de todas as nações' (Mt 28,19). Estavam ali os dois acentos: "anunciai" e "para todos".

***

Ela reagiu dizendo que eu estava brincando com palavras. Seu esposo disse que era sério o que eu dizia. Concordou comigo. Nesse assunto, não havia divergências. Retruquei que não brincava com o sentido delas, sem o qual a Palavra não tem nenhuma razão de ser. É o pé da letra que mata a letra. O espírito é que dá sentido ao que está escrito, não a ênfase ou a declamação (2Cor 3,6). Jesus mandou que os fariseus fossem aprender o sentido da Palavra (Mt 9,13). A palavra que Jesus mandou que eles procurassem entender e não ler ao pé da letra era de Oseias.

> Porque eu quero a misericórdia, e não o sacrifício; e o conhecimento de Deus, mais do que os holocaustos (Os 6,6).

Os ouvintes se perguntavam de onde Jesus conhecia aquelas escrituras e aquela sabedoria (Jo 7,15; Mt 13,54). Admiravam que Jesus soubesse ler e interpretar tão sabiamente as Escrituras e não era como alguns pregadores que eles tinham que ouvir (Mc 1,22 e Mt 7,29).

***

Temos tido conversas agradáveis e convictas. Eles sabem o que os faz evangélicos, mas não sabiam o que nos faz católicos. Achavam que eram as missas, as imagens, as velas e o terço. Sabiam da história da sua igreja, mas não sabiam da minha. O relato lhes chegara truncado. O que sabiam lhes fora dito de maneira distorcida por algum pregador intolerante. Sabiam da inquisição e dos fiéis crentes que os católicos mataram. Custou-lhes crer que os crentes evangélicos e protestantes também mataram e mandaram matar, na mesma época, os católicos ou outros crentes. Horrorizaram-se com a história de Miguel Servé, entregue à inquisição e queimado na fogueira não pelo papa, mas por Calvino, fundador de uma Igreja evangélica. Servé negava a Santíssima Trindade. Naqueles dias de reforma e de intensa politicagem e mudanças de lado, exacerbavam-se a esquerda e a direita, como nos dias de agora. Os católicos não foram menos inocentes ao reprimir judeus e protestantes.

***

Assim como há, hoje, católicos que não admitem que seus irmãos de ontem matavam por religião, também eles não admitem que seus líderes de ontem matavam ou mandavam matar. Deveriam ler mais História. Está tudo lá nos escritos daqueles dias, cheios de certeza e de ódio. Mostrei-lhes alguns livros editados não por nós, mas por evangélicos como eles. Nós erramos, eles erraram. Ainda hoje, nós erramos e eles erram. Quando brigamos na porta da frente por ênfases e acentos, a caridade sai pela porta dos fundos!

41. A Bíblia deles e a nossa

Eu tenho uma Bíblia católica e meu amigo uma Bíblia evangélica. Trata-se de uma coleção de livros, mas numa Igreja com 73 e, noutra, com 66 livros. Os textos são quase os mesmos, mas as versões trazem palavras diferentes e as notas de rodapé nem sempre combinam. Então, eles leem as suas versões e nós lemos as nossas. Algumas versões já são ecumênicas, porque comentadas por autores de lá e de cá.

***

A um senhor que acha isso estranho, respondi que é possível um italiano e um grego cantarem a mesma canção, embora as versões sejam diferentes. Shakespeare também não foi traduzido do mesmo jeito em português. Mas percebe-se que o texto é dele.

***

Não tenho dificuldade em ler versões evangélicas, como sei de muitos evangélicos que não encontram dificuldade em ler versões católicas. Não concordo com tudo, mas faz parte do ecumenismo saber as diferenças e administrá-las. Há cristãos separados pelas versões de suas bíblias. O mero fato de dizermos "bíblias" já dá a entender que há versões diferentes da mesma Bíblia. Há outros que dialogam exatamente porque as conhecem.

42. Bússolas e caminhos

Sobre isso de crentes da mesma Igreja ou de outras denominações, comparemos com grupos de excursionistas nos quais cada qual tem uma bússola. O caminho que fazem até a cachoeira será diferente. Se souberem ler a bússola, as estrelas e os modernos sextantes chamados GPS, chegarão lá. Alguns não chegam nem com GPS.

O que sei é que vemos a mesma cachoeira de lados diferentes e com detalhes diferentes. Nem eu vejo tudo, nem eles. Mas o que eu vejo me satisfaz e não espero que eles usem as mesmas lentes que eu. Não serviria para a miopia espiritual deles, nem a deles serviria para a minha. Nunca vi, nem vejo, nem verei tudo o que é possível ou tudo o que devo ver. O mesmo sucede com eles.

Vai demorar muito até celebrarmos juntos à mesma mesa. Mas o dia virá em que, talvez, os netos deles e os dos católicos o façam; arestas aparadas e ênfases devidamente dimensionadas, talvez consigam ler a Bíblia juntos!

Admirar sem aderir

Brinco com irmãos de outras igrejas quando digo admiro mas não adiro. O m aponta para o ecumenismo. Admirar não é necessariamente concordar em tudo. Admiro Nova York e Paris, Madri e Amsterdam, mas não me imagino mudando para lá. Admiro as mães de amigos meus, mas não me imagino filho delas. Admiro outras igrejas, mas estou muito feliz na minha.

Para alguns irmãos de outras igrejas e da nossa, o ecumenismo é novidade. Não para mim, que tive professores de outras igrejas nos tempos de faculdade e que fui incentivado a estudar teólogos de outras religiões. Agora mesmo leio o historiador não católico Roger Olson, após ter lido o historiador católico Daniel Rops. Eles se espantam ao saber que admiro outras igrejas, sem jamais ter pensado em aderir a alguma delas. Respondo que foi exatamente por isso! Saber o que outros pensam não é o mesmo que concordar com eles... Conheço o que disseram e o que dissemos. Por isso admiro, mas não adiro.

***

Respondo que gosto de ver novos aviões nos aeroportos, mas não faço questão de entrar neles. Já tenho o barco e o avião que me leva. Acho-os pesados e, às vezes, vagarosos, mas eficientes. Quando vejo algumas igrejas aparentemente mais ágeis, capazes de fazer milhões de adeptos em pouco tempo, não fico impressionado. Também não fico embasbacado quando um pregador reúne um milhão de pessoas para ouvi-lo. Já reuni muita gente a perder de vista e sei que no dia seguinte pode haver apenas quinhentas pessoas numa outra cidade. Números podem dar dimensão errada à evangelização. Diminuí-los é um erro, exagerar sua importância, também!

Há cinco anos um pregador reunia dois milhões, hoje outro pregador reúne oitocentos mil, numa outra Igreja dois pregadores congregam um milhão e meio. Alguém sempre arredonda. Fotografias aéreas acabam revelando que os dois milhões eram duzentos mil e o milhão era 220 mil. Mas números impressionam no momento. Depois de uma análise resta ao pregador apenas e tão somente a sua coerência de saber lidar com dez pessoas ou com multidão incalculável. É aí que ele se revela de Deus.

Também não me impressiona saber que muitos que compravam verduras e frutas na velha quitanda do "Seu Antero" passaram a frequentar a nova, bem divulgada, mais confortável e mais animada quitanda da outra quadra. As frutas do Seu Antero são as mesmas e vêm do mesmo fornecedor. Mas o Seu Antero não investiu em carro de som, nem em alto-falantes, nem em mídia, nem em conjuntos musicais, para chamar novos fregueses. Sua quitanda que existia há mais de trinta anos perdeu fregueses para a quitanda que tem sete meses. Qualidade do produto ou marketing da loja?... Pergunta incômoda que convém que façamos num tempo em que igrejas assumem aspecto de empresas e quando se fala em marketing da fé. Marketing vem da palavra "Market", que tem tudo a ver com dinheiro, mercado e compras e vendas. É melhor que seja bem traduzida e explicada.

Mestres ou semideuses?

Conheci pessoas que conviveram com os atuais fundadores de algumas igrejas. Sei de onde vieram e conheço as suas Nazaré ou Cafarnaum. Respeito, mas é bom saber o que faziam antes de arrebanhar tanta gente. Vejo, também, as histórias dos católicos que atingem multidões e sei dos seus sonhos e da sua ousadia. Conhecendo seu trajeto, vejo seus valores e seus limites, como eu tenho os meus. Todos, sem exceção, trazemos marcas e todos temos nossas pequenas ou grandes conversões. São experiências pessoais que não se pode julgar. Mas podemos, sim, analisar hoje o que dizem e o que fazem. Colocaram sua vida na vitrine e, expostos, podem ser julgados ou por algum Gamaliel ou por algum outro fariseu. Mas profetas precisam, sim, ser analisados e contestados. Jesus mandou fazer isso (Mt 24,24-28).

***

Vou mais longe. Os discípulos eram trabalhadores pobres e morreram pobres depois de ter conhecido Jesus. Escolheram ser pobres motivados por Jesus, que também escolheu ser pobre (Mt 8,20; Mt 5,3; 1Cor 6,10). Paulo, Vicente de Paulo, Francisco de Assis, Clara de Assis, Charles de Foucauld e centenas de fiéis aos quais os católicos chamam de santos, porque santificados por Jesus, poderiam ser ricos, mas por amor a Jesus ficaram mais pobres.

Minhas interrogações aumentam quando vejo inúmeros pregadores que ontem mesmo eram pobres, ficaram ricos anunciando Jesus. São centenas os que hoje anunciam a Teologia da Prosperidade. Não rimam com a Teologia do Desapego.

Seguiram em direção contrária à dos apóstolos ou de grandes cristãos do passado. Optaram pelo caminho dos outros pregadores que através dos séculos construíram para si e não para o povo de Deus palacetes, quintas, fazendas e até vilas e cidades. Jonestown, nas Guianas, era o nome do que seria, um dia, a cidade de Jim Jones, o pastor que envenenou mais de 800 fiéis, quando sua situação se complicou perante as autoridades. Afinal, Jesus nos queria ricos ou desapegados?

Igrejas eficazes

Tenho minhas dúvidas quanto às igrejas "pim pam pum", vale dizer: igrejas eficazes e de resultado. Estou com aqueles cristãos que dizem que Jesus não veio ao mundo especialmente para fazer milagres, mas sim para anunciar o Reino de Deus. O milagre acontecia, mas não era a razão número um do seu ministério. Acentuá-los é acentuar errado. O acento é a mensagem. Ele até se negou a fazer milagres de maneira espetaculosa (Mt 16,4). Servia de prova em alguns casos, mas não foi isso que trouxe o povo a Jesus nem foi isso que segurou aquele povo. Exaltavam seus prodígios, mas encantavam-se com sua fala. Ninguém falava como ele! (Jo 7,46).

Será que algum outro profeta faria os prodígios que ele fazia? O que levou a multidão a seguir Jesus? Foi a certeza de comida e de recompensas terrenas, casa, sucesso financeiro e aumento da conta bancária? O próprio Jesus que mandou comprar comida para a multidão (Mt 14,15) condenou a motivação de alguns deles ao dizer: "Na verdade, vos digo que me buscais não pelos sinais que vistes, mas porque comestes do pão e vos saciastes"

(Jo 6,26). Mas ao ver que o seguiam pela mensagem, teve grande compaixão deles, porque andavam cansados e desgarrados, como ovelhas que não têm pastor (Mt 9,36).

***

Não penso que uma Igreja seja mais abençoada do que a outra porque seus templos estão lotados. Equivaleria dizer que essas mesmas igrejas não eram abençoadas ontem, quando seus templos estavam vazios. Não faço confusão entre anúncio do Reino e marketing da fé. Respeito a mãe dos outros e espero que respeitem a minha. E penso que, em termos de ecumenismo, já se trata de um grande começo!

43. Diferentes, mas iguais

Não atente cada um para o que é propriamente seu, mas cada qual também para o que é dos outros (Fl 2,4).

O católico evangelizado celebrará a unidade e a abrangência da mensagem. O evangélico dirá que escolheu o evangelismo como forma de afirmar seu cristianismo. O pentecostal acentuará o evento de pentecostes. Seu acento é no poder e na ação do Espírito Santo. Estamos falando do mesmo Deus, mas a verdade é que nossos acentos nos separam. No fundo, um católico e um evangélico, bem versados na fé e na teologia, sabem que, por trás da palavra "evangélico" e por trás da palavra "católico" está a ideia do evangelho.

Nós, católicos, acentuamos a universalidade, a abrangência, a inclusão, o para todo o universo! Tudo pertence a Jesus, tudo lhe foi dado.

> Não há grego, nem judeu, circuncisão, nem incircuncisão, bárbaro, cita, servo ou livre; mas Cristo é tudo em todos (Cl 3 11).

> Todavia, para nós há um só Deus, o Pai, de quem é tudo e para quem nós vivemos; e um só Senhor, Jesus Cristo, pelo qual são todas as coisas, e nós por ele (1Cr 8 6).

> E, chegando-se Jesus, falou-lhes, dizendo: "É-me dado todo o poder no céu e na terra" (Mt 28,18).

Ele veio para todos. Nós fazemos parte dessa mística. Na verdade o católico de raízes profundas dirá ao outro: "Ele veio não só para mim e não só para nossa Igreja, veio também para você".

Católico, se quiser honrar o nome, não pode excluir os outros do colo de Deus. Não pode declarar que o outro irá para o inferno, se não aderir à nossa Igreja. Cremos que o colo de Deus é infinito; cabem nele muito mais igrejas do que a nossa. Não é tudo igual nem a mesma coisa – isto permanece claro – e não vemos tudo do mesmo jeito, mas o outro de outra Igreja é nosso irmão. Somos *cathólicos* e não podemos ser fechados e excludentes. E alertamos que os que se fecham para determinados valores e doutrinas podem até ser cristãos, mas não são católicos. Se irão para o céu, não é algo que nós decidimos aqui. Isso é assunto entre eles e Deus. Mas a abrangência e a abertura de coração são da essência do catolicismo. Não temos que ceder ou concordar, mas temos que acolher.

44. A Igreja das rosas especialíssimas

Era uma vez um jardim cheio de flores. Todas elas, lindas e perfumadas. Flores nunca são feias. Nenhuma era mais flor do que a outra. Havia muitos lírios, muitas açucenas, milhares de rosas e centenas de outras espécies. Mas, no meio dessas rosas decentes e inteligentes, algumas rosas, só algumas, de tanto se autoelogiarem e de tanto ouvirem elogios à sua beleza, enlouqueceram.

Um dia, ouviram, de um jardineiro tresloucado, daqueles que falam sem pensar e depois dizem que ouviram aquilo de Deus, que o bom Deus só gosta de rosas. Gostaram da conversa e passaram a ensinar que só as rosas brancas, amarelas e vermelhas vão para o céu das flores. Fundaram a "Igreja Das Rosas Especialíssimas". Com tanto nome e igreja, por que não mais este?

Ensinavam que lírios e açucenas e hortênsias não são flores de verdade, porque não cheiram nem se parecem com flores perfumadas pelo Espírito de Deus. Classificaram-nas como ervas daninhas. O perfume delas viria do demônio. Por isso, quando as outras flores louvavam a Deus, elas, as rosas especialíssimas, não iam ao culto das outras flores, nem no das rosas normais e achavam todo tipo de defeito nelas. Sustentavam que só rosas especiais são perfeitas e só rosas especiais sabem louvar a Deus e servir a Deus; diziam ainda que Deus só gosta de rosas especiais.

***

Como consequência, não chamavam as outras flores de irmãs. Irmãs eram só elas, rosas vermelhas, amarelas ou brancas. Segundo elas, as outras flores não eram fiéis ao plano de Deus para as flores. Se as outras flores quisessem ser flores de verdade, todas elas deveriam tornar-se rosas, porque elas, sim, é que eram flores dignas de Deus. Eram irremediavelmente proselitistas.

**

Teimavam em ensinar que lírios, violetas, açucenas, malmequeres ou hortênsias, embora pareçam flores, não são puras, nem irão para os jardins eternos; jamais enfeitarão o altar e o trono de Deus... Quem não se vestisse como rosa, cheirasse como rosa e não agisse como rosa não merecia entrar no jardim celeste. E cantavam que, no princípio, só havia rosas. Deus não poderia ter criado outras flores, porque Deus não criaria nada tão impuro. Assim pensavam aquelas flores amalucadas, motivadas por um jardineiro tresloucado que via trevas e demônio em tudo que não fosse flor por ele plantada.

**

Uma humilde abelhinha e um beija-flor muito sereno que passavam pelo jardim acharam aquilo muito engraçado. E a abelhinha comentou:

– Para mim não existe flor mais flor que outra. Não são a mesma coisa nem são iguais, mas todas têm seu valor. Eu nem gosto do que as rosas oferecem. Há polens bem mais gostosos. As rosas não estão com essa bola toda.

E disse o beija-flor, que de flores entendia:

– Por enquanto isso aqui ainda é um pedaço de céu, mas, no dia em que todas as flores cheirarem como rosas e se comportarem como rosas, isso aqui, ao invés de jardim, vai virar um inferno. O céu respeita as diferenças. O inferno é que quer tudo igualzinho porque fica mais fácil dominar... Se Deus quisesse que tudo fossem rosas, não teria criado milhares de flores... Todas as flores vão para o céu.

Isso disse o beija-flor. Mas naquele jardim, as rosas continuam dizendo e ensinando que no trono de Deus só entram rosas.

Moral da estória: algumas flores não conseguem ser ecumênicas. Acham-se as únicas dignas deste nome! E quase tudo começa com algum jardineiro ensandecido chamado pregador...

45. Religião de moleque

Anunciar Jesus de maneira agressiva e competitiva pode revelar desequilíbrio emocional.
(Pe. Zezinho, scj)

Quando menininho, discutia ele com os amigos:

– Meu pai é mais forte do que o seu, minha mãe é mais legal do que a sua.

Quando ficou rapaz, discutia com seus amigos:

– Meu time é mais forte do que o seu. Seu time não é de nada!

Quando começou a namorar, discutia:

– Viu só que mulherão? Sua menina é linda, mas não vá querer comparar!

Entrou para um partido pequeno e discutia:

– Nosso partido é pequeno, mas é mais coerente. Um dia, nós governaremos.

E acrescentava de peito estufado:

– Os outros partidos estão cheios de corruptos e desonestos, o nosso é mais puro e mais democrático e não tem corrupção.

Quando seu partido prevaricou e roubou com os outros, ele jurava que era armação. Seu partido jamais praticaria aquele tipo de corrupção. Achou um jeito de culpar os outros pelas sujeiras do seu partido. Casou-se e teve filhos e dizia:

– Meu menino é um vencedor! Minha menina é linda! É uma princesa! Olha lá o moleque, nasceu para vencer! Deus me abençoou com os melhores filhos do mundo.

***

Um dia, mudou de religião. A nova Igreja prometia sucesso financeiro e curas do corpo e da alma. E começou a pregar:

– Minha Igreja é mais pura, mais fiel e mais atual. Deus está conosco e não está com vocês. Nós estamos crescendo e vocês estão minguando, porque Deus escolheu a nós e não a vocês. Sua religião é pecadora e traiu o evangelho. Vocês são idólatras e não se salvarão porque não conhecem a verdade. Venham para a minha Igreja. Nós conhecemos o verdadeiro Jesus. O de vocês é falso. Deus escolheu a nossa Igreja para anunciar a verdade.

***

Há um tipo de garganteador que não muda nunca! Comporta-se como moleque na infância, na adolescência, na política, na religião. O que ele faz é sempre melhor. O que os outros fazem é sempre pior. Acredita que só existe um Deus em três pessoas, mas, modestamente, se existisse uma quarta pessoa em Deus, essa pessoa seria ele...

46. Meu sobrinho Fernando

Acabo de receber hoje, dia 23 de julho de 2012, a notícia de que ontem morreu meu sobrinho Fernando. Pouco menos de 60 anos. Morava no Japão e estava gravemente enfermo. Sabia que morreria em breve. Sua história é semelhante a milhões de jovens que nos últimos trinta anos um dia romperam radicalmente com suas raízes, ou por droga, ou por filosofia, ou fé, mas pouco a pouco voltaram ao diálogo com a família. No caso dele foi a fé.

Escolheu ser de uma Igreja pós-cristã. O fundador considerava Jesus ultrapassado. Agora era a vez de outro Messias. Está no livro *O princípio divino* do ex-cristão Reverendo Moon. Fernando, por um tempo, acreditou radicalmente nessa doutrina. Sou seu tio, padre católico, e sei com que ardor ele defendia sua nova fé. O Reverendo decidiu que ele deveria casar-se na Coreia com uma moça japonesa, pessoa boa, mas também ela portadora de uma enfermidade que exige cuidados. Na nova civilização haveria novos adãos e novas evas. Fernando, ainda jovem, sentiu-se eleito para essa nova era do mundo e deixou a Igreja Metodista.

Em nossa família, sempre sem perder o respeito um pelo outro, temos vivido o que milhões de famílias viveram nos últimos sessenta anos do Ocidente. A migração da fé, crentes que mudam de púlpitos, de altares. Minha irmã deixou o catolicismo e se fez metodista, o filho dela deixou o metodismo e se fez membro da unificação. Outros filhos se casaram com jovens de outra fé. Tios, tias, primos e outros sobrinhos migraram do catolicismo para igrejas evangélicas e de lá para pentecostais.

Essa migração para outros templos, outros altares e outros púlpitos tem exigido de todas as igrejas históricas, das relativamente novas com menos de dois séculos e, agora, das novíssimas pentecostais um enorme jogo de cintura e uma revisão constante de seus procedimentos. O coração humano anda mais inquieto do que sempre foi. Quase não há mais estabilidade e fidelidade a famílias, a igrejas, a clubes, a países, a firmas. O indivíduo busca sua realização pessoal custe o que custar, às vezes de maneira radical. Sacerdotes católicos, pastores evangélicos e pentecostais, diante da crise, deixam seus votos, seus grupos, suas igrejas e partem para alguma experiência nova. Não há como julgá-los. Deus sabe o que o tirou de um rio e jogou em outro.

Sempre houve isso, mas agora há mais. Fernando fez essa opção. No começo era difícil conversar sobre fé com ele. Seu novo grupo era radical e peremptório. O tempo e a enfermidade o mudaram aos poucos e ele voltou a ser o rapaz sereno e maravilhoso que sempre fora. Venceu a raiz familiar, perdeu a Igreja radical que o afastara da família. Temos consciência disso. Seu pai é metodista convicto e maravilhoso no seu jeito de lidar com pessoas. Sua mãe manteve o diálogo com a Igreja que deixara. Seus irmãos têm mente aberta a questões de fé. Dialogam muito bem com os de outro credo. Eu, o tio, sou padre católico convicto, e a Igreja na qual exerço a fé e o ministério em inúmeros documentos nos aconselha a dialogar, respeitar e orar com e por outras igrejas. Não devemos transformar discordâncias em discórdia.

Fernando chegou a essa conclusão por si mesmo, mas acho que a família que ele teve foi mais forte que a nova igreja. Voltou a pensar como cristão. Foi o que depreendi de algumas conversas e escritos dele.

Por que escrevo estas linhas? Para dizer que uma é a história da troca de templo e de Igreja nos primeiros três anos e outra a história da graça que vai mudando a pessoa e amaciando sua vida. Passei por isso à medida que progredia no catolicismo, cuja catequese é progressiva; acho que todos passamos. Chegamos ao dia em que vemos mais luzes do que trevas ao nosso redor, mais graça de Deus nos outros do que desvios em nós mesmos; ocupamo-nos muito mais com Deus e seus santos do que com os demônios que nos cercam; achamos mais suavidade do que dureza. Ano após ano Deus nos amansa e tira o medo de viver.

Acho que Fernando entrou no céu, onde imagino que está com seus avôs e avós, sua mãe e seus tios que já se foram. Como creio que a misericórdia de Jesus é salvadora, mesmo que alguém mude de templo, de púlpito ou de altar, Jesus olha para o coração. Pelo que tenho visto, a imensa maioria dos que mudam de Igreja não o faz por maldade. Faz por inquietação e pelo desejo de mais certeza de salvação. Vão com quem mais a promete.

Mas certeza só vem com o tempo, como doçura só vem com o amadurecer do fruto. E nem sempre a certeza é aquela que lhes vem do pregador que os levou para lá. Vem de dentro! A graça de Deus é maior do que qualquer microfone ou púlpito. Com o tempo, some a voz do pregador e fica apenas e tão somente a voz da consciência. É ali que Deus atua! Que Fernando descanse em paz.

47. Buscar Jesus na outra Igreja

Então disse Jesus aos doze:
"Quereis vós também ir embora?" (Jo 6,67)

O tema é delicado! Machuca famílias inteiras! Quase não há mais famílias no Brasil que não tenham seus membros em duas ou mais igrejas. Quando a convivência é pacífica, os dois ou três lados mostram que sua cristologia vai bem. Mas quando o clima fica insustentável, porque um dos lados força a conversão do outro, é de se perguntar que pregador é o deles e que Jesus esse pregador lhes impingiu!

Pelo que sabemos Jesus é o aproximador e o diabo é o separador! *Diá-bolus* quer dizer exatamente isso. Pregação que joga membros de uma família uns contra os outros, com proibição de visitas e aproximações, e embora pareçam, não são de Cristo. Alguém poderá advogar a passagem de Mateus 10,34-42. Serve como luva para os proselitistas. O leitor abra sua Bíblia e confira! Pena que não sigam outra passagem: Mc 9,38-39. E ainda a outra, em que Jesus põe Pedro no seu devido lugar: "Se eu quero que ele fique até que eu venha, que importa a ti? Segue-me tu" (Jo 21,22). Pedro queria se meter nos planos de Jesus para João!...

Mudar de religião

Nos meus 70 anos de vida e 45 de padre, já vi muita gente mudar de religião. Aconteceu na minha família. Não há por que, pura e simplesmente, condenar alguém que segue sua consciência.

Julgar e condenar nunca é algo puro e simples (Mt 7,1-2), traz consequências. Mas podemos analisar com serenidade e franqueza algumas dessas conversões ou mudanças a partir do seu resultado. Se público é, e se tal conversão atinge membros de nossa fé, publicamente se comente!

Há os sinceros, os interesseiros, os revoltados, os carreiristas, os vaidosos, os que buscam eminência, os confusos, os apaixonados, os que mudaram por busca honesta da verdade. Há os que mudaram por insistência da mulher ou do marido, caso contrário, a pessoa amada não se casaria ou, pasmem, iria embora!

***

Há quem tenha mudado por revolta ou desejo de subir na vida; outros, para levar vantagens. Já vi gente mudar de Igreja por uma faculdade no exterior, ou com promessa de liderar uma Igreja e uma região inteira. Já vi pregadores trocarem de Igreja por um bom salário! A conta no banco, às vezes, pesa mais do que a fidelidade ao grupo! É duro, mas é verdade!

Medem-se as conversões pelo que acontece depois delas. Se o sujeito se torna agressivo, fanático, dono da verdade, inoportuno, convertedor de gente, pronto para ensinar e nunca disposto a aprender e ouvir; se fala mal da sua ex-Igreja e se age como se a luz de Deus só brilhasse na sua nova Igreja, sabemos que aquela conversão não foi sincera nem verdadeira. Os que pioraram ao mudar são como o náufrago que embarca no barco furado, mas insiste em levar os outros consigo.

Não se anuncia Jesus dessa forma! Ou somos sinceros, abertos, convictos e capazes de diálogo, mesmo discordando, ou não anunciamos direito. Anunciá-lo como se todos os outros estivessem errados e nós fôssemos os únicos certos é traí-lo. Uma coisa é a convicção de estar certo, outra a acusação de que o outro não tem Jesus! De vez em quando é bom pensar nessas coisas!...

48. Cristo no catolicismo ou numa outra Igreja?

A escolha é fundamental e só pode ser feita na serenidade. Os que proclamam sua identidade à custa de mentiras ou agressões contra a outra Igreja perdem a moral. Os que estabelecem sua escolha, porque realmente acreditam no Espírito Santo de Deus, aprendem a respeitar o mesmo Espírito que arranca o que divide e que aproxima até os inimigos (Jo 17,11; Mt 5,44). Descobrem que são quem são por graça de Deus e que os outros são quem são por graça do mesmo Deus. Quem acha que ser cristão é uma graça e não o ser é uma desgraça não entendeu Jesus.

49. Heróis porque intérpretes

E, se alguém falar em língua desconhecida, faça-se isso por dois, ou quando muito três, e por sua vez, e haja intérprete (1Cor 14,27).

Kirk Douglas, Humphrey Bogart, Frank Sinatra, Marilyn Monroe, Audrey Hepburn, Elvis Presley, Beatles, Michael Jackson, Noel Rosa, Francisco Alves, Chico Buarque, Caetano Veloso, Pelé, Roberto Carlos, Maradona, Airton Sena, são nomes de intérpretes de várias gerações. No seu tempo realizaram tarefas que suscitaram admiração. De certa forma todos eles interpretaram a vida.

Eram bonitos e glamorosos, ou cantaram bem, atuaram bem, jogaram bem, venceram, subiram a pódios, e receberam aplausos e louros. Deu-se o mesmo com pregadores famosos através dos tempos. Interpretaram Jesus para sua geração. Seus seguidores, ouvintes, espectadores e leitores foram lá, entraram para aquela Igreja, ouviam por horas a fio quem lhes interpretava a Bíblia, a vida e a fé de um jeito católico, evangélico, pentecostal, judeu, muçulmano.

E havia e há os famosos teólogos, os fundadores, os cantores e as cantoras que agradam a essa ou aquela parcela de crentes que seguem igrejas e movimentos. Aquele jeito de crer toca mais do que o outro. Então o intérprete atrai multidões. Um dia o fiel, o fã, o seguidor descobre outro conteúdo, outro caminho. Aí, ele agrega ou rejeita, ou se abre para novas interpretações da vida e da fé. Torna-se convictamente ecumênico. No caso das igrejas, não deixa a sua, mas agrega valores que há nas outras, sem trair sua opção.

***

O mundo precisa de intérpretes. Por isso cantores e atores de novela, pregadores, cantores tornam-se populares. Mesmo quando pregadores ou cantores carecem de profundidade, arrastam milhares de fãs. Desde que encantem quando falam, traduzem a vida de um jeito que agrada a milhões de adolescentes, jovens ou adultos. Milhões de fãs não estão à procura de maiores informações, e, sim, de maiores emoções, querem a festa da vida ou da fé. No caso da religião, isso explica por que em todas as igrejas há os que, demonstrando insuficiente leitura e pouca cultura, assim mesmo arrastam multidões.

> Não importa o que eles dizem, mas como dizem! Alguma coisa de encantador eles têm. Interpretam a fé de maneira simples e até simplória, falam um português sofrível, assassinam verbos e conteúdos, escorregam nos conceitos e no catecismo de suas igrejas, mas agradam.

Não eram diferentes Amós, Ezequiel, Oseias e outros personagens bíblicos no seu tempo. Não tinham educação refinada para serem os profetas que foram. Sansão (Jz 13.14.15.16) e Gedeão não primaram pela gentileza, acolhimento ou boa educação (Jz 6.7.8.9), mas foram heróis no seu tempo. Sansão foi esquecido, mas Gedeão, com toda a sua brutalidade, é até hoje citado com exemplo de vitória dos pequenos grupos cheios de fé combativa e reivindicadora. Comandou uns poucos que esmagaram os de outra fé... E deve ser esse o porquê de terem sido adotados por alguns cristãos de igrejas pequenas....

Mas é opinião minha. Digo e assino em baixo do que digo: que os verdadeiros cristãos não podem interpretar a vida como Gedeão interpretou. Está tudo lá no livro dos Juízes: ascensão, queda e fracasso de um guerrilheiro da fé. Um dos seus 70 filhos, Abimelec, assassinou os demais. Seguiu a interpretação do pai, que também não dialogava nem perdoava porque Deus lhe daria a vitória. A teologia do vencedor em Cristo é tudo menos o que fez Gedeão. Jesus dialogava (Lc 20,24; Mt 15,22), mandava pôr de volta a espada na bainha (Mt 26,52), mandava perdoar e orar pelos inimigos (Mt 5,44) e condenava à procura sequiosa pelos primeiros lugares (Mt 23,6). Definitivamente Gedeão não serve de modelo para nenhum cristão.

50. As novas interpretações

*E desviarão os ouvidos da verdade,
voltando-se para as fábulas (2Tm 4,4).*

Conhecê-los ajudará a respeitá-los. Um dia, alguém entendeu que poderia adorar a Deus de um jeito melhor do que seu grupo adorava. Criou o novo caminho ao qual chamou de nova Igreja. Houve os que passaram a se declarar a Igreja e negar outra da qual veio o nome de Igreja. Houve quem se separou, mas chamou de seita a Igreja da qual se separou. E houve quem não se esqueceu de quem veio...

Se foi bom ou não foi, o tempo disse ou ainda dirá. Discordar é um direito. Mas ninguém de nós tem o direito de não amar o grupo do qual viemos. Fundar uma nova família e nunca mais dialogar com a família da qual saímos não é bom nem bonito. Cheira a ingratidão. Se foi Deus quem os quis lá, precisam provar que foi Ele, dialogando e discordando, sem ofender o grupo no qual por muitos anos louvou e adorou.

Quando, porém, nem orar do mesmo jeito conseguimos, é sinal de que em algum lugar do caminho houve crise moral e faltou ética e fraternidade. É algo que os grandes líderes religiosos tentam corrigir, mas a que alguns pregadores e pequenos grupos resistem. Aparentemente, o problema não está nas cúpulas. Não, pelos documentos por elas exarados. Está nas bases e nos pregadores pequenos ou apequenados que, ciosos do seu rebanho, dão um jeito de nem sequer tomar um café na esquina com os crentes do outros templos.

A santidade passa pelo diálogo! Desconfie de quem anuncia Deus de um jeito supostamente melhor, mas não consegue dialogar e ser gentil com os outros crentes...

51. Igrejas que se entreolham

Como se a outra nada tivesse a lhe ensinar...

Se você já experimentou o que é falar com alguém que, sem o querer, ou propositadamente, se distrai olhando para as próprias coisas, digitando seu celular, virando as páginas do seu livro ou falando com outro interlocutor, então sabe o que é desrespeito. Nesses casos, o melhor é interromper a conversa e ir embora. O outro não quer aquele discurso. Você não é bem-vindo!

As duas piores coisas que igrejas que pretendem ser de Jesus podem fazer é olharem distraídas para o lado na hora do diálogo, como se a outra nada tivesse a lhe ensinar, ou dar de dedo em riste contra as outras, como se as águas de Deus tivessem finalmente achado o seu reservatório final.

***

E é bem isso o que algumas andam fazendo! Deixam claro que não precisam de diálogo. Alguns pregadores chegam a chamar o ecumenismo de artes do demônio. Segundo eles, quem tem a verdade não precisa sentar-se com os que vivem na mentira. E, é claro, os mentirosos não são eles!

O discurso não é o de uma Igreja capaz de ver as demais como igrejas-irmãs. Em alguns casos, nem mesmo aceitam que as outras se chamem de igrejas. Usam para as outras a palavra denominação. Foi o que fez uma pregadora na televisão, quando, ao se referir a nós, chamou-nos de *denominação Católica Romana*, para não nos chamar de algo que somos há muitos e muitos séculos: Igreja de Cristo. Temos vinte séculos desde que pela primeira vez se ouviu a palavra *católico*, somos quase 1,3 bilhão de crentes e temos pelo menos 17 séculos a mais do que o movimento cristão que ela segue, mas ela negou-se a nos chamar de Igreja de Cristo.

Foi mais longe: distinguiu entre a Bíblia dos Cristãos que eles usavam e a Bíblia dos Católicos que nós usamos. Segundo ela, a nossa versão não é cristã. Sendo ela jovem, um dia vai entrar para uma universidade séria, estudar mais e então descobrirá a verdade sobre as muitas versões da Bíblia. Ou entrará em crise ou nos pedirá desculpas pelo que aprendeu com alguns pregadores mais aguerridos da sua Igreja.

***

Para alguns pregadores não falta fé, faltam livros sérios. Na sua ótica nós, apesar de sermos mais de 1,2 bilhão de fiéis, somos seita. Dizem que estamos separados dos verdadeiros cristãos, sendo eles, é óbvio, os verdadeiros cristãos.

Mas é ângulo dela. Saiu da nossa Igreja e não admitiria jamais ter-se convertido para uma Igreja errada... A Igreja à qual ela aderiu, que tem menos de 2 milhões de fiéis, é Igreja verdadeira e lá ela está salva... Pensando bem, ela estava reagindo ao que irmãos católicos fazem com a nova Igreja dela, recusando-se a tratá-la como Igreja e chamando-a de denominação cristã. Deu--nos o troco. Mas o caminho não é por aí. Vamos nos agredir por quantos séculos até um admitir que o outro também é de Cristo?

52. Religiões que se elogiam

A tendência da maioria dos crentes é a de se autoelogiarem. Eles são os eleitos e os outros, ou não foram eleitos ou o são menos... Embora tenham diminuído em número, preste atenção nos discursos de ainda muitos pregadores de rádio e televisão.

Mas há os que conseguem elogiar outras igrejas e assinar em baixo do seu elogio. Realmente se mostram capazes de ver beleza em suas igrejas e nas dos outros. Sabem o que se faz e se diz de santo, sábio, humano e bonito na sua Igreja e nas outras. Seu coração já entendeu que é perfeitamente possível achar a própria mãe bonita e, ao mesmo tempo, elogiar a beleza da mãe dos outros. Sabem das diferenças, mas sabem das semelhanças. E é na semelhança que investem seus discursos. Não precisam apagar o brilho das outras igrejas para revelar o brilho da sua.

Outros crentes não conseguem isso; inspiram pena... Sendo discípulos de Jesus, que elogiou o centurião e mulher cananita (Mt 15,28), engolem seco, mas da sua boca não sai sequer um elogio para outros irmãos em Cristo. Sentem-se como se estivessem elogiando um filhote do diabo... Param nos textos bíblicos condenatórios e ignoram os de aproximação. Sentem-se mal quando precisam admitir que há gente santa, pura e maravilhosa nas outras igrejas. Sua cabeça gira e a língua fica presa, porque, lá no fundo de seu coração fechado e confuso, parece pecado elogiar uma Igreja que aprenderam a ver como errada. É como elogiar uma prostituta, já que seus pregadores sutilmente deram a entender que tal Igreja ou religião é impura e traiu a Deus.

***

Vai levar décadas ou séculos até que as igrejas parem de ensinar esse tipo de crueldade aos seus fiéis. Já sabemos onde tudo começa... Nos púlpitos! Se os pregadores não se converterem de verdade para o amor fraterno, vai ser muito difícil a marcha do Reino de Deus. Igrejas marcharão sozinhas por não acreditarem que outras possam ir junto. Continuarão pensando que o aumento de templos de sua Igreja é a mesma coisa que a vitória de Jesus e do Reino de Deus. Um dia descobrirão que não é a mesma coisa! Onde não há respeito pela fé do outro, o Reino de Deus ainda não aconteceu! Mas quem os convencerá dessa verdade?

Olhar-se de soslaio

> Quando as igrejas se olham de soslaio, pelo rabo do olho, desconfiadas contra o que a outra vai aprontar, quando se entreolham timidamente, mas não olham de verdade uma para a outra, o ecumenismo fica difícil.

Quando insistimos em ver os outros como adversários e falamos do alto, alguns degraus mais acima porque cremos ter algo a mais do que eles, o diálogo fica difícil.

Não tem que ser tudo a mesma coisa: não temos que ser iguais; não temos que concordar em tudo, mas temos que nos respeitar. Se digo à outra flor que ela não é flor, ela vai dizer que eu também não sou. Se a trato como flor inferior, ela me tratará como flor inferior. Se a trato como flor, ela, com o tempo, me verá como flor. Posso até achar que, como flor, tenho mais história e muito mais a oferecer, mas não posso negar-lhe o direito de se chamar flor. Se depois de mim tudo o que está no jardim é visto como erva daninha, não há como dialogar.

**

As igrejas precisam entreolhar-se com franqueza. Muitas olham demais para o céu, para os seus belos templos, para suas obras maravilhosas e muito pouco para as outras igrejas. Pior ainda, quando admitem que as outras são bonitas, as classificam como obras do demônio. Foi Jesus quem falou do cisco no olho dos outros e da farpa no nosso (Mt 7,3). O cisco de algumas igrejas virou graveto! Deve ser por isso que não conseguem ver o lado bom de quem, segundo eles, está do outro lado da verdade...

53. Perseverar em Cristo e na Igreja

E odiados de todos sereis por causa do meu nome; mas aquele que perseverar até ao fim será salvo (Mt 10,22).

Quando Jesus disse que aquele que perseverasse até o fim seria salvo (Mc 13,13), referia-se a uma das virtudes mais difíceis de se viver: a do amor perseverante. Foi ele também quem disse que aquele que não toma sua cruz e não o segue não é digno de se proclamar um dos seus (Mt 10,38). Disse que não reconheceria como seus os que apenas soubessem orar e fazer coisas espetaculares em seu nome, mas não fizessem o essencial que seria praticar a Palavra, amar e servir os outros (Mt 7,21-26; Mt 25,31-46).

Em outras palavras, escolher o que nos agrada e fazer o que achamos que ele quer que façamos não é revelação: é impostura. A pessoa ou imposta ou impõe o seu jeito e depois usa o nome de Deus para confirmar o que foi fruto de sua cabeça. Jeremias diz que Deus não aceita esse comportamento (Jr 14,14). Dois dos apóstolos rejeitaram uma interpretação errada a respeito deles. Não aceitaram ser vistos pelo que não eram. Poderiam ser impostores como muitos outros, mas não aceitaram passar por semideuses (At 14,14). João Batista deixou claro que não era o Messias (Jo 1,27). Eles sabiam do seu limite.

A mística do que vem depois...

Perseverar apontando para Deus é bem outra coisa. Pouquíssimos ou nenhum de nós pode afirmar que perseverou nas promessas do Batismo. Não há um de nós que não tenha algum gominho podre, ou que não tenha tido suas pequenas ou grandes infidelidades. João, na sua primeira epístola, alerta contra os que se passam por convertidos e, desde então, posam de santos ilibados. Fazem Deus passar por mentiroso. Certamente Deus não está com ele (1Jo 1,10).

Parece, por esta e outras passagens, que o primeiro dever de qualquer cristão é reconhecer-se pecador e nunca se colocar acima dos outros, sob pena de ser rejeitado por Jesus. Aliás, João Batista e Jesus começam sua pregação com a palavra "arrependei-vos!" (Mt 3,2; 4,17). Pedro em Atos 2,30 começa seu discurso propondo arrependimento. Não é por menos que a missa dos católicos começa pedindo misericórdia, no ato penitencial e, antes da comunhão, outra vez no cordeiro de Deus, torna a pedir compaixão. É que somos pecadores.

Alteridade para ter autoridade

Perseverar na fé, portanto, é virtude para quem não pensa apenas em si e nas vantagens que teria, seguindo este ou aquele mestre, esta ou aquela Igreja. Nem toda mudança de Igreja é conversão. Nem toda mudança de lado é conversão sincera. Fiéis até que ponto? Fiéis a quem? Fiéis a qual Igreja? A qual pregador? Fiéis a Cristo ou a uma nova Igreja? Fiéis à nova Igreja ou a Cristo? Fiéis à sua pia de Batismo, ou à nova piscina onde foi rebatizado?

> O momento é de grandes infidelidades e conversões para outras igrejas e outros pregadores, mas resta ver em cada pessoa se foi de conversão para Cristo, porque, para Cristo, alguém pode se converter, permanecendo na mesma Igreja na qual foi batizado. Movimentos e igrejas radicais tendem a confundir adesão a eles com adesão a Cristo.

Fundamentalismo nem sempre é fé-raiz. Integrismo nem sempre é fé serena. Quando João e Tiago (Lc 9,54) propuseram a Jesus que orassem para que caísse fogo sobre uma aldeia de samaritanos que não os recebera, Jesus os repreendeu. Eram Boanerges, filhos do trovão, dramáticos e espalhafatosos (Mc 3,7). Pretendiam fazer uso errado do poder que Jesus lhes dera. Não haviam entendido. Uma fé integrista, fundamentalista e impositiva perde sua credibilidade.

Era egolátrica

Vivemos este momento histórico. O mundo atravessa a crise de egolatrias com o crescimento dos movimentos fundamentalistas, integristas, incapazes de ver a luz de Deus em abundância nos outros que não creem nem oram como eles. Acontece entre os judeus, os islâmicos, os cristãos, os católicos e os evangélicos. A pregação da certeza substituiu a pregação da fé e da esperança. Pregadores absolutamente certos garantem milagres e resultados, desde que os fiéis venham aos seus templos. Não curam fiéis de outros e, se curas há, raramente os mandam de volta às suas igrejas.

Certeza ou esperança?

A perseverança acontece não pela certeza, mas pela esperança. É o que Paulo lembra em Hb 11,1-40. Não foi a certeza que norteou os patriarcas, os santos e os profetas, mas a fé. Nos catecismos dos cristãos a certeza nem consta como virtude fundamental. Havia promessa, mas não havia certeza. Em Romanos e Hebreus, Paulo fala longamente sobre essa virtude. Vale a pena ler e reler. Quando se dão garantias e se prega a certeza absoluta de que Deus atenderá, se o fiel cumprir determinados rituais, já não estamos mais no terreno da fé, e, sim, no do charlatanismo. Ninguém pode dar garantias, dia, hora e local do milagre. Quem o faz mais cedo ou mais tarde causará decepção. Paulo diz que a esperança não decepciona e que de esperança em esperança somos salvos (Rm 5,5; 8,4).

Pregadores de certezas absolutas

Mesma virtude?

Há quem diga que fé e certeza são a mesma virtude, em graus diferentes, mas não é! É verdade que não há fé, nem caridade, nem esperança verdadeiras, se uma não vem com a outra, mas pode-se ter fé, esperança e amor sem ter certezas absolutas; até porque, o diz o mesmo Paulo, tendo certeza não precisaríamos mais de fé (Rm 8,24).

Outra vez foi Jesus quem disse a Tomé que há um jeito mais bonito de crer. O de quem não viu nem tocou, mas assim mesmo acreditou. Perseverar quando já se sabe é bem mais fácil do que perseverar quando nada se vê. Pregar a certeza é bem mais fácil e traz muito mais fiéis diante do nosso púlpito.

Pregadores de certezas absolutas

Lembro-me do pregador de poucas leituras que, pelo rádio, pediu intercessão dos ouvintes e garantiu que Deu curaria uma criança, porque as mães têm poder de prece. Fez uma corrente de oração, uma novena. Garantiu que Deus curaria. Deus lhe segredara isso! Uma religiosa me alertou, ouvi o programa e telefonei para o encarregado da emissora, alertando para perigo de charlatanismo. O pregador estava garantindo o milagre para o fim de semana! Dava certeza! Já não era mais fé... Não fui ouvido.

Pregação atrevida e temerária

Ele não poderia ter prometido o que prometeu. Foi excesso de fé e falta de livros. Deu no que deu! No oitavo dia a criança morreu. O pregador que garantia o milagre pela prece das mães limitou-se a orar pela criança e pela mãe, e a dizer: "Não foi dessa vez! Hoje Deus não nos ouviu, mas ele consolará esta mãe pela criança dela que hoje entrou no céu". E nunca mais tocou no assunto!...

Não foi o primeiro nem será o último pregador a garantir milagres que, não acontecendo, são explicados de maneira sumária: "Deus não quis!". Se tivesse acontecido, dariam testemunhos e passariam por santos e profetas. Não acontecendo, passaram por conformados.

> O marketing acentuou o pregador, e não a vontade de Deus. Ninguém pode prometer milagres com data e hora marcada. Pode esperar. Nada mais do que isso! Religião de certeza quase sempre acaba em religião de esperteza!

Mudar de religião ou de Igreja é coisa séria. Quem fez ou pensa fazer deve repensar a sua esperança e a sua perseverança. Vai fazer o quê quando descobrir que a nova Igreja também tem grandes pecados e grandes pecadores? Irá para outra? Não tendo perseverado na Igreja do seu primeiro Batismo, perseverará na outra? Não são poucos os que já aderiram a três ou quatro igrejas. Perseverar parece não ser o seu forte!

54. Aprender com outras igrejas

Mesmo com algumas diferenças abissais na doutrina, podemos e devemos aprender com a comunicação de outras igrejas. É o caso de algumas igrejas pentecostais de agora. Acompanhei algumas delas desde seus inícios, porque alguns dos pregadores me procuravam por admirarem meu caminho como sacerdote e compositor de canções. Desde cedo usaram de uma linguagem que atraía os jovens. Tornaram-se intencionalmente igrejas-espetáculo.

A maneira como seus líderes pregam, sempre de forma dramática, emotivos, até com lágrimas, tudo na hora certa, mostra que quiseram seguir esse caminho de atores pregadores. Se há pregadores cantores, médicos, advogados, por que não pregadores atores? E eles atuam! É um espetáculo vê-los atuando no palco diante das câmeras. Sabem usá-las.

Pregadores-atores

Seus *shows* são cuidadosamente produzidos. Em alguns deles há mais de cem jovens no palco, liderados pela idealizadora da Igreja que domina o mundo da canção e as câmeras. Há outros e outras nos Estados Unidos e em outros continentes. Há grupos de dança detalhadamente preparados, músicos da melhor qualidade, ritmos envolventes, letras convidativas e melodias fáceis de cantar. Estamos falando de arte. Não hesitam em gastar fortunas na produção. Trajes bem cuidados, luzes, instrumentos, tudo aponta para um louvor riquíssimo a Deus.

A Bíblia mostra que no tempo de Davi, rei, os louvores eram coisa estrondosa e extraordinária. Cantores moravam em tendas perto do templo onde se revezavam. Passavam de 5 mil. Davi pessoalmente distribuía os turnos. Ele também fora músico e cantor. Hoje algumas igrejas investem ricamente nessa pastoral porque ela atrai principalmente os jovens.

Podemos e devemos aprender com a arte deles, como alguns deles dizem que aprenderam comigo e outros compositores católicos. Mas a verdade é que eu nunca produzi um *show* com a força de comunicação dos *shows* deles. Se eles, os evangélicos, tiveram Bach e Haendel e outros, nós tivemos Santo Efrém, Palestrina, Vivaldi e outros. No passado as igrejas investiam muito mais em música. Hoje, a preocupação com a formação dos cantores e músicos é grande. Os documentos são muitos, mas os investimentos, não!

***

Discordo da doutrina, das ideias e da teologia deles, mas devo admitir que acharam a linguagem. Em toda a Igreja Católica no Brasil, com raras exceções, não há como produzir um *show* como eles produzem. Mesmo tendo nós capacidade, não produzimos porque não investimos nessa linguagem. Nossos *shows* são mais modestos e, em muitos casos, amadores demais. Eles trabalham com maestros, coreógrafos e músicos de primeira linha. O resultado é que encantam os jovens. Não foram poucos os que migraram para igrejas pentecostais por conta da arte e da música. Parecem-lhes igrejas que se mexem.

***

A um casal de jovens que me perguntou por que nossa Igreja, com tantos autores, cantores, músicos de qualidade, não investe no espetáculo, respondi que não temos o dinheiro e não parece ser prioridade entre nós. A meu ver não deve mesmo ser prioridade. Mas poderia ter mais espaço. Os empresários não investem, as dioceses não têm dinheiro e não temos a cultura do dízimo. Se a tivéssemos, pelo número de fiéis que caminham conosco, teríamos dinheiro de sobra para tentar essa via. Esse tipo de linguagem custa caro. Nosso dinheiro, porém, é muito mais investido em hospitais, creches, asilos, seminários, orfanatos, escolas e obras sociais; e isto me parece correto. Algumas igrejas hoje investem mais na pregação do que em obras sociais.

Não é que eles não façam caridade, mas entre eles o dinheiro vai maciçamente para erguer novos templos e, em alguns casos, para produzir esses espetáculos-mensagens que conquistam mais fiéis. Suas obras sociais são bem mais modestas. Apostam no louvor e na conquista de novos prosélitos.

***

Como eu disse, discordo de muitas coisas deles, mas admito que esse deveria ser um caminho mais comum entre nós. Afinal, ao menos numericamente somos mais de 120 milhões de católicos e investimos muito pouco nesse tipo de mensagens. Nosso canto, mesmo quando rico de conteúdo, tem orçamento mais modesto. Se vai mudar, não sei. Mas penso que traria maiores resultados pastorais.

55. Imagens mal compreendidas

A falta de serenidade no uso ou no ataque às imagens merece estudo. Pode esconder mais do que convicção...
(Pe. Zezinho)

Vejo a celeuma que o culto às imagens provoca em algumas igrejas e movimentos. Lembram os quatro meninos que discutiam sobre uma estatueta do *superman*. Um dizia que aquela imagem era poderosa e fazia coisas incríveis. O outro ria dele dizendo que imagens do *superman* não voam nem podem nada porque o *superman* não existe. Outro dizia que o *superman* existe, mas as imagens dele não eram ele. O quarto sabichão que só ele, deu a sentença final: "É só um boneco de plástico. Se querem brincar, brinquem, mas não briguem por causa dele. Meu pai já explicou todos os bonecos e brinquedos que eu tenho e como eu posso usar e imaginar cada um deles. Não são de verdade. Mas ajudam a gente a imaginar coisas boas...".

A mãe, que da cozinha ouviu a conversa, contava-me que, depois disso, ficou fácil ensinar aos dois filhos o que é ter imagens em casa.

***

Desde pequeno me explicaram que as imagens são imaginação de gesso, barro ou madeira. Elas apenas representam a ideia que temos de Deus, de Maria, dos anjos e dos santos. Se for ideia errada, estará lá naquelas imagens. Se for ideia correta, também estará lá. Nunca chamei de Nossa Senhora a imagem de Nossa Senhora Aparecida. Ouvia sempre dizer "a querida imagenzinha". Tinha cerca de 11 anos quando parei de falar com a imagem. Mas aprendi com os estudantes de teologia do convento do bairro que as pinturas, os vitrais da catedral e as imagens contam histórias que, se a gente entender, ajudarão a orar melhor.

Cabe aos fiéis aceitar ou não as imagens que ajudam e rejeitar ou corrigir as que atrapalham sua fé. Uma imagem de Maria com espada ou um fuzil nas mãos não seria boa. Uma imagem de Maria sendo levada por anjos para o céu, se bem explicada, pode ajudar. Não explicada, deixará o fiel confuso.

***

Chamar os fiéis, como já vimos na televisão pela boca de sacerdotes, de "fuzileiros e bacamarteiros do Cristo, mosqueteiros de Jesus, guerreiros da luz, pilotos da guerra nuclear contra o pecado, ninjas da fé, cruzados da Eucaristia", pode até ser linguagem diferente para crianças, mas terá que ser explicado, porque revela perigosos retornos, crassas idiossincrasias e atrasos catequéticos imensos. Linguagens de guerra de ontem ou de hoje nem sempre ajudam.

***

Imagens do demônio em forma de dragão, sendo esmagado por espadas luminosas, tinham sentido na Idade Média. Hoje, ninguém mais tem medo de dragões nem de demônios do ar, da terra, do mar, da unha encravada e da diarreia. Se tem, precisa urgentemente de ajuda cultural, mais do que de exorcismo.

***

Recentemente entrei numa casa que, na parede da sala, estava estampado um quadro de Deus Pai velhinho e de barbas brancas, do Filho, também ele cabeludo e barbudo, e uma pomba no seu peito. Maria ao lado. Fui abençoar a vovó que não passava bem. Enquanto, em pé, tomava o cafezinho, curioso para saber se entendiam aquelas figuras, perguntei à filha, dona da casa, o que significavam para ela.

Não se fez de rogada. Disse que Deus Pai que era eterno e muito antigo, mandou o Filho dele, que era um moço ainda jovem, para nos visitar. Jesus trouxe com ele o Espírito Santo que toca no coração das pessoas. Maria, segundo ela, fora gerada pelo Espírito Santo e estava ao lado do Filho para nos dar os recados do Pai e nos ajudar a dar o Espírito Santo quando precisamos dele... (sic)

***

Sentei-me na cadeira, pedi um tempo e entre perguntas e respostas levei quase duas horas para desfazer aquela concepção errada de Deus, de Maria e da ação de Deus em nós. A imagem não fora entendida porque nunca ninguém a explicara. Uma dona de barraca a vendeu, ela comprou, ninguém explicou e a catequese cambaleou.

***

Imagens não devem nos confundir, nem a nós nem a quem nos combate por conta delas. Eles também não sabem do que falam, posto que na mesma Bíblia que usam para provar que é proibido adorá-las permite-se fazer e usar. Até imagem de cobra foi permitido fazer (Nm 21,7-9)! O perigo é adorar o objeto chamado imagem. Aí, o que é para ser apenas imagem vira ídolo; o que aponta para Deus vira Deus. Séculos depois no reinado do jovem e piedoso Ezequias, aquela escultura foi destruída porque estava sendo adorada como a deusa Neushtan (2Rs 18,4).

Foi difícil explicar aquele quadro antropomórfico que fazia do pai um velhinho de oitenta anos, vigoroso e dominador, e punha Maria na mesma altura que Jesus, com o Espírito Santo em forma de pomba, saindo do coração de Jesus. Coisa de pintor que não foi questionado e, além de não ser questionado, foi divulgado, como se sua pintura fosse uma catequese católica. Ora, a catequese católica é o oposto daquele quadro. O pregador que não o explica prevarica!

> Mas o quadro antropomórfico é vendido, está lá e ninguém o contesta. Não admira que Dona Zefa tivesse inventado sua própria doutrina sobre a Trindade. Naquela casa entrara uma imagem sem antes ter entrado um catecismo.

Podemos ter imagens, mas não sem Bíblia e sem catecismo devidamente lidos. Evangélicos aguerridos ignoram as passagens que as permitem, católicos sem leitura nem estudo as usam sem aprender o que significam e para que servem.

Duas leituras erradas de algo que poderia ser bom! A Bíblia as permite e as condena. O cristão instruído deve saber a diferença.

56. Santos e heróis da fé

Quando o Dédo, garoto de 9 anos, por volta dos anos 1980-1990, me perguntou por que nossa Igreja falava tanto dos santos, perguntei-lhe quais os seus heróis preferidos e por que eles e não outros. Naqueles dias, falava-se de Batman, Homem-Aranha, Tartarugas Ninja, He-Man, Transformers e outros nomes que eu nem sabia que existiam na televisão. De cada um destacou algum valor que o fazia admirar aquele desenho. Ele sabia que era só fantasia. Tinha passado da idade em que as crianças pensam que Superman existe. Eram só histórias gostosas de imaginar.

***

Falei-lhe dos santos católicos dizendo que são heróis da fé. A Igreja tem milhares deles; são idosos, jovens, casais, sacerdotes, reis, rainhas, ex-prostitutas, escritores, pensadores, monges, bispos, comerciantes; gente boa que em vida amou o próximo e seguiu Jesus. A Igreja mandou fazer imagens deles, publicou livros, dedicou templos a eles porque queria que não fossem esquecidos.

Assim, sabemos que por volta do século XIII houve um rapaz chamado Francisco e uma moça chamada Clara que, com seus companheiros, se apaixonaram por Jesus e criaram um jeito radical mas simples de viver. Redescobriram a pobreza e a simplicidade como virtudes. A Igreja quer que nos lembremos deles. Assim, com milhares de pensadores, trabalhadores, políticos, religiosos, ela os quer lembrados.

Santo é alguém cuja vida deu certo porque vivida em conformidade com os evangelhos. Provam que é possível seguir Jesus e viver como Jesus queria. Eram pessoas boas e felizes e cumpriram seus deveres. Sabiam conviver e viver. Viveram na graça, na pureza e na caridade.

***

Nunca é demais repetir que não os adoramos. O católico que faz isso está indo contra o catolicismo. Santo é um ser humano que se salvou e agora vive no céu, com Jesus, mas precisa pedir. Nenhum santo pode fazer nada por nós sem Jesus. Acontece que, assim como na terra, nós intercedemos pelos nossos familiares, eles, no céu, intercedem por nós, seus devotos. No céu se ora. Cremos nisso.

Devotos

Devoto é aquele que se identifica com determinado modo de viver a fé. Há o devoto consciente que sabe o que o santo que ele admira pode ou não pode fazer por ele. E há o devoto ingênuo e sem cultura religiosa que vê seu santinho como um mago. Trata as imagens com atitudes de idolatria, confunde a imagem com o santo e até fala com a imagem, mas isso é errado e ele terá que corrigir tal atitude.

Santo e imagem de santo

Imagem de santo é uma coisa, santo é outra realidade. A imagem é ficção; não sabemos se o santo era assim mesmo. O santo é real. Amou, viveu como Jesus queria. Oramos aos santos para que orem conosco. Eles sabem orar melhor. Quanto aos milagres, deixemos Deus decidir.

Peçamos aos santos que orem conosco e esperemos. Enquanto isso, aprendamos com suas palavras, seu testemunho e sua vida. Alguns pregaram, como São Domingos; outros, como São Camilo, ergueram hospitais; outros ainda, como Vicente de Paulo, libertaram escravos e prisioneiros; bem como Francisco e Clara, que escolheram ser simples e pobres e cuidar dos pobres. E houve os que cuidaram do povo de rua, como Tereza de Calcutá, e beatos como Irmã Dulce, que ergueram creches, escolas e asilos. Outros santos escreveram, cantaram, morreram mártires. São Maximiliano, no turbilhão de ódio nazista, ofereceu-se para morrer no lugar de um pai de família. Houve reis que governaram com amor, e sacerdotes e religiosas que cuidaram de leprosos, de prostitutas, de pobres. E lembremos, ainda, os irmãos religiosos que criaram escolas e universidades. Mas todos amaram como Jesus.

Ignoram os santos

Há Igrejas que os admiram, mas não falam com eles. Têm outra visão do pós-morte. Mas há também pregadores cristãos de outras igrejas que ignoram os santos e até combatem o culto de veneração a eles, por entenderem que, em muitos casos, rende-se a eles um culto maior do que a Jesus. Jogam fora um valor por conta de alguns exageros. Por conta dos abusos acontecidos nos cultos deles, poderíamos fazer o mesmo: combater o dízimo e muitas curas e exorcismos ali operados... Dirão que não se pode julgar suas igrejas por conta dos exageros ali acontecidos. Nós dizemos o mesmo com relação ao culto aos santos. Há quem saiba e há quem não saiba venerá-los.

O culto ao servo de Jesus tem suporte bíblico, posto que Deus é glorificado nos seus santos (2Ts 1,10). Se alguém da terra pode ser chamado santo, muito mais alguém que já foi salvo em Jesus (1Cor 1,2). Que Jesus salva e tem poder para salvar está claro até nas canções dos irmãos evangélicos. Resta saber se os mortos estão dormindo ou estão vivos. Moisés e Elias, que já tinham morrido há séculos, mas na transfiguração apareceram falando com Jesus, estavam dormindo ou vivos (Mt 17,3)? Aquilo foi sonho ou realidade? O assunto rende um bom debate...

***

Os radicais desaconselham que se fale com os amigos do rei. Dizem que eles estão dormindo. Mas já vi, nessas mesmas igrejas, pregador apresentar microfone para o demônio, que possuía um homem, falar... Demônio pode falar no templo deles e santo católico não pode? A prática parou, mas como durou anos significava que os servos de Cristo, como os apóstolos Paulo, Pedro, André, não tinham voz naquela Igreja, mas o diabo sim... Eles falam com o demônio para expulsá-lo e nos acusam de erro, quando falamos aos santos de Jesus para que orem por nós? Falar ao demônio pode, mas ao santo não?

Amigos do rei

Eu faço parte dos cristãos que falam com Deus Pai em nome de Jesus, falam com Jesus e falam com os seguidores de Jesus que estão no céu. Peço a eles que orem comigo e por mim, porque ainda não sigo Jesus como eles seguiram. São meus padrinhos ou cúmplices espirituais. Gosto do rei, mas gosto também dos amigos do rei. E não confundo as coisas. Santo é alguém melhor do que eu, mas menor do que Jesus. Acho que ele ou ela podem mais do que eu, porque oram melhor. Não os evoco, invoco-os. Não peço que me apareçam; apenas oro, sabendo que me ouvem e oram comigo, lá onde quer que estejam.

Gostar de santo

Eu gosto de santo! Gostaria de ser um deles. Nunca serei canonizado, mas quero estar no céu com eles, apesar de todas as minhas fraquezas e imperfeições. Deus viu o que eu quis, o bem que fiz, o mal que fiz e o bem que poderia fazer, mas não fiz. Um dia me converterei e serei tão de Jesus como eles foram e são! Por enquanto, brinco dizendo que já progredi muito na santidade. Faltam apenas 99% para eu ser um herói da fé...

57. Nosso Senhor e Nossa Senhora

Muitos irmãos evangélicos nos aplaudem quando chamamos Jesus de "Nosso Senhor". Mas quando chamamos Maria, a mãe dele, de "Nossa Senhora", há quem expresse discordância. Mas alguns deles, por gentileza, tratam algumas mulheres de "minha senhora". Não são senhoras deles, mas por deferência a amigos ou à comunidade as chamam de senhoras.

Se chamamos Maria de "rainha", discordam ainda mais. Apoiam-se no conceito bíblico de que só Jesus é o Mestre e só ele é o Senhor. Um só Senhor, uma só fé, um só Batismo (Ef 4,5). "Nem vos chameis mestres, porque um só é o vosso Mestre, que é o Cristo" (Mt 23,10). "Ora, se eu, Senhor e Mestre, vos lavei os pés, vós deveis também lavar os pés uns aos outros" (Jo 13,14).

Cabe aos católicos explicar sua linguagem. Se o céu é um Reino que não é deste mundo (Jo 18,36; Mt 5,3) e nele os pobres têm vez, e se Jesus é o rei desse Reino (Mt 25,34), e se todo poder foi dado a ele (Mt 28,18), então o cetro é dele e não de Maria. Por questão de simbologia e de exegese, não podemos chamar Jesus de "filho da rainha", porque Maria não tem o poder sobre o Reino, mas podemos chamar Maria de "Mãe do Rei". O príncipe Charles, que por décadas espera na fila da sucessão, é filho da rainha, porque o cetro da Inglaterra está com a mãe dele. No Reino dos céus, o certo não está com Maria. É por falta de esclarecimento que às vezes nas igrejas evangélicas e até nas católicas se canta "quero amar somente a Ti", quando Jesus deixa claro que há um segundo mandamento que não pode ser ignorado (Mt 19,19). É a falta desse mesmo esclarecimento que leva alguns católicos a cantar a Jesus, chamando-o de Filho da rainha. Nesse caso, a alegoria claudica.

***

O conceito de um só Senhor, um só Mestre, um só Cristo foi desenvolvido com o crescer da fé cristã. Segundo os evangelhos, Jesus aceitava o título de Mestre e Senhor. Mas também chamou sua mãe de "mãe" ou de "mulher", que, em versão brasileira atualizada, equivaleria ao termo respeitoso "senhora". O termo "mulher" (Jo 19,26; Jo 2,4), na época, era tão respeitoso como o é, hoje, o termo "senhora".

Radicais

Alguns polemistas radicalizam, entendendo que os títulos que alguns católicos dão a Maria atribuem-lhe dos Céus um poder o qual ela não tem. De fato, a maneira de alguns católicos se expressarem quase absolutiza Maria, mas não é essa nem a intenção nem é a doutrina da Igreja. Para nós, Jesus é mais, Maria é menos. Ela sabe disso e nós sabemos disso, e católico que não sabe não foi bem evangelizado!

A mãe pensadora e catequista

Se podemos ser pregadores e se nos proclamamos discípulos de Jesus, demos crédito a Maria que foi a primeira cristã, e foi e é mais catequista e pregadora do que nós. De Jesus ela entendeu e entende bem mais do que nós entendemos. Como cremos que Jesus a chamou para o céu onde ele está, ela continua a ser nossa mãe e mestra.

> Pai, aqueles que me deste quero que, onde eu estiver, também eles estejam comigo, para que vejam a minha glória que me deste; porque tu me amaste antes da fundação do mundo (Jo 17,24).

> E quando eu for, e vos preparar lugar, virei outra vez, e vos levarei para mim mesmo, para que onde eu estiver estejais vós também (Jo 14,3).

***

Segundo Lucas, ela se proclamou Serva do Senhor (Lc 1,38); e segundo Jesus, viveu essa missão em plenitude (Lc 11,27-28). Ela deu a ele mais do que os seios e o ventre materno. Deu a cabeça e a mente. Foi, de certa forma, teóloga e catequista, posto que tentou entender os fatos, percebeu os problemas que a cercavam, intercedeu junto a ele e mandou procurarem seu Filho:

> Mas Maria guardava todas estas coisas, analisando-as em seu coração (Lc 2,19).
>
> Sua mãe disse aos serventes: "Fazei tudo quanto ele vos disser" (Jo 2,5).

Maria, a eleita

Afirmamos que Deus esteve no mundo há dois mil anos, porque Deus é um só, mas é três pessoas. A pessoa Filho encarnou-se. Assim ensinamos. Mas escolheu uma mulher em cujo ventre encarnar-se. Daí deriva nosso carinho por Maria, a quem chamamos "Nossa Senhora". O ventre dela hospedou Deus... Crer ou não crer é um direito humano. Muitos crentes em Deus duvidam dessa possibilidade. Mas crentes cristãos a aceitam. Se aceitam, então nenhum ser humano esteve mais próximo e mais íntimo de Deus que Maria, porque, ao hospedar o Cristo no ventre, foi sacrário de Deus. Não parece razão suficiente para que a chamemos de Nossa Senhora?

Polêmica mariana

A linguagem figurada nem sempre é entendida por católicos e evangélicos menos dados a leituras. No simbolismo de Reino dos

Céus, Maria ocupa lugar de destaque, mas continua servidora. Ela não tem o poder, mas tem o pedir mais qualificado. Afinal, ela sabe orar melhor do que nós que anunciamos ao mundo o Filho dela. Alguma dúvida?

***

A maioria dos polemistas não nos deixa terminar nossas explicações. Admitem o excelso privilégio de Maria, mas radicalizam dizendo que o excesso de louvor a ela a endeusa. Ela foi mãe de Deus, mas continuou humana. É o que nossa Igreja ensina! Mas julgam toda uma Igreja pelo comportamento de alguns católicos desinformados.

Uma enquete revelaria que mais de 98% dos católicos sabem que ela não tem mais poder do que seu Filho. O "trono e o cetro de rei" não pertencem a ela. Assim, o título de "Mãe do Rei" serve a Maria, mas o título "Filho da Rainha" terá sempre que ser explicado. A Igreja não o utiliza. Alguns cantores o fazem e insistem em cantar dessa forma, mas não os documentos oficiais da Igreja. Maioria absoluta dos católicos sabe que Maria não tinha nem tem esse poder. Ela ora e pede. O poder não está com ela.

Exageros e diminuições

Os que exageram ou diminuem o papel de Maria na vida das igrejas partem para o contra-ataque com seus textos bíblicos, quase com medo da explicação. Quando o debate acontece comigo, começo perguntando por que eles chamam os seus sacerdotes de pastores, se só Jesus merece o nome de pastor... Ele disse que ele era o bom pastor e que os outros seriam lobos (Jo 10,12).

Aí eles se explicam acentuando que o evangelho não quis dizer isso. Deixo que expliquem e, então, peço o direito de explicar as palavras que usamos, assim como eles explicam as suas. Por que os chamam de Reverendos, se só Deus merece ser reverenciado? Não é também um título que usurpa? Se seus pastores na terra podem ser agraciados na devida medida, com títulos que se dá a Deus, por que Maria não pode, na devida medida, ser agraciada com títulos que se dá ao Filho dela?

Rainha e senhora

Se o Filho é o rei e o Senhor do Reino dos céus, porque Maria, a mãe, não pode ser chamada de rainha e Senhora? Rainha por causa do rei filho. E repito que ele não é rei por causa dela, mas ela é rainha por causa dele. O título é dele e não dela, mas ela merece o título de mãe do rei, rainha-mãe ou mãe-rainha. É uma das devoções bonitas do catolicismo. São títulos simbólicos.

Reverendos e reverendíssimos

O mundo anda cada dia mais irreverente com relação aos pregadores da fé, mas admitamos que também muitos deles pregam e se conduzem de maneira irreverente. Como reverenciar quem não se porta como sacerdote?

> Olha, Timóteo, guarda o depósito que te foi confiado, tendo horror aos clamores vãos e profanos e às oposições da falsamente chamada ciência (1Tm 6,20).

> Prega a palavra, insiste a tempo e fora de tempo, retruca, não te cales, repreende, exorta, com toda a paciência possível, insiste na doutrina correta, porque virá tempo em que as pessoas não suportarão a sã doutrina; mas, cheias de comichão nos ouvidos, amontoarão para si doutores que apoiem suas concupiscências (2Tm 4,2).

***

Eu, a quem o povo às vezes chama de reverendíssimo padre, nunca me acho reverenciável, nem acho que os pastores o são quando seus fiéis os chamam de reverendos. Mas, por servirmos a Deus, o povo nos reverencia. Por que nós podemos usar tais títulos e Maria não pode? Os seguidores podem e a mãe não pode? Nós podemos ser chamados de pais (padres), pastores, reverendos, bispos, arcebispos, guias, e ela não pode ser chamada de Senhora? Podemos chamar nossas mães da terra de "senhora" e ela não pode ser Nossa Senhora?

Exigência do ecumenismo

Sou ecumênico, mas em algumas coisas sou radical. Para mim, a mãe do meu Senhor é minha senhora e mãe. Se chamo as mães dos meus amigos de senhora, por que não haveria de chamar a mãe do meu Senhor de Nossa Senhora? Sou irmão dele e a quero por mãe. Alguma coisa de errado nesta teologia? Eu sei a diferença entre chamar a Deus de Senhor e Maria de Senhora, como sei qual a diferença entre tratar com reverência a Deus e com reverência um bispo, um padre ou um pastor. Reverencio e respeito os bispos anglicanos, e outros bispos e pastores por saber da sua fé. Eles também me reverenciam e isso nos faz irmãos e amigos.

Latria, dulia, hiperdulia e idolatria

Sei que tipo de inclinação faço para Deus, que inclinação para Maria e para os que já estão salvos no céu e que tipo de reverência faço para meus amigos pastores e padres. O culto de latria é para Deus, o de dulia é para Maria e o de hiperdulia é para mãe. Latria é adoração, dulia é o respeito ao servidor de Deus, hiperdulia é o culto especial à maior de todos os servos de Deus. Ninguém tocou tão de perto o mistério de Cristo como Maria. Nós o levamos na cabeça e ela o levou no ventre.

***

Já beijei as mãos de bispos católicos e evangélicos sem o menor constrangimento. São mãos que fazem o bem, que tocam na Bíblia, que tocam nos objetos sacros, e há evangélicos que beijam minhas mãos pela mesma razão. Mas eu sei que isso não é adoração. E também sei o que é adorar a Deus e o que é venerar um de seus enviados.

Sou ecumênico, mas quando alguém me condena por eu amar Maria provoco e exijo o direito de explicar. Já que ele puxou o assunto e disse o que queria, agora vai ter que ouvir o que não quer. Deixo que ele fale seus dez minutos, depois exijo os meus. Se me interromper ou for embora, sabemos quem dos dois é mais capaz de enfrentar um diálogo. Aprendi isso convivendo com os bons católicos e bons evangélicos. Com mãe não se mexe. Não mexam com a minha!

58. Nosso afeto por Maria

Depois de recomendar à sua assembleia que respeitasse Maria, a maior mulher deste mundo, o famoso pregador pentecostal perguntou se ela estava com o papa no Vaticano e arrancou um solene não da sua assembleia! Foi no dia 17 de janeiro de 2012. O pregador fundou uma Igreja pentecostal. Lembrou que ela estava na glória. Mas para exaltar Maria, desmereceu os católicos... Em outras palavras, Jesus e Maria estão com eles, mas não com o Papa! Que lástima!
(Pe. Zezinho)

Reza a tradição e diz o texto bíblico que Jesus delegou seu poder aos apóstolos (Jo 20,22-23). Delega aos pregadores que hoje intercedem por milagres e bênçãos nos templos, no rádio e na televisão? Eles dizem que sim. Ensinam que Jesus age por meio deles. Sentem-se instrumentos da graça de Deus aqui na terra. Se delegou poder a eles, então também o delegou à sua mãe. Ou nós, pecadores, recebemos e a mãe dele não recebe? Leiamos os evangelhos:

> E, chegando-se Jesus, falou-lhes, dizendo: "É-me dado todo o poder no céu e na terra. Ide e fazei discípulos... Ensinai..." (Mt 28,18).

> E dizia: "Por isso eu vos disse que ninguém pode vir a mim, se por meu Pai não lhe for concedido" (Jo 6,65).

> "E eu rogarei ao Pai, e ele vos dará outro Consolador, para que fique convosco para sempre" (Jo 14,16).

> "Pois se vós, sendo maus, sabeis dar boas dádivas aos vossos filhos, quanto mais dará o Pai celestial o Espírito Santo àqueles que lho pedirem?" (Lc 11,13).

Eu nunca peço a Maria que "faça" um milagre por mim ou "me conceda" uma graça. Peço apenas que ela interceda ao Pai, comigo, em nome de Jesus ou a Jesus por mim, como diz João que ela fez nas bodas de Caná (Jo 2,1-11). Sei que Deus concede. Devemos usar o nome de Jesus, o Filho. Tudo foi dado a Jesus (Mt 28,18). A graça, Jesus concede. Maria consegue. Há uma diferença entre este... *cede* e este... *segue*. Nós também conseguimos pedindo, mas os santos pedem melhor do que nós. Foi Jesus quem disse que deveríamos pedir insistentemente, que conseguiríamos (Jo 14,13). Uma vez, ele até disse que não pedíamos o suficiente em seu nome (Jo 16,24). Jesus insiste no poder que ele tem de conceder e no poder que temos de orar e pedir. Quem pede, pede porque sabe que Deus pode. Jesus tem o poder e nós temos o pedir. Mas Maria e os santos já salvos têm um pedir melhor do que o nosso pedir. Eles sabem mais sobre Deus!

***

Maria pediu porque sabia que Jesus podia. E mandou pedir porque sabia que ele concederia. É nisso que creio. Jesus concede e a gente consegue. Maria também é assim, só que, insisto, ela sabe pedir melhor do que nós e certamente consegue mais do que nós. Ela ora mais! De Jesus, Maria entende mais do que todos nós juntos. Ninguém de nós o carregou no ventre. Nem toda a nossa teologia nos tornaria mais de Jesus que sua mãe Maria que o seguiu do berço até a cruz e foi a primeira cristã, a que mais apostou no Filho.

***

Meu amor por Maria nasce dessas considerações. Se Jesus concede a mim ou a qualquer um que pedir, porque não o faria a um pedido de sua mãe? Se posso orar pelos outros, porque Maria não pode? Que teologia é essa que diz que os seguidores podem interceder e a mãe dele não pode? Que os da terra podem e os do céu não podem? Que céu é esse, aonde ninguém ainda chegou ou onde não se pode orar pelos outros? O céu no qual acredito é um modo de ser em Deus. Lá se ora. Maria está lá. E se Maria ainda está dormindo e Jesus ainda não levou sua mãe para o céu, vai levar quem? Quando? E quando será esse quando? Esperaremos quantos séculos? Se Jesus tem poder e prometeu, ficaremos dormindo até que ele cumpra a promessa? E Maria ainda está esperando para ir para o céu com seu filho? Vejam aonde leva essa teologia do último dia!

Intercessora, intercessores

O que creio é que, quando peço a Maria que ore por mim e comigo, ela o faz, do mesmo jeito que meus amigos padres e pastores daqui o fazem. É minha fé. Eu gosto de elogiar e orar a Maria para que ela ore a Deus por mim. Meu jeito de orar a Maria não é o mesmo jeito de orar a Deus. Falo com ela como a um ser humano salvo e privilegiado. Falo ao Filho dela como o Filho de Deus, segunda pessoa da Trindade.

A um amigo que dizia que isso é religião de doido, perguntei se aceitaria que eu lhe mostrasse a doidices do ateísmo e das outras religiões... Riu, sabendo que também sei mostrar os exageros ou as incoerências deles. Não creio em deusas e não acho que Maria é deusa. Sei que ela sabe orar e sabe pedir e, por isso, exerce melhor do que nós o poder de pedir. Ela é bem maior do que todos os padres e pastores juntos. O que ela viveu nem todos os pregadores juntos conseguiriam viver. Ela foi e é mais do que nós! Sou marianamente radical nesse ponto!

59. Chamaram-na de Cidinha!

"A senhora acabou de ferir a Constituição do nosso país!" Foi o que eu disse a uma senhora de Taubaté, ex-católica, que dizia preferir ir ao pastor da sua Igreja pedir oração do que diante da Cidinha... Para nos ferir, falava com desprezo da imagem de Nossa Senhora de Aparecida. Percebi que ela fora evangelizada numa nova Igreja fundada por um ex-católico que rompera com a RCC. Não tinha sido bem evangelizada nem lá nem na nossa.

Já relatei e relembro que, desde pequeno, eu nunca fui a Aparecida falar com a imagem. Aquela ex-católica – ela se orgulhava do título – foi a São Paulo ouvir um pastor americano famoso e eu já fui ver o papa, e vou regularmente a Aparecida orar com outros católicos, num lugar onde se cultiva a memória da mãe do Cristo que merece ser glorificado pelos santos que ele nos deu.

***

O templo e a cidade de Aparecida são cheios de simbolismo. Lá, vê-se uma imagem que foi quebrada, jogada no rio, enegrecida pela ação do tempo e da lama, encontrada por pescadores humildes. Lá se encontram todas as raças. A cabeça estava separada do corpo. A rede trouxe as duas partes. Os pescadores viram nisso um sinal. As partes foram unidas e, desde então, a imagem reconstruída é sinal de unidade, reparação e restauração do nosso povo e de nossa gente quebrada, partida, jogada na lama, sofrida e ferida.

Catequese permanente

Vejo uma catequese permanente em Aparecida. Passo diante da imagem, mas não a adoro nem falo com ela. Fecho os olhos e penso na mãe de Jesus. Mas aquela imagem pequena me faz pensar na pequena e humilde serva de Deus que foi Maria. Se homens e mulheres de outras igrejas e da nossa são chamados de servos e servas de Deus, por que não elogiar Maria, que foi mais serva do que todos nós? Quanto ao lugar, para mim, é lugar de oração. Vou adorar o Filho na casa erguida em memória de sua mãe. Não acho que Jesus se oporia a isso!

***

Mas ao ridicularizar um símbolo, aquela senhora fez o mesmo que outro bispo anticatólico, que chutou uma imagem de Maria. Se alguém pisasse na foto de sua mãe, ele se ofenderia. Ele chutou a imagem da mãe de Cristo para provar que ela nada pode e que não haveria consequências. Tanto houve que, por ter ferido gravemente a Constituição, está exilado até hoje. Espero que ele volte e nos peça desculpas em público. Se um católico rasgasse uma Bíblia da Igreja dele, tenho certeza de que nós católicos mais instruídos pediríamos desculpas àquela Igreja...

60. Apenas algumas certezas

Aprendi no catecismo que as principais virtudes são fé, esperança, caridade, prudência, justiça, temperança e fortaleza. Pedagogicamente salientamos estas. Temperança se traduz por equilíbrio, fortaleza por coragem, destemor, capacidade de enfrentar as dificuldades sem fugir delas e sem ir embora da missão. Há outras virtudes, mas nunca me disseram que devo pregar a certeza, talvez pelo fato de que a maioria dos que tinham certeza acabou fundando novas igrejas e grupos dissidentes e quase sempre puniu severamente quem ousou questionar suas certezas. Discordaram da sua Igreja a ponto de começar outra, mas não admitiram quem discordasse deles.

Ir longe demais

Sua certeza era tão grande que não conseguiram mais aceitar as certezas dos outros. A maioria deles perdeu a humildade de admitir um eventual erro de profecia, ou de anúncio de milagre. Espertamente nunca mais tocaram no assunto, ou acharam sempre uma explicação, quando o milagre certo e garantido não aconteceu. É próprio de seita alardear suas conquistas e milagres e calar quando seu líder erra ou fica enfermo. "Curaram" tanta gente e com tanta certeza que, quando seu líder não foi curado, preferiram que ninguém soubesse.

Melhor fez o papa João Paulo II e a Cúria Romana, que deixaram que o mundo visse o outrora vibrante e vigoroso líder penosamente arrastar seu corpo até o fim. Jesus foi crucificado e agonizou à vista de quem quisesse vê-lo. Não pediu isso, mas não fugiu disso. Foi ele mesmo quem disse que, se quisesse, chamaria doze legiões de anjos para defendê-lo (Mt 26,53). Se não chamou, foi por que não fugiu nem escondeu a dor e a cruz.

Voltar atrás

Mas, no caso dos que escondem sua fraqueza, como voltar atrás, se haviam pregado certeza? Sabe-se que alguém é falso profeta quando não se retrata nem pede desculpas pela certeza que deu para algo que não se verificou. Nunca se ouve desses irmãos ou irmãs a frase: "Eu errei. Eu me enganei! Perdoem-me. O milagre que anunciei não era milagre!".

***

A pregação mais incerta que há é a da certeza. Pregador sereno mostra os fatos de ontem e aponta humildemente para um possível futuro, mas ele mesmo admite que sabe pouco diante do que é preciso saber sobre Deus e seu amor por nós. Certeza de céu e de salvação é uma coisa, promessa de céu e de salvação é outra. Promessa ainda não é certeza. Paulo, antes de morrer, fala dessa esperança que virou certeza e serviço fraterno (2Tm 4,7-8). No fim, dizia que combatera o bom combate e agora esperava com mais força ainda. Suas epístolas são eivadas de esperança. O justo vive da fé (Rm 1,17; Gl 3,11; Hb 10,38), dizia ele. Em mais de cinquenta passagens, ele fala da esperança cristã.

Novíssimos porta-vozes

Os novos pregadores de mídia eletrônica são bem mais ousados. Apresentam-se como os novos porta-vozes da certeza de céu para quem os seguir. E conseguem adeptos aos milhares. Afinal, quem não quer ouvir palavras de alguém que cura caroços e enfermidades, garante empregos e sucesso nos negócios e liberta de tumores? Por que viver da fé que pode, um dia, gerar a certeza, se já podem viver da certeza que pode um dia levar à fé?

Não é que se deva negar o milagre. Ele existe. A cura existe. Mas são frutos de esperança e não de certeza. É de Pedro a frase: "Bendito seja o Deus e Pai de nosso Senhor Jesus Cristo que, segundo a sua grande misericórdia, nos gerou de novo para uma viva esperança, pela ressurreição de Jesus Cristo dentre os mortos" (1Pd 1,3).

De Paulo é a sentença: "A esperança não nos deixa confusos, porquanto o amor de Deus está derramado em nossos corações pelo Espírito Santo que nos foi dado" (Rm 5,5).

***

Um desses irmãos cheios de certeza me dizia que foi para aquela Igreja porque viu o milagre acontecer diante dos seus olhos. E eu lhe disse:

– É aí que começam as diferenças entre a sua fé e a minha. Você crê porque viu e eu creio mesmo sem ter visto nada. No seu caso, foi em busca de mais evidência, e no meu, vou em busca de mais fé. Eu não vi, mas creio. Você não acreditava, mas depois que viu, agora crê. Acho que Deus pode operar prodígios na minha e na sua Igreja e em qualquer lugar do mundo. Mas, mesmo que não aconteça nenhum milagre por anos a fio, exceto o milagre da Eucaristia na minha paróquia católica, eu ainda assim creio que Jesus está lá conosco.

E concluí:

– Jesus não precisa fazer nenhum milagre lá no nosso templo para eu acreditar que ele é um redentor eficaz. No dia em que o fizer, acharei perfeitamente normal, porque chegou a hora de ele fazer o que achou que deveria fazer por aquela pessoa. Mas quem decide é ele, sem marketing do tipo: "Venha conosco porque no nosso templo há milagres".

***

Penso em Paulo: "Não sejamos mais meninos inconstantes, levados em roda por todo o vento de doutrina, pela conversa enganosa dos homens que com astúcia agem fraudulentamente" (Ef 4,14).

Leiamos sua catequese da esperança, mesmo sem certezas. Falando de Abraão, que não tinha certeza ao partir, dizia:

> O qual, em esperança, creu contra toda a esperança, tanto que ele tornou-se pai de muitas nações, conforme o que lhe fora dito: "Assim será a tua descendência" (Rm 4,18).

> Porque na esperança fomos salvos. Ora a esperança que se vê não é esperança; porque o que alguém vê como o esperará? (Rm 8,24).

Quem tem esperança não sai à cata de certezas. Diz Paulo que a esperança não decepciona. A falsa certeza, cheia de "converta-se já", "Jesus está lhe dizendo neste momento, pela minha boca", "aqui-agora-já", mais erra do que acerta!

61. Certezas poucas e boas

Prossigamos com nossa reflexão. A maioria das pessoas que dizem estar absolutamente certas não está nem absoluta nem relativamente certa. O marketing pode até vender certezas, mas o certo é que nem toda certeza é verdadeira, assim como nem todo peixe grande e colorido é peixe sadio.

Está em curso há mais de três décadas nos templos, no rádio e na televisão a pregação da certeza. "Deus me disse, eu vi, eu sei!" Ouviram? Viram? Sabem? Caminham em direção assumidamente viés à de Paulo de Tarso, o pregador da esperança. O apóstolo era um homem de muitas esperanças e poucas certezas. Seus escritos estão, sim, recheados de esperança. Várias vezes, citando Habacuc, ele lembra que o justo vive da fé (Rm 1,17; Gl 3,11; Rm 4,3-16).

Salomão perdeu a fé

Se vivesse hoje, Paulo talvez estivesse perguntando aos pregadores de rádio e televisão de onde eles tiram toda a certeza que demonstram de que vai haver milagre no sábado, de que um câncer vai desaparecer, ou de que no domingo em seus templos haverá curas? Como podem ter certeza de que alguém que aderiu à sua Igreja será salvo? Judas aderiu a Jesus e acabou traindo-o! Salomão fez um templo para o Deus único e terminou seus dias adorando os deuses de suas muitas mulheres (1Rs 11,4-8). Mesmo entre eles e entre nós há milhares que abandonam sua fé em Jesus e partem ou para o ateísmo ou para outras religiões. Ninguém pode ter certeza de que será fiel até o fim. Judas, que andava lado a lado com Jesus, não foi fiel. Pedro o traiu e negou. É verdade que um se arrependeu e o outro se matou de remorso. Mas os dois eram pregadores. E não faltam histórias tristes de pregadores famosos que se mataram e mataram seus fiéis. Eles davam certeza de salvação a quem seguisse sua pregação. E daí?

Paulo, que fala de vasos de ira, de eleição e de misericórdia (Rm 9,22-23) também disse que levamos esse tesouro em vasos de barro (2Cor 4,7)! A história de Salomão nos faz mais humildes. Deixou-se levar por excessivo marketing, pela fama, por dinheiro e foi violento. Acabou longe do Deus que ele homenageara com um templo e a quem afirmou que vira...

> Porque sucedeu que, no tempo da velhice de Salomão, suas mulheres lhe perverteram o coração para seguir outros deuses; e o seu coração não era perfeito para com o Senhor seu Deus, como o coração de Davi, seu pai. Então edificou Salomão um alto a Quemós, a abominação dos moabitas, sobre o monte que está diante de Jerusalém, e a Moloque, a abominação dos filhos de Amom. E assim fez para com todas as suas mulheres estrangeiras, as quais queimavam incenso e sacrificavam a seus deuses (1Rs 11,4-8).

Se muitos dos que andavam com Jesus foram embora (Jo 6,67), como podem ter certeza e passar tanta certeza aos seus seguidores de que o futuro será exatamente como profetizam?

Humilde Paulo

A pregação de Paulo é bem mais humilde. Ele anuncia a esperança que conduz à certeza, mas acentua muito mais o sentido cristão da espera. Quem decide é Deus. É da fé fundada na esperança que ele vive. Quanto à sua salvação, ele espera e confia. Mas do futuro quem sabe é o Senhor. É dele uma das bonitas reflexões sobre a esperança:

> Porque na esperança fomos salvos. Ora a esperança que se vê não é esperança; porque o que alguém vê como o esperará? (Rm 8,24).

Em outras palavras: dar garantia e pregar certeza é uma coisa. Pregar a esperança e a fé, já é outro projeto. Quando prego a fé estou dizendo que eu também não sei. Quando prego a certeza estou dizendo que vi, senti e sei, por isso, posso garantir. Quantos pregadores da certeza foram lá, viram e ouviram e sabem? Quem é assim tão excepcional?

É verdade que, às vezes, Paulo fala de algumas certezas, mas sempre acompanhadas de dúvidas. Em Felipe 1,6 ele fala de certeza! Mas Paulo é o pregador da esperança fundada na fé. Paulo espera!

As instruções de Paulo a Timóteo

Naqueles dias iniciais, de milhares de ideias sobre quem tinha sido Jesus e o que ele realmente pregara, Paulo deu algumas orientações por carta aos Romanos, aos Hebreus, aos Efésios e a Timóteo. Houve outras orientações atribuídas a Paulo. Mas para os dias de hoje, de intensos questionamentos morais e invectivas contra a pregação cristã, debrucemo-nos sobre Romanos e Timóteo.

De fato, hoje as igrejas estão dividas não apenas na questão dogmática, mas também na questão moral. Se é verdade que não chegam a 5 ou 10% os pontos de discordância na vasta gama de ensinamentos cristãos, também é verdade que nesses 5 a 10% pode estar uma enorme fonte de conflitos.

Segundo e terceiro matrimônio; união sacramental de gays; mulheres sacerdotisas; ordenação de candidatos a padres e pastores com manifestas tendências ao homossexualismo; pastores, padres e missionários manifestamente ricos; pregação de igrejas de resultado; marketing da fé; igrejas-empresa; teologia de libertação, da prosperidade, dos carismas, do sucesso, da riqueza e dos primeiros lugares; bênçãos para libertação da maldição dos antepassados, arrebatamentos e livramentos, oração em línguas e exorcismo pela televisão, conceito de graça, anjo, demônio, pecado, culpa, confissão, sacramentos; padres e bispos das igrejas cristãs nos parlamentos; partidos políticos atrelados a igrejas e centenas de temas entre milhares nos colocam em confronto.

Os textos que provocam os cristãos são interpretados de acordo com as tendências ou lideranças de cada grupo: vão de ultraconservadores a hiperavançados. E todos se proclamam cristãos assim como faziam Montano, Ário, Nestório, Donato, Mani e Atanásio, Alexandre, os três bispos capadócios. Todos esperam que suas ideias e práticas se firmem e se tornem norma geral.

É num clima desses que faz sentido destacar algumas passagens de Paulo aos Romanos e ao jovem bispo Timóteo. É fácil desautorizá-las para os dias de hoje, descaracterizando-as como fora da realidade atual. Mas são os mesmos polemistas que recorrem às cartas de Paulo, quando estas lhe servem de argumento. Então, que Paulo nos questione:

Pregadores que encomenda
[1]Conjuro-te, pois, diante de Deus, e do Senhor Jesus Cristo, que há de julgar os vivos e os mortos, na sua vinda e no seu Reino: [2]que pregues a Palavra, insistas na hora e depois, retruques, argumentes, repreendas, exortes, com toda a paciência e com doutrina. [3]Porque virá tempo em que muitos não suportarão a sã doutrina; mas, cheios de comichão nos ouvidos, amontoarão para si doutores que preguem em favor de suas próprias concupiscências. [4]E desviarão os ouvidos da verdade, voltando-se para as fábulas. [5]Mas tu, sê sóbrio em tudo, sofre as aflições, faze a obra de um evangelista, cumpre o teu ministério (2Tm 4,1-5).

Crentes desqualificados
[1]Saiba isto: que nos últimos dias sobrevirão tempos trabalhosos. [2]Porque haverá homens amantes de si mesmos, avarentos, presunçosos, soberbos, blasfemos, desobedientes a pais e mães, ingratos, profanos, [3]Sem afeto natural,

irreconciliáveis, caluniadores, incontinentes, cruéis, sem amor para com os bons, ⁴Traidores, obstinados, orgulhosos, mais amigos dos deleites do que amigos de Deus, ⁵Tendo aparência de piedade, mas negando a eficácia dela. Destes afasta-te (2Tm 3,1-5).

Infidelidade geral
¹Mas o Espírito expressamente diz que nos últimos tempos apostatarão alguns da fé, dando ouvidos a espíritos enganadores e a doutrinas de demônios, ²pela hipocrisia de homens que falam mentiras, tendo cauterizada a sua própria consciência (1Tm 4,1-2).

O pregador coerente
²Convém, pois, que o bispo seja irrepreensível, marido de uma mulher, vigilante, sóbrio, honesto, hospitaleiro, apto para ensinar; [...] ⁶não neófito, para que, ensoberbecendo-se, não caia na condenação do diabo. ⁷Convém também que tenha bom testemunho dos que estão de fora, para que não caia em afronta, e no laço do diabo. ⁸Da mesma sorte os diáconos sejam honestos, não de língua dobre, não dados a muito vinho, não cobiçosos de torpe ganância; ⁹guardando o mistério da fé numa consciência pura (1Tm 3,2-9).

Costumes inaceitáveis para um cristão
¹⁸Porque do céu se manifesta a ira de Deus sobre toda a impiedade e injustiça dos homens, que detêm a verdade em injustiça. ¹⁹Porquanto o que de Deus se pode conhecer neles se manifesta, porque Deus lho manifestou. ²⁰Porque as suas coisas invisíveis, desde a criação do mundo, tanto o seu eterno poder, como a sua divindade, se entendem, e claramente se veem pelas coisas que estão criadas, para que eles fiquem inescusáveis. ²¹Porquanto, tendo conhecido a Deus, não o glorificaram como Deus, nem lhe deram graças, antes em seus discursos se desvaneceram, e o

seu coração insensato se obscureceu. ²²Dizendo-se sábios, tornaram-se loucos (Rm 1,18-22).

Condutas sexuais estranhas à fé cristã
²⁴Por isso também Deus os entregou às concupiscências de seus corações, à imundícia, para desonrarem seus corpos entre si; ²⁵pois mudaram a verdade de Deus em mentira, e honraram e serviram mais a criatura do que o Criador, que é bendito eternamente. Amém. ²⁶Por isso Deus os abandonou às paixões infames. Porque até as suas mulheres mudaram o uso natural, no contrário à natureza. ²⁷E, semelhantemente, também os homens, deixando o uso natural da mulher, se inflamaram em sua sensualidade uns para com os outros, homens com homens, cometendo torpeza e recebendo em si mesmos a recompensa que convinha ao seu erro. ²⁸E, como eles não se importaram de ter conhecimento de Deus, assim Deus os entregou a um sentimento perverso, para fazerem coisas que não convêm (Rm 1,24-28).

Degradação moral de toda uma época
²⁹Estando cheios de toda a iniquidade, prostituição, malícia, avareza, maldade; cheios de inveja, homicídio, contenda, engano, malignidade; ³⁰sendo murmuradores, detratores, aborrecedores de Deus, injuriadores, soberbos, presunçosos, inventores de males, desobedientes aos pais e às mães; ³¹néscios, infiéis nos contratos, sem afeição natural, irreconciliáveis, sem misericórdia (Rm 1,29-31).

A lei de Deus é para todos
⁸Mas a indignação e a ira aos que são contenciosos, desobedientes à verdade e obedientes à iniquidade; ⁹tribulação e angústia sobre toda a alma do homem que faz o mal; primeiramente do judeu e também do grego; ¹⁰Glória, porém, e honra e paz a qualquer que pratica o bem; primeiramente ao judeu e também ao grego; ¹¹porque, para com Deus, não há acepção de pessoas (Rm 2,8-11).

Nesses quesitos tem sido cada dia mais difícil dialogar. Os cristãos já não pensam do mesmo jeito sobre dinheiro, riqueza, lucro, sexualidade, família e relacionamentos. Mas quem lê os manuais de História da Fé e da Religião já sabe que tudo isso nem é novo nem é a última novidade. A fé que deveria orientar a sua época acaba desorientada por ela! O perene quase sempre cede ao transitório e ao efêmero. Computadores e celulares são um triste exemplo dessa verdade. Não duram mais de três anos. Os consumidores não resistem à mais nova oferta. Fenômeno semelhante ocorre com o marketing da fé. Não se corre atrás da pregação e, sim, da mais nova pregação e do mais novo pregador que oferece os mais novos milagres e as mais novas curas...

62. Espiritualidade conciliadora

Chego ao cerne deste livro.

Apaziguar é um dom que vem do céu. Do Concílio Ecumênico Vaticano II a maioria já ouviu falar. Nem todos, porém, entendem que se trata do ato de pessoas sentarem juntas para se aconselharem e decidirem juntas. Isso quer dizer conciliar. Há, pois, uma atitude e até mesmo uma espiritualidade conciliar que vive as propostas de algum concílio. E há também a espiritualidade conciliadora que é virtude dos que, ou se aproximam dos outros, ou vivem de aproximar as pessoas, para que resolvam seus problemas e façam as pazes.

Os pacificadores, os que vivem a serviço do diálogo, os que fazem de tudo para achar valores nos outros e descobrir as razões de cada pessoa, os que tentam relevar, perdoar, usar de misericórdia e, no ato de aplicar a justiça, esmeram-se na moderação, todos eles vivem uma espiritualidade conciliadora. São mediadores, aproximadores, suavizadores, apaziguadores. Nem por isso deixam de tomar suas posições firmes, se o caso exigir tal atitude.

Mãe conciliadora

Uma senhora serena e forte, mãe de seis filhos, fez exatamente isso. Tentadas todas as outras possibilidades para levar um filho rebelde e cruel que se alegrava em ferir os irmãos, recorreu ao silêncio. Calou-se diante dele. Não tinha mais palavras. Quando ele chegava, limitava-se a olhá-lo, tocar-lhe no rosto e depois ia cuidar de seus afazeres. Era diferente o tom com que falava a esse filho. Tinha deixado claro que um dia tomaria aquela atitude, caso ele prosseguisse na sua brutalidade diante dos irmãos. Foram meses até que ele, um dia, veio sozinho até ela e pediu uma chance. Ele tinha melhorado! Ela o fez prometer que nunca mais feriria os seus irmãos com aquelas palavras e atitudes cruéis. Assim aconteceu.

Justiça serena

Às vezes a espiritualidade conciliadora propõe atitudes de justiça e de severidade, sem ódio e sem crueldade. Mas a pessoa que abusa do espírito conciliador acaba sabendo por que a outra silenciou. Não é permissividade, nem fraqueza, nem um "tudo bem, tudo legal". É um aproximar-se de quem educa. Trato bem, mas não cedo. Nisso, não! Daqui você não passa!

Que os pais a busquem. Façam como os semáforos que permitem, alertam e proíbem! Agora, passa este, agora o outro e agora você! Administrar conflitos é dom de Deus. Caso não consiga, corra para um mosteiro, um santuário, um lugar de preces e ore ou peça orações e entregue a Deus a pessoa ou as pessoas em conflito. Há casos que só Deus consegue suavizar.

63. Um povo entre mil

Não sou judeu nem descendente. Remotamente talvez, por conta do sobrenome Oliveira. Sou cristão, portanto, herdeiro de significativa parte da espiritualidade dos judeus. Viemos do judaísmo, que, no dizer de João Paulo II, são nossos irmãos mais velhos. Em determinado trecho da jornada, um grupo de judeus acreditou ter achado o Messias (Jo 1,41) e seguiu Jesus de Nazaré, um judeu em quem viram o próprio Deus. Não é o que os daquele tempo pensavam nem é o que hoje o mundo pensa. Se Deus esteve aqui, não faz diferença para eles. Não são crentes nem religiosos! Vivem por outros parâmetros.

Outros judeus, maioria naquele tempo, continuaram esperando o Messias. Para eles Jesus não era o esperado. Ainda agora continuam a buscar o grande ungido. Para eles, Jesus foi um grande profeta, mas não era Deus. O fato de crer que o Messias já veio não me dá o direito de ignorar a riquíssima experiência deste povo do qual não descendo, mas que me marca, para onde quer que eu olhe. História, ciências, religião, conquistas e descobertas... leio, olho, procuro e... lá está um pouco ou alguém deles.

***

Poucos povos sofreram tanto a dor da fé quanto o povo hebreu. *Ever* pode ser traduzido como "nômade", sujeito que passa, peregrino, mas era também: o que barganha. *Ever* se torna *ivri* e *ivri* se torna *hebreu*. Seria esta a origem primeira dos hebreus, povo que se formou a partir do clã de *Avram:* pai de muitos. Mais tarde *Avraam*: pai de muitos-muitos. Tudo começou por volta de 1850 a 1800 a.C. Já se vão 39 séculos.

O clã saíra da Caldeia em busca de um lugar para viver e da chance de adorar em paz o seu deus que ainda não era visto como o único, mas estava acima dos outros deuses. Mais tarde, ele seria proclamado o único Deus que existe. Mas, para que essa crença se tornasse radical, levou tempo! O conceito de Deus único não veio de repente!

***

Naqueles séculos, quem quisesse prosperar ia para o Egito, que seriam os Estados Unidos ou a Austrália da época. Os hebreus no início não foram. Ficaram na sua terra pobre, como nômades, pastores. Não se misturavam. Ainda que imperfeita porque oscilante, a fé no seu Deus único e na sua vocação de povo especial incomodava os povos vizinhos e os outros nos quais mais tarde eles se inseririam e cujas leis aceitariam. Misturavam-se, desde que pudessem cultuar seu deus especial. Seu deus especial ainda não tinha um nome específico. Mas ele não era como os outros deuses, nem o povo hebreu era como os outros povos.

***

Abraão, Isaac, Jacó, seus doze filhos e os filhos desses filhos, mais as filhas, esposas e concubinas, formaram um povo teimoso, combativo, que não se dobrava e que vendia caro sua vida e sua liberdade. O inimigo poderia vencê-los e até subjugá-los, mas nunca desmantelá-los. Um hebreu não se dobrava. "Os filhos de Israel nunca se sentem sozinhos", diz uma belíssima canção do musical *Joseph and his amazing technicolour dream coat*, de Andrew Loid Weber e Tim Rice. Essa unidade os salvou através dos séculos.

Um dia ganharam um apelido: *Ish Ra El*. O novo nome veio para adjetivar o patriarca Jacó, de quem se conta que brigara uma noite inteira com um enviado desse Deus estranho (Gn 32,24). Jacó não se dobrou até que, ferido na coxa, sinal de derrota honrosa, não soltou o mensageiro sem que este lhe desse uma palavra boa (*benedictio*), uma bênção. Foi apelidado de "o homem (*Ish*) que lutou (*Ra*) com Deus (*el*)". "El" era o nome que davam ao Deus que adoravam. Significativamente tanto a palavra "israelitas" como "palestinos" podem ser traduzidas como *povo que luta por Deus*.

***

Foram séculos de formação. Um dia, bateram a seca e a fome. Foram para o Egito comprar alimentos. Lá, um dos seus mal--amados prosperara. O israelita José, que por ciúme fora vendido pelos próprios irmãos, tornara-se o primeiro ministro do rei. De escravo chegara ao segundo posto. O clã, perdoado e reconciliado, mudou-se para o Egito. Mas não era de se misturar com qualquer etnia. Cresceu e prosperou fazendo o que mais sabia: comércio! Estava enriquecendo. Então o rei o esmagou. Tratou-o como se trata o pão ázimo. Criou um povo ázimo. Estava frito e cozido, mas proibido de crescer. Em menos de cinquenta anos seria extinto. Esta era a ideia do faraó. Mas aí entra Moisés, o maior nome aceito pelo povo hebreu, já agora israelitas.

Livre do aborto e das águas

Moisés não poderia ter sido concebido. Deveria ter sido abortado, mas a mãe se negou a abortá-lo e a matá-lo. Confiou em "El" e o pôs num cestinho de junco. "El" o salvaria.

A história é belíssima, embora haja quem a negue. É bonita demais para ser verdadeira! Mas atravessou séculos! O menino foi encontrado por ninguém menos que uma das princesas do Egito, que não quis saber a origem do bebê. Era um rejeitado e ela queria um filho. Trouxe-o para o palácio e deu-lhe o nome de Mosheh, Moisés, salvo das águas. Aconteceu com ele o que aconteceria a milhões de crianças através dos tempos. Alguém as viabilizou.

***

O menino hebreu que a mãe não abortara cresceu como filho de princesa e com *status* de príncipe, não herdeiro, mas da nobreza. Mas cresceu sem saber da sua origem. Quando soube que sua irmã Maria o pusera num cesto, assumiu sua identidade, da mesma forma que José, o ex-escravo, assumira a sua. Hebreu ou israelita não nega sua origem. Como óleo em água, convive, mas não perde a identidade. Sacudido, vai para baixo. Em tempos de decantação, fica por cima.

***

Chegou o dia de Moisés ir para baixo. Sacudiu e foi sacudido. Ao ver um homem do seu povo ser torturado, não hesitou: matou o torturador. Sendo príncipe, não foi morto. Exilaram-no. No exílio, o *Salvo das Águas, Moisés,* voltou a ser pastor e nômade. Casou-se! Fez família.

Um dia "El" se manifestou a ele por sinais, como se manifestara seis séculos antes a seu ancestral Abraão ou Avraam. Moisés quis vê-lo várias vezes, mas uma vez "El" lhe falou entre o fogo da sarça que ardia mas não queimava, e outra vez só lhe deu um vislumbre. Submeteu-o a uma luz intensa que ele sentiu, enquanto se escondia numa rocha. Exposto demais àquela luz, ele morreria (Ex 33,20). Quis saber o verdadeiro nome de "El", já que ele era "Mosheh". E "El" lhe disse: "Eyhe Asher Eyhe" [Serei quem eu for sendo] (Ex 3,13-14).

Aquela linguagem de Javé, El, "aquele que é", soava provocadora. Era como se "El" dissesse: "Vai ter que me descobrir aos poucos".

Javé lhe deu mais sinais. Convencido de que El, agora chamado Javé, lhe falara, Moisés voltou para o Egito seguro de que aquele que seria quem fosse sendo, Javé, lhe daria os instrumentos necessários para libertar seu povo guerreiro de Deus, Ish-Ra--El. Voltou como guerrilheiro.

***

Ficou difícil para o Faraó, rei do Egito, segurar aquela gente que não se misturava e que, mesmo escrava, reagia com altivez.

A convivência entre patrão e escravo ficou insustentável. O tal Moisés suscitara a rebelião em cada lote onde havia trabalhadores judeus. Sentindo-se forte, Moisés foi lá e enfrentou o faraó. Exigiu o direito de sair com seu povo do Egito e de levar toda a riqueza que tinha, porque este seria o preço dos séculos de trabalho escravo. Secundou suas palavras com poderes mágicos. O rei cedeu, mas se arrependeu de haver cedido. Na briga de não magos contra magos, venceu Moisés. Mas perderia contra o Faraó. Assim, o Faraó deu uma contraordem para que Moisés fosse preso. Mas o povo já havia atravessado o Mar Vermelho.

***

A história, por muitos tida como lenda, diz que o mar voltou a encher-se rápido demais e o exército do Faraó se afogou. O povo de Is-ra-el agora era livre, mas apenas em parte. A liberdade custaria caro como custa toda e qualquer liberdade. É melhor do que a escravidão, mas tem seu preço! Tinha fugido para solo árido e, à medida que avançava, via mais deserto. A terra prometida não aparecia.

***

Dentre esse povo treinado para não se dobrar e hábil em guerrilhas e escaramuças, não tardaria a acontecer a divisão de seus líderes. Grupos dissidentes tentaram levar o povo de volta ao Egito, onde ao menos havia comida. Moisés descobriu que quem treina guerrilheiros mais cedo ou mais tarde terá que guerrear dentro de casa. Fidel, Chaves, Franco e outros também descobriram isso. Começou a repressão. Os exilados agora matavam e exilavam. Javé, é claro, estava com os libertadores, mesmo que faltasse comida na revolução! Foi e é a história do marxismo-leninismo e do maoísmo do século XX. Um dia haveria fartura. Naquele momento, porém, tinha que haver pobreza e disciplina. Quem se rebelasse morria! A comida precária mas suficiente acabou vindo em forma de maná e codornizes. E o sistema era socialista. Havia a ração diária e nada mais que isso.

Quarenta anos depois

Depois de vagar pelo deserto por quatro décadas, os israelitas acharam o vale prometido. Moisés não entrou. Foi punido por ter-se excedido na liderança e matado demais. Seu general, Josué, teve a honra de levar o povo à terra boa e dadivosa! Mas Josué também andou exagerando na violência! Depois dele, as tribos se dividiram. As brigas internas viraram massacres, estupros e latrocínios, como havia acontecido cerca de 700 anos antes no tempo de Jacó e seus filhos.

A era dos juízes

Agora mandavam os juízes e Israel não tinha um rei. As tribos atuavam como hordas de sem-terra querendo a terra dos outros. A de Dan não hesitou em massacrar o povo ordeiro de Laís para conseguir terra. Valia tudo para se chegar a um fim que lhe parecesse justo. E agradeceu a Deus pela graça do massacre seguido de saques e estupros.

Os guerreiros de Deus tinham se reduzido a isso. A história de Gedeão e Sansão merecem capítulo à parte. Eram arruaceiros, terroristas, que usavam a fé para seus caprichos. Havia gente boa em todas as tribos, mas na de Dan e de Benjamim a coisa escapou do controle. Tinham aderido ao banditismo em nome de Javé. Foram punidos pelas outras tribos.

Foi então que pediram ao bom e excelente juiz Samuel que lhes desse um rei. O excelente Samuel, cuja história mereceria vários livros, foi um exemplo de israelita sério, ponderado, justo, desprendido, religioso. Se vivesse hoje e fosse católico, seria declarado santo e venerado como São Samuel, juiz de direito.

***

Israel queria um rei

Samuel bem que avisou, mas as tribos não o ouviram. Queriam porque queriam um rei. Samuel insistiu que o rei custaria impostos, desviaria dinheiro para seu grupo e sua família, e, se não fosse justo, mataria, pegaria as melhores mulheres do povo e seria pior do que os reis invasores...

Teimaram! Então, ele sagrou Saul. Não deu outra! Saul era um psicopata e, além disso, deprimido, bipolar. Variava da ternura para o ódio em minutos. Samuel, que ainda tinha autoridade, ao ver os desmandos do bipolar Saul, apoiou o guerrilheiro Davi, que, na verdade, não queria matar o rei. Davi era amigo de Jônatas, filho de Saul. Teve chance de matar o rei desequilibrado e não o fez. Mas não teve jeito. Saul endoidou e partiu para o tudo ou nada. Morreu doido.

Davi foi sagrado rei e, entre um erro e outro, uma e outra morte selvagem, revelou-se e foi um bom rei. Chegou a mandar matar o general Urias para ficar com a esposa dele, a quem engravidara. Santo ele não era, mas assumiu seus pecados. Era músico, poeta e pensador. Pouco instruído mas inteligente, chegou a ter enorme popularidade, como a de alguns presidentes modernos, que sem muito estudo, mas com enorme carisma, chegam a alcançar mais de 80% de popularidade. Davi era o "cara" daqueles dias. Falou bobagens e fez bobagens, mas acertou mais do que errou. O país prosperou com ele. Diga-se em favor de Davi que se arrependeu do que fez e confessou. Voltou a ser humilde e bom.

O filhos de Davi

Davi se converteu, mas seus inúmeros filhos não eram "flor que se cheirasse". Roboão, Jeroboão, Salomão são os de maior destaque. Também "pintaram e bordaram". Jeroboão morreu enquanto caçava o pai, a fim de matá-lo... Salomão, filho de Bate-Sheba, uma das mulheres de Davi, o sucedeu no trono e uma das primeiras coisas que fez foi matar o meio-irmão Adonias, filho de outra mulher de Davi, Agite, e com ele muitos secretários e generais que tinham servido a seu pai.

Salomão, o marqueteiro

Tido como sábio e justo, Salomão foi um tremendo marqueteiro. Sabia-se vender como "o cara". Abusou das estatísticas. Todos os seus números eram superlativos. O "cara" era o máximo dos máximos. Nunca antes Israel tinha tido um rei como ele. Aliás, o mundo nunca tinha ninguém mais-mais do que ele. Aparentemente, a julgar pelos seus escribas e chefes da mídia daquele tempo, a humanidade se dividia entre antes e depois de Salomão. Ele até falara duas vezes cara a cara com Javé, e Javé achava que ele era "o cara"! Tudo marketing!

Escrevera mil poemas e canções, tinha mais de três mil pensamentos, tinha mil mulheres, fizera o maior templo, o maior palácio, tinha a maior cavalaria, tinha os maiores navios e os reis desfilavam para tê-lo por perto. Nunca ninguém tinha tanto quanto ele. Dizia que tinha visto Deus duas vezes e ele mesmo sentia-se um semideus.

Cercado de mulheres, súditos, ouro, poder e marketing, celebrado como culto, justo, sábio, morreu sem Javé e adorando Quemós, Astarte e os deuses de suas mulheres. O marketing que o conduziu foi o mesmo que o derrotou. Perdera a noção do limite. O midiático Salomão perdera a perspectiva.

Isaías e Jeremias

O reino se dividira em dois. Por volta do ano 750 a.C. em Judá, ao sul, um tal Isaías desandou a profetizar sobre Javé e seu povo. Na concepção de Isaías, Israel traíra Javé. Foi um dos maiores profetas de Israel. Dizem que foi assassinado porque suas profecias incomodavam os projetos e as alianças do rei.

Não foi diferente com Jeremias (650 a.C.) cem anos depois. Entrava e saía da prisão por condenar as alianças políticas do povo de Israel no já dividido reino de Judá e Israel.

Amós e Oseias

Por volta de 760 a.C., um profeta menor, mas de boca grande, desandou a dizer verdades contra Israel, o reino do Norte. Bateu de frente contra um reino e um rei em altíssima cotação. O rei era Jeroboão II. A economia ia de vento em popa. O ouro corria solto. A corrupção, também. As mulheres esbanjavam fortunas. A exportação ia bem. Quem ia ser louco de ir contra um rei com pelo menos 90% de aprovação? Só um louco faria oposição a um rei tão popular... A verdade é que os marqueteiros do rei escondiam os desmandos do palácio.

Jeroboão, depois do "marketeado" Salomão, era, também, o "cara". Se o país ia bem, por que falar contra ele? Pois não é que Amós, esse profeta colono, plantador de sicômoros e criador de ovelhas, se pôs a questionar aquele progresso! Dinheiro demais e violência e banditismo, mortes e latrocínios nas ruas e corrupção por toda parte. Ele não era profeta nem se dizia filho de profeta, mas não precisava ser para ver que o reino de Israel do Norte estava indo para o buraco. Insegurança, violência e corrupção seriam a causa da ruína.

No palácio ouviam-se palavrões quando alguém falava o nome de Amós. Aquele profetinha de nada queria o quê? Proibiram-no de pregar no templo de Betel. Estava atrapalhando, inclusive, a fé... Deram um fim nele e não se soube nada mais a respeito de Amós.

Oseias

Veio Oseias, que disse a mesma coisa e foi visto como louco, doido varrido. Ele também não cooperava. Acabou casando com uma prostituta, segundo ele, por ordem de Deus para que Israel visse o que andava fazendo. Mas estava drasticamente representando e mostrando no que seu povo se tornara: um povo que nadava em dinheiro, mas só fazia besteira. Não teve pena. Disse o que tinha que dizer. Mostrou os podres de uma nação que se tornara imoral e só pensava em dinheiro.

Em 622-621 a.C., os Assírios derrotaram Israel e levaram a elite e quem tinha algum poder para o exílio. Amós e Oseias estavam certos. Israel enchera os cofres e esvaziara as almas...

Desse povo veio Jesus. E a história dos cristãos não foi melhor do que a dos judeus. Bonita em alguns aspectos, triste em outros. A diferença é que os cristãos diziam crer que Deus se tornara homem. Mesmo assim não o seguiram.

Parte II
Sombras

64. Agredir em nome de Jesus

Segunda-feira de manhã, numa emissora de Goiânia... Eu e os jovens que comigo evangelizam ouvimos um locutor de um programa religioso que dizia: "Um bom-dia para você que crê em Jesus. Mas se você não crê em Deus, você não merece nem viver...". Triste exemplo de pregador despreparado. Outro exemplo corre pela internet: Fundador de Igreja pentecostal afirma: "Se Deus não existe, quem segura a Terra e não deixa ela cair no chão do universo? Expliquem essa, ateus!".

Afirmação sem fundamento científico algum e agressão injusta. Um cientista achará graça ante esta linha de argumentação.

***

É por atitudes como estas que tivemos os graves conflitos da Irlanda, que a Europa teve a guerra dos cem anos, e que ainda vemos crentes das mais diversas religiões incendiando os templos dos outros. Quem precisa estabelecer sua identidade pisando nas dos outros não entendeu Jesus. Ele nos quer sendo nós mesmos, mas aprendendo a viver com os valores dos outros. Ele é ele, eu sou eu e nós dois somos nós: diferentes, mas dispostos a caminhar juntos em tudo o que não ferir nossa identidade.

***

Religião não é como ônibus que a gente troca duas ou três vezes para chegar ao destino. Religião é como mãe que a gente não troca por outra. Quem trocou é porque não se achava filho daquela Igreja, ou porque deixou de achar. Que isso tenha nascido de escolha séria, porque assumir outra mãe só porque os filhos dela garantem vantagens acaba dando no que dá! Muitos crentes já estão na quarta Igreja. Na verdade, estão trocando de ônibus, de chofer, de cobrador e de mãe...

É muito mais fácil respeitar a mãe do outro do que a religião dele. Quando sabemos quem somos e porque cremos desse jeito, aprendemos a afirmar nosso cristianismo e eles o deles, sem perdermos nunca o respeito um pela maneira do outro. É possível discordar sem desrespeitar. Quem descobriu sua identidade sabe!

65. Crer sem ofender

Tenho em mãos um extenso artigo contra minha pessoa, cheio de ataques virulentos ao meu sacerdócio, por conta de minha disposição de ver valores nas outras religiões. Há anos que circula pela internet. É de um irmão católico, inteligentíssimo e aparentemente muito mais culto do que eu, que sabe onde estão meus eventuais erros ou imprecisões. Ele atira no alvo! Fala para ofender e realmente ofende.

Não deve ter lido e, se leu, não levou a sério o *Documento de Aparecida*, número 229. Não apenas polemiza: intencionalmente arrasa e desmonta o adversário. Não me demoliu nem desmontou porque há mais de quarenta anos ando aparando golpes como esses, mas irmãos menos versados em polêmicas e em apologética balançaram. É que existe uma apologética sadia e autêntica que faz a verdade na caridade (Ef 4,15) e há outra que começa, prossegue e termina golpeando o irmão ou adversário que pensa de outra forma.

***

Aquele irmão beligerante conhece a doutrina cristã nos seus mais intrincados detalhes. Rejeita o Vaticano II e os documentos do Celam. Não os considera doutrinários e não aceita sua autoridade. Chama de irenismo a toda e qualquer aproximação que ouse elogiar outras religiões. Numa das passagens virulentas, diz que fiquei famoso cantando musiquinhas ridículas e escrevendo sofismas absurdos; chama a nossa Igreja de única esposa de Cristo e às seitas, de concubinas do príncipe deste mundo. Garante que não sei distinguir entre a esposa e as prostitutas. Sustenta que o ecumenismo leva à perdição eterna.

***

Outro artigo, também este a circular pela internet, diz que nós, católicos, é que somos a prostituta e a traidora de Cristo e que a Igreja dele é a fiel. O autor também rejeita o ecumenismo como coisa diabólica. Um irmão da mesma Igreja, chocado com seu pregador, enviou-me o texto, com um pedido de desculpas, pois sentiu-se humilhado ao ver tanto ódio jogado na internet por um irmão que congrega com ele. Aproveitei para pedir desculpas pelo que também alguns católicos às vezes dizem sobre eles. Ele e eu somos cristãos ecumênicos; tentamos ser...

***

Leio João Paulo II na sua encíclica *Ut Unum Sint*, n. 20:

> Tudo isso é extremamente importante e de significado fundamental para a atividade ecumênica. Vê-se, de modo inequívoco, que o ecumenismo, o movimento a favor da unidade dos cristãos, não é só uma espécie de "apêndice" que se vem juntar à atividade tradicional da Igreja... Ao contrário, pertence organicamente à sua vida e ação, devendo, por conseguinte, permeá-la no seu todo e ser como que o fruto de uma árvore que cresce sadia e viçosa até alcançar o seu pleno desenvolvimento!

Leio, do Concílio Vaticano II, da declaração *Unitatis Redintegratio*, 7:

> Não há verdadeiro ecumenismo sem conversão interior. Os anseios de unidade nascem e amadurecem da renovação da mente, da abnegação de si mesmo e da libérrima efusão da caridade. Devemos, por isso, implorar ao Espírito santo a graça de uma sincera abnegação, de uma mansidão no servir, e uma atitude de fraterna generosidade para com os outros.
> Das culpas, também as contra a unidade, vale o testemunho de São João: "Se dissermos que não temos pecado, fazemo-lo de mentiroso e sua palavra não está em nós" (1Jo 1,10)". Por isso pedimos humildemente perdão a Deus e

aos irmãos separados, assim como também perdoamos aos que nos têm ofendido.

***

O Concílio lembra que não se faz ecumenismo de qualquer jeito. Ninguém deve inventar o próprio ecumenismo. Não é questão de ceder ou exigir que o outro ceda. É questão de dialogar e perdoar, porque, pecados, os há em todas as religiões. Digo a mim mesmo que, ou os papas e o Concílio Vaticano II erraram ao afirmar nossa fé, enquanto admitem valores em comum com outras igrejas e religiões, ou esses irmãos beligerantes e belicosos é que estão certos. Se o enfrentamento e o confronto é o certo, então teremos que rasgar os evangelhos. Aqueles quatro livros ensinam fraternidade e diálogo.

***

Releio o número 100 do *Documento de Aparecida*:

> Muitas vezes não é fácil o diálogo ecumênico com grupos cristãos que atacam a Igreja Católica com insistência.

E diz o número 230:

> Às vezes esquecemos que unidade é, antes de tudo, um dom do Espírito Santo e oramos pouco por esta intenção.

Leio que devemos e podemos discordar, e que temos o dever de fazê-lo se assim for preciso. Mas leio, também, que se o católico tem o direito de se defender não tem nunca o direito de ofender a outra Igreja.

66. Ecumenismo para católicos

Não posso querer ensinar meus amigos evangélicos a serem ecumênicos. Isto é dever dos seus pastores. Mas posso falar aos católicos sobre o que a Igreja ensina a este respeito. É certo que haverá quem discorde. Autor que tem medo de controvérsia não deve escrever. Se escrevo, é porque penso que, sobre estes assuntos, mesmo não fazendo parte de nenhuma comissão da nossa Igreja para o diálogo intereclesial, também tenho algo a dizer. Afinal, tenho falado a milhões de pessoas todos os dias. E sou ouvido por evangélicos e pentecostais que vão a meus shows, leem artigos, leem livros e ouvem minhas canções.

Se eles se aproximam de mim, deve ser porque eu também me aproximei deles. Reconheço que há teólogos e antropólogos com muito mais capacidade. E eles também estão falando. É bom que assim seja. Talvez, de escrito em escrito, e de conversa em conversa, cheguemos a mais denominadores comuns.

67. Catequese de aproximação

A Igreja o disse com clareza: ceder não convém, dialogar é preciso, mas permanecer duros e inflexíveis em todos os temas, sem sequer ouvir o que o outro tem a dizer, é manter a guerra até a rendição de um dos lados. Será este o desejo de Jesus? Dialogar ou subjugar? Sua pregação é a diabólica, de quem separa, ou a simbólica, de quem aproxima. É diastólica ou sistólica? Abre ou fecha válvulas e portas? Milhões escolheram a via da confrontação. Outros milhões buscaram e buscam a via do diálogo; aceitam eventuais discordâncias, mas não querem a discórdia. É ou não é possível discordar e, assim mesmo, dialogar? Não é o que fazem os bons pais no processo de formação de seus filhos? Não é o que fazem irmãos que se amam?

68. Crente católico

Numa loja de roupas uma senhora insistia perante a balconista que só os evangélicos são crentes. Segundo ela, católico não pode ser crente. Interferi. Lembrei-lhe de que sou crente católico. Não aceitou. Paguei a camisa e fui embora.

Um evangélico dirá que é crente evangélico por isso, mais isso mais aquilo. Até aí, nada mais natural. O erro está naquele que acrescenta: "Portanto, sou mais cristão, sou melhor filho, estou mais salvo e sou mais fiel do que você". Estabelecer identidade é uma coisa, agredir o outro é o oposto.

Não preciso apagar a estrela do outro para mostrar a grandeza da minha. Não preciso xingar nem diminuir a mãe do meu amigo ou vizinho, só porque acho a minha mais bonita e mais serena. E não preciso trocar de mãe, se já tenho uma e me dou bem com ela. Nem que não me desse bem, ainda assim, teria que aprender a lhe ser fiel. Mudar de Igreja pode até ser visto como fidelidade a Jesus, mas tem que ser algo muito bem pensado. Penso nos cristãos que mudam de Igreja como se muda de casa ou de roupa. Paulo levou anos se convertendo e a Igreja demorou a aceitá-lo. E ele achou justo (Gl 2,9; 1Cor 15,9).

***

A questão da identidade tem a ver com a fé no Espírito que nos inspira. Cremos que não nascemos por acaso da mãe que temos e não foi por acaso que fomos chamados a esta fé. Se é dom, foi dado a nós nesta Igreja. Outros irmãos de outras igrejas pensam o mesmo a respeito de seu chamado. Temos raízes e podemos frutificar na nossa própria Igreja. Para ser santo não é preciso mudar de Igreja, o que é preciso é mudar de vida. Saber quem somos, o que Deus espera de nós e o que podemos dar a

Deus neste caminho e nesta Igreja em que ele nos colocou é o que nos faz os cristãos que somos.

***

Quem quiser odiar, agredir e ofender sua Igreja-mãe porque ela não disse nem fez tudo o que ele esperava será como o filho que procura outra identidade e vai embora procurar outra mãe, porque aquela da qual ele nasceu lhe parece errada. É difícil crer que esse filho seja tão santo que possa trocar de mãe sem consequências. Isso mexe com a identidade.

69. Contra a fé do outro

Evangélicos demais

A história não é nada edificante. Pregadores que se diziam cristãos hospedaram-se, cinquenta deles, num hotel *resort*, cuja proprietária era católica. O líder deles, aguerrido combatente contra imagens, procurou-a para retirar os crucifixos dos quartos e, do restaurante, uma imagem de São Francisco.

Ela negou-se e propôs devolver o dinheiro. Não se desfaria do sinal pelo qual Jesus nos libertou, nem da lembrança de um cristão simples e pobre que seguiu Jesus em humildade e seriedade. Fizeram uma reunião no pátio e quarenta deles optaram por ficar. O que ela disse fazia sentido.

O líder e mais nove foram embora. Eram cristãos, mas não ficariam num hotel que ostentava o símbolo da derrota de Jesus. A esse ponto chega o fanatismo. Luz demais nos olhos faz o motorista sair da estrada. Eis um tipo de radicalismo que não tem nada de evangélico ou de cristão.

Católicos demais

Também não teve nada de católico a insistência de um grupo que, no início do *show* para o qual tinham sido convidados todos os cristãos da cidade, passeou com uma imagem de Maria pelo estádio. Foi atitude provocatória. Não era dia dedicado a Maria e a procissão não fora programada. Deveriam ter perguntado se eu aceitaria, já que tinham usado meu nome para atrair aquelas pessoas. O cartaz convidava todos os cristãos.

Mandei parar a procissão daqueles quinze devotos. Pedi desculpas aos irmãos de outra Igreja porque, se foram convidados, não deveríamos ostensivamente fazer um culto sobre o qual eles têm reticências. Também não aceitaríamos ser convidados para um encontro de irmãos de outra Igreja que começassem a pregar contra a Eucaristia.

Seria diferente se eles tivessem vindo sem convite. Mas, no ato de convidar, estava implícito que não adotaríamos algum culto que, por enquanto, ainda nos separa. Por ter parado a procissão, saí de lá com a pecha de ir contra Maria. Não o sou e meus escritos e canções o atestam. Mas sou contra impingir nossa devoção aos outros.

Fui censurado por pedir desculpas. Pedirei todas as vezes que algum católico usar de estratégia falaciosa para converter alguém. Está claro nos documentos da Igreja que não usaremos de meios ilícitos para divulgar a nossa fé.

70. Carta-resposta a um autoproclamado evangélico

A presente carta que circula há anos pela internet teve origem numa resposta que dei, numa coluna de revista, a um combativo pentecostal cheio de entusiasmo de neoconverso. Anos mais tarde, alguém a copiou e jogou na internet. O texto foi sofrendo sucessivas modificações alheias à minha vontade. Publico neste livro o texto original. A carta, de quatro páginas, trazia entre as duras acusações a passagem que motivou minha resposta:

> Maria não pode nada. Menos ainda as imagens dela, que vocês adoram. Sua Igreja continua idólatra. Já fui católico e, hoje, sou feliz porque só creio em Jesus. Você, com suas canções, é o maior propagador da idolatria Mariana. Converta-se enquanto é tempo, senão vai para o inferno com suas canções idólatras... (P. S., São Paulo-SP).

Ele não escreveu pela internet e não se expôs, por isso indico apenas as iniciais. Minha resposta teve o seguinte teor:

> São Paulo, 15 de outubro de 1992.
> Jovem P. S., cristão mais do que eu...
> Sua carta chega a ser cruel. Em quatro páginas você consegue mostrar o que um verdadeiro evangélico não pode ser. Seus irmãos mais instruídos na fé sentiriam vergonha de ler o que você disse em sua carta contra nós, católicos, e contra Maria, a mãe do Cristo que você diz conhecer mais do que eu.
> O irônico de tudo isso é que, enquanto você sai por aí, agredindo a mãe de Jesus e diminuindo o papel dela no cristianismo, um número enorme de evangélicos fala dela,

hoje, com maior carinho e começa a compreender a devoção dos católicos por ela.

Você pegou o bonde atrasado e na hora errada, e deve ter ouvido os pastores errados, porque, entre os evangélicos, tanto como entre nós católicos, Maria é vista como a primeira cristã, e a figura mais expressiva da evangelização depois de Jesus. Eles sabem da presença firme e fiel de Maria ao lado do filho divino.

Evangélico hoje, meu caro, é alguém que pautou sua vida pelos evangelhos e, por ser um bom evangélico, não precisa agredir nem os católicos nem a Mãe de Jesus. Você é muito mais antimariano do que cristão ou evangélico. Seu negócio é agredir Maria e os católicos. Nem os bons evangélicos querem gente como você no meio deles.

Quanto ao que você afirma: que nós adoramos Maria, sinto pena de você... Enquanto católico em Santo André, segundo você afirma, já não sabia quase nada de Bíblia por culpa da nossa Igreja, agora que virou evangélico parece que sabe menos ainda de Bíblia, de Jesus, de Deus e do Reino dos céus. Você regrediu...

Está confundindo culto de veneração com culto de adoração, está caluniando quem tem imagens de Maria em casa, ao acusá-lo de idólatra. Ora, P., há milhões de católicos que usam das imagens e sinais do catolicismo de maneira serena e inteligente. Se você usava errado, teria que aprender.

Ao invés disso foi para outra Igreja aprender a decidir quem vai para o céu e quem vai para o inferno. Tornou-se juiz da fé dos outros. Deu um salto gigantesco em seis meses: de católico tornou-se evangélico, pregador de sua Igreja e já se coloca como a quarta pessoa da Santíssima Trindade, porque está decidindo quem vai para o céu e quem vai para o inferno. Mais uns dois anos e, talvez, dê um golpe de estado no céu e se torne a primeira pessoa da Santíssima Trindade...

Então, talvez, mande Deus avisar quem você vai pôr no céu e no inferno... Sua carta é pretensiosa. Sugiro que estude mais evangelismo e, em poucos anos, estará escrevendo cartas bem mais fraternas e bem mais serenas do que esta. Desejo de todo o coração que você encontre bons pastores evangélicos. Há muitíssimos homens de Deus nas igrejas evangélicas que ensinarão a você como ser um bom cristão e como respeitar a religião dos outros. Isso, você parece que perdeu quando deixou de ser católico. Era um direito que você tinha: procurar sua paz. Mas parece que não a encontrou ainda, a julgar pela agressividade de suas palavras.

Quanto a Maria, nenhum problema. Ela é excelente caminho para Jesus. Até porque, quem está perto de Maria nunca está longe de Jesus. Ela nunca se afastou dele. Tire isso por você mesmo! Se você se deu ao trabalho de me escrever uma carta para me levar a Jesus, e se acha capaz disso, imagine, então, o poder da mãe de Deus que, ao contrário do que talvez lhe ensinem, não está dormindo! Ou você acha que Jesus até agora não conseguiu levar nem mesmo a mãe dele para o céu? O sangue dele tem ou não tem poder? Não cantam isso na sua nova Igreja?

De Jesus ela entende mais do que você. Ou, inebriado com a nova fé, você se acha mais capaz do que ela? Se você pode sair por aí escrevendo cartas para aproximar as pessoas de Jesus, Maria pode milhões de vezes mais com sua prece de mãe. Ela já está no céu e você ainda está aqui apontando o dedo contra os outros e decidindo quem vai ou quem não vai para lá.

Grato por sua carta. Mostrou-me por que devo lutar pela compreensão entre as igrejas. É por causa de gente como você.

Pe. Zezinho, scj

71. Estudar a nossa e a fé dos outros

Estudar a fé do outro é o único jeito de não pecar por fanatismo e orgulho. Neste exato momento tenho sobre minha mesa os seguintes livros: *A Igreja das Revoluções, O Século do Espírito Santo, Dicionário Ilustrado dos Intérpretes da Fé, Uma História de Deus, Em Nome de Deus, Em Defesa de Deus, Os Judeus, o Dinheiro e o Mundo, História da Teologia Cristã, Tutto sulle Religioni*. Karen Armstrong, Roger Olsen, Justo Gonzales, Vinson Synan, Jacques Attali, De Agostini são autores que nos colocam diante de outras igrejas. Manuseio também a encíclica *Ut Unum Sint*, que numa de suas passagens diz aos católicos:

> Cheia de esperança, a Igreja Católica assume o empenho ecumênico como um imperativo da consciência cristã iluminada pela fé e guiada pela caridade (UUS-8).

> Elementos de santificação e de verdade presentes nas outras comunidades cristãs, em grau variável de uma para outra, constituem a base objetiva da comunhão, ainda imperfeita, que existe entre elas e a Igreja Católica (UUS-11).

Para desconforto dos que sempre argumentam apoiados em concílios de séculos atrás que "fora da Igreja não há salvação", o Concílio Vaticano e os Papas Paulo VI e João Paulo II admitem que outras igrejas têm elementos capazes de dar santos ao mundo porque possuem suficiente verdade e santidade para transmitir aos seus fiéis...

***

Os Estudos da CNBB, documento 21, intitulado *Guia ecumênico* é um excelente roteiro para o católico que deseja conhecer sem preconceito as outras igrejas e os outros movimentos de fé no Brasil.

***

Descobriremos, em alguns casos, que temos 90 a 95% de doutrinas em comum e aprenderemos a administrar os 5% a 10% de diferenças aparentemente irreconciliáveis. Pecou gravemente contra a Igreja Católica, ignorando a *Unitatis Redintegratio* do Vaticano II e a *Ut Unum Sint* de João Paulo II, o pregador católico que disse: "Ecumenismo para mim é abrir as portas do nosso templo e oferecer aos outros não fiéis a chance de se converterem".

Arrancou aplausos da sua assembleia cativa, mas 99% dos bispos não o aplaudiriam. Nossa Igreja prega para os outros, mas também os ouve, mesmo sem concordar com tudo o que dizem.

72. Ecumenismo e entreguismo

Tome o leitor a sua Bíblia e, se gosta de tira-teimas, com um marca-texto amarelo assinale os trechos sobre quais católicos, ortodoxos e evangélicos divergem. Perceberá por que devemos nos encontrar em espírito de *oikia*. Se chegar a tanto, não será 5% daquele livro. Penso até que não chegue a 2%. Na Palavra de Deus há muito mais o que nos une do que aquilo que nos separa.

Se soubermos dialogar sobre o que nos une e, respeitosamente, discordar sobre o que nos separa, administrando fraternalmente essas diferenças, teremos alguma chance aqui e depois. É de caridade que estamos a falar. Se quisermos ofender e diminuir os outros por causa das diferenças, a chance é a de que, em nome da verdade mais verdadeira, criemos um inferno ao nosso redor. E isso tem acontecido em todas as igrejas por parte de alguns fiéis mais aguerridos.

Temos e devemos ter o direito de não pensar nem orar do mesmo jeito nem com as mesmas palavras. Num mesmo jardim há frutos e flores diferentes. Não é tudo a mesma coisa, mas um bom hortifrutigranjeiro ou jardineiro sabe o que fazer com elas. Só quem não entende de flores e de frutos negará o valor de cada qual. Talvez queira só rosas e só laranjas no seu quintal. É seu direito, mas não terá entendido o porquê das diferenças.

Diferenças ou divergências?

Uma casa de boa família terá diferenças que, nem por isso, impedirão pais, filhos, irmãos e parentes de se respeitarem. Não dá certo o lar onde um quer saber mais e mandar mais do que o outro; onde sempre se impõe a própria visão da verdade, onde os mais velhos e os mais novos não são respeitados. Família que é família dialoga. Não dá certo uma vizinhança em que um se acha mais do que o outro e só vê defeitos nas famílias ao lado. Ali não pode haver *oikumene*. Isso de ver só anjos do nosso lado e só demônios do outro é uma das piores maneiras de viver em sociedade.

Está em livros e na internet a campanha pró e contra o ecumenismo. Que alguém não queira tal aproximação pode-se até admitir, embora entre nós católicos tenha ficado mais do que claro em documentos e encíclicas que já citei que, pelo menos nós, católicos, não devemos fugir desse diálogo. Relembro que o *Documento de Aparecida*, nn. 229 e 230, afirma que "se deve reabilitar a autêntica apologética que não tem por que ser negativa ou meramente defensiva *per se*. A unidade é dom do Espírito Santo e devemos pedi-la".

***

Não falta, contudo, crueldade a alguns que nos chamam de entreguistas e irenistas, e nos acusam de sacrificar verdades e doutrinas para nos sairmos bem perante todos. Rejeitando todo e qualquer ato de ecumenismo, tentam provar que eles, os aguerridos não ecumênicos, estão certos e nós, que nos encontramos em diálogo, somos errados.

Não entendem que é possível dialogar sobre todos os temas, concordando ou discordando sobre aqueles em que haja divergências. O papa o faz, os bispos o fazem e, todos, devemos fazê--lo. Mas para isso será preciso conhecer melhor a Bíblia e nosso catecismo. Não se envia qualquer um, nem se deve ir de qualquer jeito a esses encontros. Vai quem já mostrou que tem convicções, mas respeita as diferenças.

Dialogar não significa ceder, nem perder. Até porque, diabólico é o gesto de quem separa e angélico o de quem leva mensagens. A paz depende da atitude da reconciliação e de, se preciso, deixar para depois dela a oferta ao pé do altar (Mt 5,23-24). Não é frase de um modernista demolidor da fé. Em Mateus afirma-se que foi Jesus quem a proferiu!

73. Mudaram de Igreja

Não concordaram, acharam que deviam mudar, pois na outra Igreja a fé parecia melhor e mais clara. Então, foram orar lá. Deixaram de ser católicos. Continuamos amigos, mas agora não oramos mais do mesmo jeito, nem pensamos do mesmo jeito sobre Deus, sobre Jesus, sobre os santos, sobre a vida e sobre a morte.

Eles acham que acharam lá e eu acho que achei aqui. Precisaram cavar num outro terreno e num outro buraco para achar sua pedra preciosa. Tive mais sorte. Achei a minha aqui mesmo. Poderíamos discutir sobre a qualidade da minha pedra e da deles. Mas receio que discutiríamos toda uma eternidade e à toa. O importante é o valor que a pedra dele tem para ele e não para os outros e o que a minha tem para mim e não para os outros.

Lentes e miopia

Insisto e volto sempre ao fato de que não posso impor minhas lentes para a miopia dos outros. Minhas lentes curam minha miopia, mas não a deles. Necessitamos de graus diferentes. Eu não lhes receito meus óculos e eles não me receitam os deles. Mas ambos, pelo jeito, estamos vendo melhor, de ângulos diferentes da fé, a mesma luz. Não perco tempo discutindo quem vê mais. Eu vejo e gosto do que vejo. Ele vê e gosta do que vê.

Se ele tentar discutir, dar-lhe-ei um abraço e não entrarei na dele. Não fiquei cristão para discutir a minha fé, mas para difundi-la e dialogar sobre ela. Sou como aquele garimpeiro que encontrou um amigo de garimpo. Encantado com a pedra que achara, quis levar o amigo para o seu buraco. Ao que o velho garimpeiro retrucou:

– Que bom que você achou a sua grande pedra lá no seu buraco. Não leve a mal, se eu fico aqui. É que já tenho a minha pedra preciosa. Se todo mundo for lá para o seu buraco, muitas pedras preciosas deixarão de ser encontradas porque o seu buraco não tem todas as pedras deste garimpo. Não confunda sua pedra nem seu buraco com o garimpo.

Respeito quem mudou de Igreja e se achou melhor lá. Espero que ele me respeite por eu gostar de estar onde estou. Seria admirável se quem ficou respeitasse quem foi e se quem foi respeitasse quem ficou! Eu não tenho mágoas contra quem deixou o catolicismo. Minha mágoa é contra os que foram nos agredir do lado de lá. Sinal de que, de fato, nunca se converteram! Trocaram de aro, mas não acertaram nas lentes.

74. Instrumentalizadores

Quando ela precisou de apoio para casar, procurou o padre católico e casou-se no catolicismo. Em poucos anos levara toda a sua família de volta para a Igreja da qual viera. Tinha pureza de intenção, ou casou-se no católico porque senão ele não se casaria?

***

Ele disse que só se casaria com ela na Igreja dele, mas ela poderia ser católica. Ela explicou que não poderia se juntar com alguém sem matrimônio. Além disso, nossa Igreja não considera casamento, quando alguém já se casa contando com eventualidade de separar-se. Ele disse que, ou era casamento na Igreja dele, ou não haveria casamento. Ela adiou o quanto pôde. Finalmente cedeu e acreditou que poderia continuar católica, embora tivesse casado apenas na Igreja dele.

Cinco anos depois, estavam separados. Não aguentou a pressão do marido e dos parentes dele. Tinha que ir ao culto pentecostal com ele, mas ele não admitia vir ao culto católico com ela. Perdeu a paz. Não se viu respeitada no que tinha de mais caro: sua herança católica. Ele sentia-se senhor até da fé da esposa.

Agora, ela namora um homem ainda jovem, da idade dela, católico, viúvo, pai de uma filha. Sente-se respeitada. Este dialoga! Cenas do antiecumenismo cotidiano!

75. Religião de caolho

No meu tempo de menino, impressionava a visão de um senhor que só via com um dos olhos. Usava óculos, mas vendava uma das lentes com um pano escuro. As crianças o chamavam de "Seu Pirata". Ele ria e explicava que seu olho direito não suportava luz. Via tudo só por um lado.

No caso dele, o problema era físico e ele usava um olho só, mas contra a vontade. Queria ver com os dois, mas não podia. Mas há um tipo de pessoa que vê tudo com um só olho, porque resolveu enxergar a vida apenas por um lado. É o caso dos estrábicos de alma. Enxergam tudo distorcido, tudo por um só lado e tudo só com as lentes deles. São os fanatizados pela ideia da religião única e verdadeira que, por acaso, só pode ser a deles. Imagine se eles seriam capazes de tamanho erro!

Se escolheram a Igreja na qual congregam, é porque ela é a única certa. Eles jamais errariam, nem o Espírito Santo os deixaria errar. Portanto, se Deus os levou para aquela Igreja, é porque Deus os queria no lugar mais perfeito da terra. Por isso é que não perdem ocasião para levar os outros para lá, condenar os erros das outras religiões e justificar ou negar os da sua. Os outros erram, mas, quando se acusa a Igreja deles, alegam perseguição e calúnia. Lá, simplesmente não se erra, porque Deus está dando todas as suas graças ao mundo através do grupo deles. O sol só brilha lá. Noutros lugares ele brilhava, mas não brilha mais porque os fiéis das outras religiões ou nunca conheceram a verdade, ou a traíram com práticas impuras e contrárias ao livro santo...

Visão canhestra

Sua visão é tão estranhamente sectária e canhestra que, se os outros usam Santa Ceia, água, óleo, pães, luzes, procissões, símbolos, tudo é visto como errado ou mal usado. Mas quando eles usam óleo santo, água abençoada pelo rádio, pão santo, marchas para Cristo, cores e luzes, então pode, porque eles sabem usar. São os novos santos, que declaram abertamente ocupar o lugar dos outros, porque os outros, se já foram, deixaram de ser santos, enquanto eles estão cada dia mais santos. Igreja é a deles, mesmo que tenha só dois milhões de adeptos. A dos outros, mesmo que tenha novecentos milhões, é falsa.

Barco é o deles, mesmo que tenha só dez metros; os grandes navios dos outros afundarão, porque há esta, mais esta, mais esta passagem da Bíblia que garantem que a verdade está com eles. Deus vai abençoá-los cada dia mais e vai castigar e punir os pecadores. Esse dia virá, mas os da Igreja deles serão poupados. Eles já são vitoriosos e estão salvos em Jesus, porque o aceitaram. Os outros, ainda não, porque não leem a Bíblia, nem oram como eles. Os outros estão perdendo e perderão, porque Jesus escolheu a eles para conhecer a anunciar a verdade verdadeira.

Religião de caolho

Eu chamo a isso de religião de caolho. Existe esse tipo de fiel entre os católicos e entre evangélicos e pentecostais. É difícil dialogar com eles. Não descem do seu pedestal de escolhidos. Vivem do princípio de que eles são mais e os outros são menos. Está lá na Bíblia, na deles, é claro! Os outros, ou não leram, ou não conhecem, ou interpretam diferente.

Não deixa de ser um tipo de cegueira. Só que é voluntária. Não leem nada dos outros, mas os outros devem ler os seus livros e revistas. Não pegam nada dos outros, mas vivem oferecendo suas revistas e jornais à vizinhança. Colocam suas músicas cristãs bem alto e a vizinhança tem que ouvir. Se o vizinho põe música de outra Igreja, reclamam. E não falta o técnico ou dono de loja que não perde a chance de fazer os clientes ouvirem a emissora da sua Igreja, enquanto ficam na sala de espera.

Óculos de apenas uma lente

Olham o mundo com apenas uma lente, mas insistem com os outros para que vejam o que eles viram. Parecem o oculista enlouquecido que só receitava um tipo de óculos com um tipo de grau para qualquer pessoa, por acaso, os dele. Se ele via tudo tão bem com aqueles óculos, porque os outros não veriam? O fanatismo produz esse tipo de loucura. Cuidado com esses pregadores! Olham só para um lado e vivem acusando os outros de não fazerem o mesmo que eles fazem. Bastaria que se sentissem eleitos, mas insistem em dizer que são mais eleitos do que os outros.

76. Pregação ecumênica

Já vi piedosos católicos torcerem o nariz ao saberem que falei numa Igreja pentecostal, numa Igreja batista, numa presbiteriana, e que fui lá. Só não perguntaram se fui com a licença do bispo, se fui em meu nome ou em nome da nossa Igreja, nem quiseram saber o que ouvi e o que eu disse.

Ficaram horrorizados quando eu disse que na Itália também pregara numa das "igrejas irmãs". Há uma diferença quando digo que: 1º) preguei para irmãos de outras igrejas; e 2º) preguei para igrejas irmãs. Os pentecostais não nos consideram Igreja-irmã nem nós a eles porque nossa visão teológica e pastoral difere muito. Mas trato-os como irmãos. São nossos irmãos em Cristo, mas nossas igrejas não são irmãs. Ênfases e práticas nos distanciam como igrejas.

Este assunto será sempre fonte de controvérsia. As igrejas se proclamam e se proclamarão Igrejas de Cristo e nós, católicos, que viemos de longe, sem ofendê-los diremos que somos a Igreja de Cristo. Nem nós podemos varrê-los para debaixo do tapete da História e muito menos eles a nós. Por mais que alguém se esforce, não conseguirá apagar uma história cheia de marcas.

Recentemente um pregador, magoado comigo porque chamei sua atenção por conta de uma de suas afirmações na mídia, deu-me o troco apagando minha história. Citou os dez compositores que mais influenciaram a música católica no Brasil e ignorou meu nome. Quis apagar meus 50 anos de militância neste campo. Seus próprios colegas disseram que aquilo só podia ser intencional. Acontece o mesmo com relação a escritores, futebolistas, atores e igrejas. De vez em quando aparece alguém querendo apagar a história da Igreja Católica no mundo e no Brasil! Não se deve apagar a histórias das outras igrejas, mas soa estranho falar em cristãos brasileiros e excluir os católicos. Soa sectário.

***

A maturidade nos deve levar ao respeito: posso declarar que a Igreja Católica é a Igreja de Cristo sem jogar no rosto dos outros irmãos em Cristo que a Igreja deles não está com nada ou que é do demônio. Posso proclamar que eu jamais trocaria de mãe sem diminuir a mãe dos outros.

***

Disseram-me alguns irmãos mais radicais que eu não tinha o direito de chamar de Igreja uma denominação não católica. Se tivessem lido os documentos oficiais da nossa Igreja e os estudos da fé no Brasil, descobririam no verbete Igrejas-Irmãs, do Guia Ecumênico, a explicação sobre Igreja Católica Universal, Igreja Católica Particular e saberiam que consideramos igrejas-irmãs também as não católicas que conservam episcopado e Eucaristia válida.

Alguns irmãos pouco ou muito antiecumênicos acham um crime um bom filho de mãe santa e pecadora elogiar a mãe do outro, que também é santa e pecadora. Acham perigoso e pecaminoso elogiar a laranjeira do quintal dos outros. De repente as pessoas vão querer comprar as laranjas dos outros e não as nossas...

Mas isto é comércio e marketing, e não fé. A fé supõe verdade e caridade. Não tenho por que trocar de mãe, mas se a mãe do outro é boa, falarei bem dela. É mais do que questão de ecumenismo: é questão de honestidade e boa educação.

O respeito aos ateus

Eu descascava uma laranja de casca fina e meu amigo ateu uma de casca grossa. Eu afirmo que Deus criou os minerais, os vegetais, os animais e os humanos, e para alimentar as plantas criou o que as alimenta. Para alimentar os animais, desde o menor ao maior deles, criou uma cadeia de alimentos. No caso da laranja que serve de alimento para humanos e animais, e, quando apodrecem, para vermes, dotou-a de proteção que lhe permita durar mais tempo na intempérie.

Falávamos disso quando ele expos sua teoria da adaptabilidade dos seres. Ironicamente lembrou-me de que de religião e de fé eu entendo, mas de biologia entende ele. Não temos que recorrer a Deus ou a um ser mais inteligente e anterior ao homem para explicar estas cascas de laranja. Deixei que ele falasse, biólogo que é.

Após vinte minutos, deu-se por satisfeito. Fez-me ver que recorro à explicação "Deus" porque não sei biologia!... Soltei aquele riso curto e irônico de amigo e perguntei:

– Já lhe ocorreu que você recorreu à teoria das mutações da adaptabilidade porque não consegue aceitar que alguém mais cientista do que vocês cientistas tenha criado os alimentos que preservam suas vidas para que vocês possam negá-lo?

Mudou o discurso:

– E se Deus não existisse?

Arrematei:

– Então eu aceitaria sua teoria. Mas e se ele existisse? Vocês já inventaram tantas coisas! Por que o maior dos inventores não seria capaz de inventar laranjas de casca fina e de casca grossa com os mais diversos sabores?

Rimos porque nesse tipo de discussão ninguém vence nem convence. Cada qual finca sua estaca e em geral gira em torno dela... Ainda bem que sabemos rir de nós mesmos e um do outro!

77. Católicos não ecumênicos

> Quando menino, aos 10 anos, não sei por que cargas d'água, neguei-me a ser beijado pela mãe do meu amigo e virei o rosto para outro lado. Até hoje não sei por que fiz aquilo, posto que era uma senhora gentil e o filho dela era meu amigo.
> Minha mãe prontamente me corrigiu e exigiu que eu a cumprimentasse e aceitasse o beijo dela. Mais tarde, aquele gesto de minha mãe me ajudou a entender por que devemos respeitar Maria, a mãe de Jesus e por que devo respeitar a Igreja-mãe dos outros, mesmo que discorde do que eles ensinam.
> Na verdade tenho quatro mães: Dona Divina, a que me gerou e me deu à luz, a mãe Terra, a mãe Maria de Jesus Cristo e a mãe Igreja. E há uma quinta mãe que preciso respeitar, mesmo que discorde dela em alguns pontos: É a mãe Igreja dos outros...

Quando irmãos e irmãs de outra Igreja sugerem que eu aceite a deles como mãe, respondo que minha mãe é ótima e a deles também, mas não estou procurando outro lar nem outra mãe. Poderemos ser irmãos tendo mães-igrejas diferentes. Alguns entendem, outros, não. Lembram o sujeito que acha estranho que seu interlocutor nunca tenha experimentado licor de marolo nem sequer saiba do que se trata. E daí, se ele também não conhece nem jamais provou licor de lizitambra e também não sabe do que se trata?

Meninos imaturos são capazes de brigar por seu marolo e por sua lizitambra sem deixar que o outro descreva, a modo seu, o gosto que sente. Uma das coisas mais difíceis do mundo é explicar o gosto de uma fruta que o outro nunca provou nem tem ideia do que seja. É bem mais fácil quando ambos chegam a um acordo porque conhecem sabores parecidos. É a semelhança que pode nos aproximar. Sucede o mesmo com as nossas experiências de Deus. Se não deixarmos que o outro fale, pareceremos os dois meninos que brigam por conta do marolo e da lizitambra.

78. Reciprocidade

Dias atrás, numa loja de roupas, eu conversava com uma piedosa senhora evangélica apaixonada pela sua Igreja. Achei bonito. Mas quando me mostrei apaixonado pela minha, ela não achou tão bonito. Falara dez minutos dos seus sábios escritores e cantores. Assim que comecei a falar dos da minha Igreja, ela me interrompeu e voltou a falar dos seus escritores e cantores e suas lindas canções.

Percebi que ela não queria diálogo. Queria me levar a ler seus autores e ouvir suas canções. O ecumenismo tem esses limites. Quando deixo o outro mostrar as belezas de sua Igreja, mas ele não me deixa mostrar as belezas da minha, sei que com tal pessoa não é possível ser ecumênico. Não é porque não quero. É que ela não deixa! Lembra as meninas que falam dos respectivos namorados e uma não ouve a outra, porque a felicidade da outra não importa. E como a outra poderia ser feliz se não tem o melhor namorado do mundo? Se o dela já é o máximo, como o da outra poderia ser o máximo?

***

Crianças discutem dizendo: "Meu pai é mais rico do que o seu, meu pai é mais inteligente que o seu, meu pai é mais forte do que o seu". Crentes não ecumênicos dizem: "Nossa Igreja é mais fiel do que a deles. Nossa Igreja é mais santa do que a deles. Nossa Igreja é muito mais verdadeira!". Está aí algo que nunca deveria ser dito, ainda que assim pensássemos. Seria como primos a brigarem por suas mães que, por sinal, são irmãs. Já sabemos o que elas diriam a respeito dessa disputa infantil. Os maduros sabem cada qual a mãe que têm e o valor da mãe do outro!

***

Em determinados casos é difícil levar o diálogo adiante. Há irmãos que não aceitam falar e ouvir. Conjugam o verbo converter com tanto radicalismo que omitem o verbo dialogar. Mas, graças ao bom Deus, posso dizer que a grande maioria dos que conheço fala e ouve. Tenho tomado o cuidado de não feri-los com minhas convicções. Apresento-as com gentileza. Noto que fazem o mesmo. Sei que discordam da Igreja onde comungo, mas por respeito a mim e a nós, católicos, são fraternos e gentis. Nós, também, para com eles.

Acredito em atitudes ecumênicas. Se divergimos em 5%, por que acentuar as divergências, quando temos 95% em comum? Não fujo delas, mas não lhes dou prioridade. Concordo com os que dizem que é mais o que nos une do que aquilo que nos separa. Vivo isso todos os dias.

79. A doce e suave fiel

A doce senhora convertida, dona de uma padaria, afirmava, em voz alta, diante de várias pessoas, que não entendia como alguém podia duvidar de Jesus e ser ateu. Passou uma senhora com uma criança e pediu ajuda. Havia uma gôndola de pães à sua frente. A dona fez que não era com ela. Despachou-a.

Um senhor chamou a mulher e disse, também em voz alta: "Dê a ela quantos pães ela quiser levar, que eu pago!". A mulher levou cinco pães franceses acrescidos de mortadela. Terminada a operação, disse ele: "Eu não creio em Deus, mas se Ele existir, faço mais por Ele do que a senhora. O que eu não consigo entender é como alguém que anuncia Jesus e faz mais de 5 mil pães por dia, não pode dar um deles a uma mãe com sua criança!".

**

Quando o assunto é religião, fiéis serenos e verdadeiramente bons, de todas as religiões, gente boa e maravilhosa, conseguem ver Deus amando, inspirando e agindo nos outros. Mas há os que gostam de ver e combater demônios. Gostam tanto que até os criam. Parecem ter o demônio na alma, tal a dureza com que tratam quem não crê do jeito deles. Afaste-se desses religiosos!

Quem vê o demônio por toda parte, principalmente nos outros, talvez o tenha na retina. Cuidado com eles! Aproxime-se dos que gastam mais tempo anunciando o diálogo em Cristo. Estes realmente encontraram verdade suficiente para continuar a sua procura. Agem como garimpeiros do infinito. Sabem que naquele veio pode vir mais ouro.

80. Fé e pragmatismo

Muitos crentes, em todas as religiões, seguros de si, agem vaidosamente como os únicos certos, forçam a barra, impõem, mentem, espalham preconceito. Não querem conversa, sentem-se mais eleitos e mais fiéis; puxam marido, esposa e até familiares para sua nova fé. Picham os outros, diminuem os números e o bem que os outros fizeram; aumentam suas estatísticas para além da realidade, engrandecem os seus números e os seus feitos. Dão um jeito de esconder seus defeitos e espalhar suas virtudes, mas ressaltam e espalham os defeitos alheios e escondem as virtudes da outra religião. Seus fiéis não podem saber do lado bom de quem não crê como eles creem. Não conseguem dar glória a Deus pela luz que brilha no templo dos outros.

Condenaram a imagem

É interessante perceber quanto alguns pregadores religiosos são dramáticos e pragmáticos. Na maioria dos casos a doutrina se adapta à necessidade número um que eles têm, que é a de conseguir novos adeptos. A doutrina pode até ser rígida, mas, depois, os bancos vazios, a falta de verba, a falta de fiéis os levam a adaptar a sua comunicação à necessidade de crescer. Os que ontem proibiam o uso de imagens, por considerá-las idolátricas, hoje, com o advento da mídia e da televisão, não só divulgam suas próprias fotografias em tamanho gigante à entrada de seus templos, como não hesitam em mostrar uma imagem de Jesus Cristo ou alguém vestido de Jesus Cristo para anunciar a sua doutrina.

Aderiram à imagem

Aderiram à imagem, na era da imagem. O que ontem parecia idolatria, hoje já não é mais visto como tal, porque é impossível escapar à era da imagem. Então, o que para eles era um dogma: "Não farás e não mostrarás imagens" (Lv 19,4;26,1) deixa de ser um dogma. Fazem e mostram pinturas e imagens móveis na televisão. Alguns até usam da escusa de que não fazem esculturas. Mas, para efeito de mensagem, qual é a diferença entre uma escultura, uma pintura e uma imagem que se move na televisão? Não visam ao mesmo objetivo, que é mostrar para fazer pensar? A adaptabilidade da pregação está muito ligada à necessidade da adesão. Igrejas que precisam crescer e ter mais adeptos quase sempre acham um motivo para mudar seus dogmas.

> Quando templos cheios tornam-se mais importantes do que doutrinas plenas, a fé eficiente torna-se mais importante do que a fé coerente.

81. Dois pregadores e dois templos

Numa cidade de 20 mil habitantes havia dois templos. Atuavam nele dois pregadores cristãos que se davam bem. Um dia, um deles faleceu num acidente. Em seu lugar veio um jovem e entusiasmado pregador que cantava, tocava instrumentos, montou banda e coral e recebia revelação do céu; à sua oração aconteciam milagres. Caravanas vinham de longe para vê-lo e ouvi-lo.

O templo do velho pregador foi esvaziando e o do novo, superlotando. Muitos fiéis se incomodavam com o crescimento da outra Igreja e o esvaziamento da sua. O velho pregador continuava sereno, fazendo o que sempre fez. Enquanto o novo pregador arrebanhava fiéis, aumentava o templo e reunia, todos os domingos, mais de dez mil pessoas, muitas vindas das cidades vizinhas, ele pregava para oitocentos, no máximo três mil irmãos e irmãs na fé. Tentou diálogo, mas o novo e entusiasmado pregador não se mostrou disposto. Eram outros tempos e outros enfoques. O ecumenismo não o convencia.

**

Num dezembro, o templo do velho pregador começou a se encher de fiéis, enquanto se percebia a diminuição do lado de lá. Foi assim nos meses seguintes. E tal foi a deserção, que o telhado da ampliação do templo teve de parar. Perguntaram ao velho pregador se tinha uma resposta para o fenômeno. Gentilmente ele evitou comentar. Não saberia dizer... Agora era o templo dele que ficava superlotado. O do outro apresentava espaços vazios.

**

Uma velha senhora deu sua opinião. Disse que, no começo, o novo pegador oferecia o novo e entusiasmado jeito de crer e nada cobrava por isso. À medida que as necessidades cresceram, ele precisou mudar o discurso. Passou a cobrar dos fiéis contribuição cada vez maior. Dizia que Deus queria que fossem mais generosos. Começou a ficar pesado seguir aquela Igreja. Enquanto isso, o povo percebeu que o velho pregador continuava simples, sem grandes cobranças, exceto a coerência de vida dos fiéis da sua Igreja. O outro ergueu na cidade de onde viera uma belíssima casa, toda de vidro, e foi visto negociando a compra de um ônibus para sua banda e de uma casa na praia. Com as fotos veio a denúncia. Ele tentou explicar, mas o grupo que se lhe opunha foi mais convincente.

***

O conselho daquela Igreja o transferiu. Inconformado, ele fundou uma nova Igreja, num bairro da periferia. Oitocentos fiéis foram com ele. Fora traído por sua pregação de teologia da prosperidade. Prosperara além do admissível.

82. Não conseguem dialogar

Milhões de crentes não conseguem ser ecumênicos porque adoram conjugar o verbo crer na primeira pessoa do singular ou do plural e têm enorme dificuldade de conjugá-lo na segunda e na terceira pessoa.

Não falam, mas agem como se pensassem que o sol só brilha no telhado dos seus templos. Alguém teria que lhes dizer que o sol também brilha em outros templos e em outros telhados, e que também iluminam os púlpitos e os altares das outras religiões.

É verdade que as religiões não são tudo a mesma coisa. Há diferenças substanciais, mas também é verdade que não é por sermos desta ou daquela religião que somos mais santos e melhores do que os outros. Ter uma teologia mais profunda e mais elevada nem sempre é o mesmo que ter uma fé e uma caridade mais profunda e mais elevada.

Quem crê que descobriu um caminho precisa tomar um enorme cuidado para não se sentir dono dele, muito menos montar pedágio. O fato de saber o caminho para São Francisco das Cachoeiras não me dá o direito de gritar que o outro não sabe ou que só eu posso ser o guia dos que desejam ir até lá. Isto de garantir que só nós sabemos pode ser marketing agressivo, mas pode não ser verdade.

Seus óculos podem ser maravilhosos, mas você não vai querer que o mundo inteiro olhe a vida através das suas lentes. Servem para a sua miopia, não para a dos outros. Sua religião é maravilhosa, mas pode ser melhorada. Sua fé é maravilhosa, mas pode ser melhorada, e você é um crente maravilhoso, mas pode ser melhorado e tem muito a aprender com outros crentes.

Comecemos a pensar desta forma e talvez acabemos encontrando o Cristo que anunciamos ter encontrado. Ninguém o conhece de verdade se não sabe tratar os outros como irmãos.

83. Nem no nicho nem no lixo

Éramos jovens e, quando um de nós não entendia alguma colocação, os outros brincavam dizendo: "Ele não entendeu o espírito da coisa!". Ainda ouço alguns jovens a repetir a mesma expressão, que é muito mais séria do que parece. Tem a ver com a capacidade de valorizar o essencial ao invés do acidental, do superficial ou do acréscimo.

A Igreja Católica tem uma expressão muito feliz para um tipo de fé que canoniza o acidental: chama de superstição. Tudo aquilo que valoriza demais a excrescência, o que sobra, e sacrifica a essência, está santificando o que não é fundamental nem necessário. E isto pode ser danoso à fé. Quando se atribui valor exagerado ao que tem pouco valor ou nenhum valor, comete-se um desvio da fé, que já tem caminhos suficientes e exigentes para que inventemos outros.

***

Um livrinho afirma que, repetindo três vezes "Vá de retro, Satanás", "Afasta-te, satanás", exprobração seguida de três *Ave-Marias*, afasta a tentação. Eis aí uma superstição. É mais sortilégio do que prática cristã. Tem mais a ver com paganismo e animismo do que com cristianismo. Quem inventou que fazendo isso três vezes vai dar certo criou mais uma sobra da fé.

Ini-mini-mini-mo

Para a Igreja isto funciona como a história de São Longuinho e os três pulinhos para achar um objeto perdido. O mesmo tipo de comportamento têm os que abrem uma página da Bíblia e, de olhos fechados, colocam o dedo sobre ela. Aquele trecho sobre o qual o dedo caiu, supostamente, seria a mensagem de Deus para aquela situação. Pode haver coincidências, mas Deus não brinca de "ini-mini-mini-mo", nem de "mamãe-mandou-bater-nessa-daqui". Essa maneira de ler a Bíblia é supersticiosa. Está mais para cabra-cega e brincadeira de crianças do que para cristão que lê e que pensa.

O dedo passeador

Uma mocinha fez a experiência que ela chamava de fé e que qualquer catequista mais instruído chamaria de superstição. Seu dedo parou no texto do Eclesiástico 8,1: "Não provoque um homem poderoso, para que você não venha a ser dominado por ele". Entendeu que não deveria se envolver em política. Se tivesse lido um pouco acima, no capítulo 7, teria ouvido vários conselhos sobre política, autoridade, solidariedade e compromisso social. Se tivesse escorrido os dedos para baixo, teria lido outros sábios conselhos de convivência social e política. Mas aproveitou aquela passagem para continuar sua palestrinha sobre os perigos de misturar fé com política. Alguém poderia convidá-la para uma palestra sobre os perigos de misturar fé com alienação e com superstição!...

Cultos periféricos

É bom que os cristãos conheçam a tentação que, o tempo todo, perseguiu os hebreus, de se entregar aos cultos periféricos, à magia, aos abracadabras da fé que existem em todas as religiões; tentação que persegue também muitos seguidores de Jesus que gostam de valorizar em excesso as páginas de um livro, ou os óleos, ou objetos e coisas. Que fique bem claro: se Deus permitiu o uso de coisas sagradas e até especificou como deveriam ser, é porque Deus quer valorizar pessoas, animais e coisas. Ou achamos que a Bíblia também ilumina isso, ou negamos tudo o que ela admite. O perigo está na supervalorização.

***

Ofertas, objetos de culto, serpente de bronze, éfode, roupas, cores, cruz... tudo teve e tem o seu sentido, desde que usado com maturidade. É como a faca. Quem tem juízo e sabe usar pode ter umas cinquenta no faqueiro da cozinha, que jamais virará um assassino, nem mesmo em potencial. Quem não tem juízo não deve ter nem meia faca em sua casa. Assim, com os objetos de culto.

Quem sabe usar sua Bíblia, seu rosário, suas imagens, seus óleos, jamais se torna supersticioso. Fará como o sujeito que vai à mesa e não deixa restos, porque não enche o prato do que não consegue comer. Seu apetite não é maior do que sua fome. O supersticioso é como o sujeito que vai à mesa cheia de pratos e iguarias de primeira qualidade, mas vai ao bucho e às tripas porque lhe disseram que as tripas têm efeitos afrodisíacos...

***

Quem não tem cabeça nem juízo sai por aí supervalorizando imagens, ou sua versão da Bíblia porque foi tocada pelo pregador tal e tal, ou seu rosário porque foi bento em Roma ou em Fátima, e o seu vidrinho de água do Rio Jordão vale mais do que outras águas. Mal se lembra ele de que as águas correm e as que ele tem no vidrinho não são as mesmas águas que tocaram em Jesus, além de não se saber se foi naquele lugar que Jesus foi batizado.

Oferecer folhas secas, rosas, que tocaram na imagem de Fátima e, o que é pior, vender objetos religiosos, como se eles tivessem poder mágico e infalível, é terreno de superstição. Guardo com carinho uma imagem de Maria que me foi dada em Fátima, mas não digo nem acho que, além do valor sentimental e simbólico, ela seja melhor do que as outras imagens que há na nossa casa. São sinais! O poder não está nelas, mas vem de Deus. A fé ajuda, e o objeto pode motivar, mas nenhum objeto tem poder.

84. Coisas infalíveis

Nem todos os crentes têm um problema. Mas há os que não conseguem distinguir entre fantasia e realidade, símbolo e mistério, dúvida e descrença, certeza e esperança. Supersacralizam os símbolos, sejam eles uma Bíblia, um crucifixo, uma imagem, ou um dos muitos objetos de culto. Às vezes supersacralizam uma ideia ou uma pessoa. Não chegam nunca ao discurso.

Lembram motoristas bêbados numa estrada. Não conseguem distinguir o percurso. Param em cada placa porque não têm suficiente lucidez para ler ou para entender o que leram. Assim, param na placa que aponta para Belo Horizonte achando que já chegaram porque está escrito na placa. Sua cabeça não entende que o fato de estar na placa não significa que a cidade está lá.

Jesus não é exatamente assim!

São assim alguns crentes. Acham que, por crer em Jesus, ele é exatamente como eles creem que ele é. Paulo falava aos efésios (Ef 3,18) que desejava que eles entendessem as muitas dimensões do mistério de Cristo. Jesus é muito mais do que sabemos e do que ele mesmo revelou. Deu um vislumbre a três dos discípulos no Monte Tabor, transfigurando-se, mas diz a narrativa que eles não conseguiram ver o que lhes era mostrado. Apavoraram-se. Há muito mais do Cristo além do que nossas igrejas conseguem crer e ensinar.

Por isso, reduzir Jesus a gestos, objetos, coisas, promessas, garantias de repetições é não entender o que ele ensinou. Ele mesmo chamou atenção para o ridículo dos que achavam agradar a Deus pelo número de repetições e palavras que usavam ao orar.

"E, orando, não useis de vãs repetições, como os gentios, que pensam que por muito falarem serão ouvidos" (Mt 6,7).

Pedagogia da repetição

Há uma pedagogia na repetição, mas deixa de ser pedagogia quando condicionamos a graça ao número de vezes que repetirmos uma prece, ou aos 10% que dermos ao templo! O famoso atleta que dá 40 mil reais ao templo não está dando 10%, quando se sabe que ele ganha 2 milhões... Mas é generoso do mesmo jeito. A viúva que dá cinco reais talvez esteja dando mais do que ele, embora também não dê 10%. Quando condicionamos a fé a números, demonstramos não entender o porquê do dinheiro, das coisas e dos gestos. O pecado de idolatria está nisso: supervalorizar dinheiro, imagens, Bíblia, dízimo e palavras, e dizer que Deus está ali...

Orações infalíveis

Novenas eficacíssimas, objetos eficacíssimos, caminhada sob os arcos, folhas que exalam cheiro durante uma prece, flores, rosários, livros que garantem milagres, correntes, procissões e marchas que nos conseguem tais e tais graças; ameaça de punição para quem não vier ou não fizer têm muito mais de magia negra e fuga da fé do que expressão de fé. Além de sobrar (superstição), chega a ser agressão ao verdadeiro sentido da fé.

***

O alvo da mensagem tem a ver com o Espírito que sopra nas pessoas e nas coisas. Há um sentido profundo em toda a criação e, quando a usamos na devida hierarquia e no devido lugar, estamos em sintonia com o céu. Quando queremos demais uma graça ou a vitória de nossa corrente espiritual e começamos a inventar poderes para nosso livrinho, nossos objetos de prece, nossos encontros, nossas imagens, nossos folhetos, nossos óleos e nossos vidrinhos, algo está errado na nossa fé. Dar garantias pelo uso do vidrinho é ir longe demais. Curvar-se com a cabeça no chão e bater no solo exigindo a graça de Deus, e falar com voz chorosa, tudo é muito teatral, mas serve mais para os fiéis que precisam desses gestos do que para Deus.

Para Deus não fará diferença se oramos deitados, sentados, cabeça na areia e no pavimento ou ajoelhados. Nosso tom de voz também não impressiona a Deus. É um belo teatro um pregador desta ou daquela Igreja ir à Palestina e filmar sua prece de cabeça na areia onde Jesus teria estado. Impressionará alguns seguidores, mas para Deus não fará a menor diferença. Jesus o disse! A teatralização da fé daquele que brada "Senhor! Senhor!" em alta voz, escreve palavras da Bíblia na camiseta e no carro, curva-se choroso ao chão e dá murros no púlpito, motiva alguns devotos, mas ainda não é a fé cristã. Jesus deixa claro que é preciso mais do que isso para anunciá-lo.

O marketing e a prece

Muito do que se vê hoje na mídia e nos templos tem mais a ver com marketing do que com prece. Jesus até disse que vai dizer a esses pregadores teatrais que não os reconhecerá como seus. São bons atores, mas não necessariamente bons discípulos. Caso alguém duvide do texto, leia-o de novo:

> Pelos seus frutos os conhecereis. Nem todo o que me diz: "Senhor, Senhor!" entrará no reino dos céus, mas aquele que faz a vontade de meu Pai, que está nos céus (Mt 7,20-21).

> Muitos me dirão naquele dia: "Senhor, Senhor, não profetizamos nós em teu nome? E em teu nome não expulsamos demônios? E em teu nome não fizemos muitas maravilhas?" E então lhes direi abertamente: "Nunca vos conheci; apartai-vos de mim, vós que praticais a iniquidade.

Todo aquele, pois, que escuta estas minhas palavras, e as pratica, assemelhá-lo-ei ao homem prudente, que edificou a sua casa sobre a rocha" (Mt 7,22-24).

Jesus pede uma fé sólida, edificada sobre rocha, e não a fé movediça feita do marketing da hora, para conseguir adeptos.

85. No toco de árvore

Foge da fé católica o exagero não *das*... mas *sobre* as aparições. Que elas acontecem, nós cremos. Mas alguns videntes estão vendo o que não há. O grupinho que chamou a cidade para ver Maria num toco de árvore exagerou. Afirmavam que só a via quem antes fechasse os olhos e orasse. Faziam o fiel sentir-se especial porque viu. Quem não via era porque não tinha fé.

Charlatanismo

Aí já estamos chafurdados no charlatanismo. Na Igreja Católica existe uma experiência da fé e uma doutrina. Quem foge do estudo da fé perde o espírito da coisa e acaba repetindo erros que a Igreja condenou há séculos. Crer no Espírito Santo que inspira a Igreja implica a busca de uma fé inteligente. Todo aquele que sai por aí distribuindo medalhas milagrosas, objetos milagrosos, livrinhos milagrosos e dá excessiva importância a eles e ao que Jesus e Maria teriam dito a Fulano de Tal, ignorando a Bíblia e o catecismo e o ensinamento oficial da Igreja que escolhemos seguir, está supervalorizando pessoas, objetos ou rituais.

O bom uso das medalhas

Usemos à vontade medalhas no peito, folhetos e luzes. Se soubermos usar, são como faca e fósforo. São úteis: preparam alimentos e acendem luzes. Se os usarmos errado, podem matar ou ferir. A Igreja não diz que é errado acender velas ou carregar medalhas. Errado é garantir que o uso delas opera milagres. Quem não as usa também os consegue.

O toco de árvore foi retirado daquela capela por ordem do bispo. Mas não faltaram fiéis a dizer, quando o bispo faleceu, já idoso e anos mais tarde, que Maria o tinha castigado. Acharam que ele viveria cem anos?!...

86. Anúncio do fim dos tempos

Ouvi, impressionado, a pregação do padre católico garantindo que o "anticristo" já reinava neste mundo e estava a governá-lo. Só o grupo por ele presidido e pessoas com aquelas revelações seriam capazes de derrotá-lo. Como a Igreja Católica, baseada nos evangelhos, desautoriza tais pregações e até já condenou Joaquim di Fiori que assim pregava, fiz força para entender o objetivo daquelas palavras. Estava garantindo que sabia mais do que a maioria dos pregadores cristãos, porque só ele e mais alguns sabiam deste segredo: o anticristo já veio... A mesma pregação já ouvi de pregadores evangélicos. Mas Jesus diz que ninguém sabe daqueles dias, a não ser o Pai e o Filho e a quem o Filho quiser revelar. Supostamente revelou a eles...

> Mas daquele dia e hora ninguém sabe, nem os anjos do céu, mas unicamente meu Pai (Mt 24,36).

> Todas as coisas me foram entregues por meu Pai, e ninguém conhece o Filho, senão o Pai; e ninguém conhece o Pai, senão o Filho, e aquele a quem o Filho o quiser revelar (Mt 11,27).

Fiquemos com Jesus de Nazaré, que deixou claro que o Espírito falaria por meio de pessoas, mas que tomássemos cuidado com os falsos Cristos e falsos profetas. Aparentemente, fariam milagres e prodígios capazes de enganar até gente santa. Ele preveniu com forte acento. "Olhem que estou avisando com antecedência" (Mc 13,22-23). Mandou seus discípulos lerem os sinais dos tempos. E deixou claro que muita gente anunciaria o fim do mundo, sem saber do que estava falando (Mc 13,32).

Evidentemente Jesus não foi ouvido porque a alguns agrada dizer que sabem e a outros, ouvir garantias. Por isso, um grande número de profetas do fim teve sucesso até o dia em que o fim não veio. Aí, foi o fim deles, exceto, é claro, para os que adiaram a data...

***

Não creia no padre ou pastor que diz que o anticristo já está no mundo e que estamos no fim dos tempos. O já mencionado monge Joaquim di Fiori, abade de um mosteiro cisterciense, tinha muitos valores, escreveu muito e fez um grande bem com sua piedade. Mas nem todo sujeito bom acerta em tudo... Cometeu um grave desvio. Seus seguidores criaram o joaquinismo, que dizia que João Batista fora o precursor da era Jesus e que São Francisco era o precursor da era Espírito Santo. Joaquim di Fiori tinha anunciado que o mundo acabaria em 1260. Ele acabou antes, morrendo em 1202. Estava errado: o mundo ainda não acabou. Foi mais um milenarista anunciador do fim do mundo que os fatos se encarregaram de derrotar.

***

O pré-milenarismo, o milenarismo, o pós-milenarismo, que quase sempre se ancoraram no fundamentalismo, afirmavam que Jesus viria antes do fim dos tempos e faria o arrebatamento dos escolhidos. Outros diziam que Jesus viria no fim dos tempos, que quase sempre estava próximo.

Jesus virá em breve

Eram religiões ou pregações com doutrinas de urgência. "Jesus virá em breve!" Ainda hoje se vê tais lembretes na televisão, no rádio e em alguns painéis ou pedras à beira da estrada, ali postados por uma Igreja cristã. Houve tempo em que se dava uma data para essa vinda. Como todos erraram, mudaram a data certa para a expressão "em breve". O "em breve" pode significar semanas ou séculos... Pronto, está resolvida a profecia do milenarismo!

***

Pergunte ao seu pregador sobre a data do fim do mundo e ele dirá que está chegando brevemente. Mas já não cometerá o erro de dar ano e dia! Foram tantas as profecias com datas erradas que ninguém mais as dá. Os anunciadores do fim do mundo ficaram mais espertos! Finalmente entenderam o que disse Jesus:

> Igualmente, quando virdes todas estas coisas, sabei que ele está próximo, às portas. Em verdade vos digo que não passará esta geração sem que todas estas coisas aconteçam. O céu e a terra passarão, mas as minhas palavras não hão de passar. Mas daquele dia e hora ninguém sabe, nem os anjos do céu, mas unicamente meu Pai. E, como foi nos dias de Noé, assim será também a vinda do Filho do Homem. Porquanto, assim como, nos dias anteriores ao dilúvio, comiam, bebiam, casavam e davam-se em casamento, até ao dia em que Noé entrou na arca, e não o perceberam, até que veio o dilúvio, e os levou a todos. Assim será também a vinda do Filho do Homem. Então, estando dois no campo, será levado um, e deixado o outro; estando duas moendo no moinho, será levada uma, e deixada outra. Vigiai, pois, porque não sabeis a que hora há de vir o vosso Senhor (Mt 24,33-42).

Assim também vós, quando virdes sucederem estas coisas, sabei que já está perto, às portas. Na verdade vos digo que não passará esta geração sem que todas estas coisas aconteçam. Passará o céu e a terra, mas as minhas palavras não passarão. Mas daquele dia e hora ninguém sabe, nem os anjos que estão no céu, nem o Filho, senão o Pai. Olhai, vigiai e orai, porque não sabeis quando chegará o tempo (Mc 13,29-33).

87. O céu garantido

Manhã de sábado. O pastor midiático mandou os fiéis apontarem o dedo e olharem, cada qual na direção de sua casa. Orou e eles repetiram: "Senhor Deus, eu quero uma bênção para minha família. O meu endereço é este que lhe aponto"... Dar o endereço para Deus é a coisa mais desnecessária do mundo. Ele sabe tudo! Mas ajuda na pedagogia de uma Igreja que deseja inculcar certezas nos seus fiéis. Motivação bonita, teologia questionável.

Faz o mesmo o pregador que, enquanto ora no rádio com ênfase e entusiasmo, dá a Deus o endereço e até os ônibus que levam ao seu templo.

São inúmeros os pregadores que exageram na proposta de certeza. Certeza nenhuma pode equivaler à falta de fé. Certeza demais é certamente excesso! Deve ser por isso que Jesus propunha tempero e equilíbrio. O mesmo propõe a Igreja no seu catecismo ao falar das virtudes da temperança e da prudência. Os exagerados acabam sempre metendo os pés pelas mãos. Adoram apressar a hora do céu. Foi esse equilíbrio que Paulo recomendou a Timóteo: "Sê sóbrio!" (2Tm 4,5). Não falava de bebida, e sim de posturas.

***

Jesus chegou a dizer que nenhum desses devotíssimos profetas e fazedores de milagres teria o céu garantido (Mt 7,21). Se tiverem inventado devoções estranhas aos evangelhos, se tiverem pregado, mas não vivido, Jesus dirá que não os reconhece como seus porta-vozes.

O milagre e o dedo de Deus

Estude bem o seu catecismo católico e sua Bíblia e descobrirá que há uma enorme diferença entre ver milagre em toda parte e ver a mão de Deus em tudo. Quem supervaloriza as coisas, somos nós. Deus simplesmente as valoriza. Use suas devoções e seus objetos de culto pelo que são: auxiliares. Não podem nunca ocupar o lugar do que realmente conta: a fé serena e fundamentada na Palavra de Deus. Casas com imagens demais e Bíblia de menos são menos católicas do que parecem.

Tenho em mãos um livro de mais uma revelada católica irlandesa – ao lado de tantos outros revelados – a me dizer que Jesus, Maria, São Domingos e outros santos do céu a mandaram dizer o que ela disse. Como a Igreja não nos obriga a crer nessas mensagens, tomo-as pelo que são: desejo sincero de fazer o bem. É mais alguém a apontar, do jeito que ela entende, o caminho para o céu. Setas, há muitas. Não se seguem todas.

88. Supervalorizadores

Há uma Igreja que anuncia que lá, nos seus templos, o milagre é uma coisa cotidiana e natural. O fundador de tal Igreja, vez por outra, lança um desafio a outras igrejas para que mostrem tantos milagres quanto os há na sua Igreja. O lugar do milagre é lá. Ou não leu ou interpreta de maneira branda o texto:

> Porque surgirão falsos cristos e falsos profetas, e farão tão grandes sinais e prodígios que, se possível fora, enganariam até os escolhidos (Mt 24,24).

Quem quiser acreditar em igrejas de muitos milagres acredite! Ponha Jesus na periferia da sua vida e acabará oferecendo a ele suas coisas, ou os seus dez por cento em troca dessa certeza. Ponha-o no centro e entenderá que Jesus não cobra para curar e salvar. Se o fizer, será ato de pura generosidade e gratidão, sem ligar o dízimo ao milagre.

Creia que mesmo que você não dê o dízimo, ainda assim pode ser curado por pura misericórdia do Senhor. Há um dízimo antes e um dízimo depois. Ninguém deve dá-lo em troca de favores a receber e ninguém é obrigado a dá-lo em troca de favores recebidos. Há mil maneiras de agradecer a Deus. Ajudar uma casa de recuperação de vítimas do tóxico pode ter valor de dízimo. Os pregadores insistem no dinheiro do templo porque Jesus o pagou, mas também porque, se todos decidissem ajudar obras sociais, ao invés de contribuir com o templo e sua expansão, aquela Igreja ficaria sem recursos. Pode ser errado menosprezar o dízimo, mas é certamente errado supervalorizá-lo.

> Jesus não perguntou à viúva de Naim se ela pagava o dízimo. Mas elogiou a outra que dava do pouco que tinha. Não houve, porém, condição de dízimo para haver milagre. Creia no milagre e pague o dízimo sem supervalorizá-los. Nem mesmo os milagres são provas de que Deus abençoa alguém. O texto de Mateus (7,15-22) dá a entender que nem mesmo quem opera maravilhas em nome de Jesus tem o céu garantido... O céu não está sujeito a barganhas. Ganha-se o céu com a justiça e a caridade do Reino (Mt 25,31-46).

A Palavra e as obras

O que nos leva a crer em Jesus não são os milagres que fez. Outros também fizeram antes dele e nem por isso eram "o" Messias. O que nos mostra Jesus é o que ele ensinou. Foi ele quem disse que, se os fariseus não conseguiam acreditar nas suas palavras, acreditassem ao menos nas suas obras. As obras davam testemunho, mas havia provas maiores (Jo 5,36). Quem acreditasse nele faria as obras que ele fez (Jo 14,2). Mas ensinar a verdade como ele, disso ninguém seria capaz. Porque a verdade era ele (Jo 14,6)!

O que ele dizia era do Pai, mas era intrínseco a ele. Jesus não precisava de truques para mostrar o seu poder. Havia nele algo maior do que seus milagres. O essencial não estava no milagre, e, sim, no seu conteúdo. Ele tinha rios de água viva que também jorrariam de quem se deixasse banhar por ele (Jo 4,10; Jo 7,38).

89. Faça isso sete vezes

Vejo, na televisão e no rádio, leigos e sacerdotes a dizer que, se você orar dez, trinta, doze ou sete vezes determinada oração, conseguirá graças. Se as repetir, cada vez de forma diferente, chegará ao céu com suas ênfases. O Gênesis, o Levítico e outros livros do Antigo Testamento pedagogicamente acentuam este número em momentos de culto, mas para Deus tais números são irrelevantes (Mt 6,7). De um pregador católico ouvi que se alguém recitasse dez vezes uma determinada invocação ela afastaria a inveja e o mau-olhado. Se ele tivesse estudado a sério sua teologia e sua filosofia, não daria importância a tais números nem a sua eficácia ou magia.

Pitágoras (57–500 a.C.) era um matemático e místico que acentuava fortemente a mística dos números. Era culto em números, mas era um religioso cheio de "coisices", como "não comer favas", "não recolher o que caiu", "não tocar num galo branco", "não saltar sobre traves", "não morder um pão inteiro", "não comer carne de coração de animais", "não se olhar no espelho perto do fogo". O anunciador de Jesus, se tivesse se informado melhor, teria aprendido que Pitágoras ensinava também a metempsicose e a reencarnação.

Os pitagóricos afirmavam que o ar está cheio de almas que eram demônios e heróis e que eles jogam sobre as pessoas sonhos, doenças; e não somente aos homens, mas também aos rebanhos. Não tinham ouvido falar de bactérias... No meio de algumas verdades, ensinavam também alguns erros. Fazem o mesmo alguns pregadores cristãos de agora. Veem anjos e demônios voando ao redor do fiel: chamam os anjos e espantam os demônios da diarreia, da unha encravada e da cefaleia.

Números não determinam uma fé

Os números têm seu uso pedagógico e matemático, mas não podem determinar nossa vida. Que os corpos sejam regidos por determinadas leis da física, é constatável. Mas que no reino espiritual algo acontece porque foi pedido ou rejeitado sete vezes, não é verdade. Os textos bíblicos encontrados no Novo Testamento, que são os que nos devem nortear, falam contra essa ideia de repetir uma prece um determinado número de vezes para conseguir atenção do céu (Mt 6,7).

Pode ser pitagórico ou pedagógico, mas não é teológico.

Deus atenderá mesmo se orarmos apenas 2, 8 ou 9 vezes. No caso do rosário, a repetição meditada tem o propósito de fazer o fiel se demorar sobre o tema, meditado com Maria; caso contrário, alguns terminariam o rosário em três minutos. É pedagogia de repetição que ajuda a contemplação.

Outras religiões também fazem uso disso. Hindus, hebreus, muçulmanos, budistas, cada qual tem seus mantras, suas *masbahas*, sua repetições de palavras e gestos. Bem utilizado, é bom. O perigo está em prometer resultados pelo número de dias ou de preces. Aí já estamos outra vez no terreno das sobras e não no essencial da fé.

Repetições lúcidas

Pode-se orar um rosário de maneira lúcida, bíblica, teológica e inteligente; para isso, há CDs, livros e programas que favorecem a contemplação com Maria. Pode-se também orar de maneira repetitiva e sem conteúdo, em atitude supersticiosa, como se duzentas preces mudassem o céu. Pior ainda é quando a câmera flagra um fiel recitando aquelas preces com tristeza ou displicência... Seria melhor que as câmeras não focalizassem aqueles rostos... É verdade que no Antigo Testamento valorizam-se muito os números e as vezes. Era pedagógico, mas não era para ser mágico.

Sete vezes ao dia

Ore sete vezes ao dia, por sete dias e conseguirá o que deseja! Aí está mais uma "rebimboca da parafuseta", ou mais um "abracadabra" da fé. Submete Deus aos nossos números. Isso é magia, mesmo que quem o promova seja um sacerdote de alguma Igreja cristã. Ao invés de usar os objetos como lembrança, setas que apontam para a memória feliz de algo santo, enganam as pessoas com promessas mentirosas de que aquele livrinho, aquele CD ou aquela imagem conseguirá milagres para quem os levar para casa e repetir o mesmo gesto ou as mesmas palavras um "x" número de vezes. Diga-se o mesmo do tamanho da toalhinha molhada de suor com preço diferenciado...

O livro vermelho de Mao

Quando estive na China pela primeira vez e quando Macau ainda não estava sob o comando do PC Chinês, encontrei grupos de jovens a marchar, segurando com entusiasmo religioso o livrinho vermelho de Mao. Tinha respostas para tudo. Comprei um deles para saber por que o Novo Testamento maoísta ganhara a cabeça e o coração daqueles jovens. Era a coisa mais óbvia do mundo, destinada a formar cabeças comunistas.

Voltei trinta anos depois e Mao tinha morrido. O livrinho vermelho já não era o grande livro! Estava nas livrarias para quem quisesse saber o que fora a Era Mao. Trinta anos depois já não se achava com facilidade os CDs com a Ópera *Travessia do Rio Amarelo...* Havia outros enfoques.

Hoje, quando vejo cristãos a segurar livrinhos do seu guru que aparentemente são as modernas respostas da fé, orações do seu admirado pregador; quando vejo crentes segurando sobre as cabeças não a Bíblia, mas o livro de seu líder religioso, lembro-me do livrinho vermelho de Mao. Acabam como instrumentos mágicos. Se alguém ler um trecho deles, vai achar a resposta... Antes fosse! Assim fosse!

Jesus chama a isso de paganismo. Foi ele quem disse que os pagãos acham que, pela repetição mágica de fórmulas, conseguem o que pedem ao céu.

> E, orando, não useis de vãs repetições, como os gentios, que pensam que por muito falarem serão ouvidos (Mt 6,7).

Seria bom que esses pregadores repensassem suas afirmações. Deus não depende de números, nem a Igreja. Deus não se prende a nós pelo número de fiéis que temos ou arrebanhamos, nem pelo número de vezes que o invocamos. Faltam leitura e catequese ao pregador que se apoia demais em objetos de devoção! São como taças de vinho. Podem ser usados, mas com moderação.

90. Jesus é o Senhor

Aplaudo quem chama Jesus de Senhor. Sou católico e creio, como a maioria dos cristãos, que Jesus é o próprio Deus. Não havendo três deuses, Jesus é Deus com o Pai e com o Espírito Santo, sendo ele o Filho. Ousamos dizer que há uma só *ousía* em Deus com três *hypostasis*. Mesmo sendo Javé: Pai, Filho e Espírito Santo, as três pessoas são consubstanciais. Trata-se de um só Deus. Os três bispos capadócios, os irmãos Basílio de Cesareia e Gregório de Nissa, e o amigo deles Gregório Nazianzeno, desenvolveram essa doutrina no século IV, tempo de grandes debates sobre teologia e cristologia. É dogma difícil de explicar e de crer. Há quem o rejeite.

Eu aceito e professo. Deus é um só, mas diferente de nós que somos uma só pessoa e um só ser, ele é um só ser, mas é três pessoas. Dele diz Karl Barth que é "o totalmente outro". Começa por aí. Deus não é um ser humano. Mas, um dia, uma das três pessoas que é o único Deus tornou-se humana sem deixar de ser divina.

Dogma difícil de explicitar

Meus irmãos de outras religiões não aceitam este dogma. Eles creem diferente. Para eles Deus é um só ser e uma só pessoa. E há teólogos como Scotus Erigena que consideram impróprio até mesmo dizer que Deus é um ser. O conceito de ser circunscreve! Deus, segundo grandes teólogos, vai muito além de ser. O verbo "é" não é suficiente para descrevê-lo.

***

Cristão que tento ser, digo que o Filho eterno aqui encarnado, que é Deus com o Pai e o Espírito Santo, é o Senhor do Universo.

Creio que o universo pertence a Deus e faço parte dos que creem que Jesus, Cristo, segunda pessoa da Santíssima Trindade, veio nos visitar há dois mil anos. Ousadia das ousadias. Quem aceita uma fala dessas? Quem engole uma religião dessas? É baboseira duro de engolir... Pois foi bem isso que os que ouviram Jesus disseram a respeito do que ele dizia (Jo 6,54-67). Este mesmo Jesus disse que todo poder lhe foi dado no Céu e na Terra (Mt 28,18). Paulo sugere que há uma só fé, um só Senhor e um só Batismo (Ef 4,5), e Jesus lembra que quem o conhece, conhece o Pai porque ele e o Pai são um só (Jo 10,30; Jo 8,19).

Judeu, cristão ou muçulmano

Quem fala de Jesus fala do único Deus que há. Mesmo não entendendo a Trindade de Pessoas num só ser eterno, afirmamos que Deus esteve aqui. Por isso alguns me chamam de tolo. Como crer numa tolice dessas? Como sei no que eles acreditam, não me custa lembrar um pouco as incoerências de suas crenças. O crente é sempre alguém que escolhe. É claro que eu poderia ser um judeu ou muçulmano, mas sei o que se ensina nessas religiões e sei dos seus fundadores. Respeito-os, mas opto por Jesus.

Tudo lhe pertence

Deus é dono de toda a criação e de cada estrela ou planeta ou asteroide de qualquer galáxia. Também a Terra pertence a Deus. Tudo o que há na Terra é de Deus. Sigo Paulo, que disse que o Pai deu tudo isso a Jesus Cristo. Mas, na verdade, se Jesus é o Cristo, o Filho, tudo isso já era dele. Veio para o que era seu e os seus não o receberam, disse João (Jo 1,11). Foi o próprio Jesus quem disse: "Tudo me foi entregue por meu Pai" (Lc 10,22). "Tudo o quanto o Pai tem é meu" (Jo 16,15). "Todo o poder me foi dado" (Mt 28,18).

Os discípulos o inventaram?

Desde que aprendi a refletir sobre o peso dessas afirmações, em nenhum momento pensei voltar atrás. O Deus em quem eu creio é totalmente outro. Não tem que ser uma só pessoa para ser um só Deus. Se aceito a Bíblia, estão lá os fundamentos dessa ousada crença na Trindade de pessoas divinas.

O que Sócrates disse pode ser verdade, porque Sócrates nunca disse que viera do Pai e que existiu antes de Abraão, nem antes de Hesíodo com suas teogonias? O que Jesus disse não pode ser verdade, porque Jesus disse que veio do Pai e que era um com este Pai? Decido crer numa verdade sobre Sócrates e decido não crer numa verdade sobre Jesus? Qual o critério? Minha cabeça se dá melhor com a afirmação atribuída a um e não engole a afirmação atribuída a outro? Então, o critério do que pode ser verdade passa por meu intelecto? Se eu entendo e aceito, pode ser verdade, e se eu rejeito é porque não pode ser verdade?

Jesus teria ido longe demais?

Para alguém como Jesus afirmar isso, ou era megalomaníaco, ou um fanático como outros milhares através da História; ou... estava dizendo a verdade! Aceitando a pessoa de Jesus, creio na verdade de Jesus, mesmo que outros a tenham trazido até mim, mesmo que eventualmente algum escritor ou copista a tenha desvirtuado. Posso confiar em tudo o que dizem que Sócrates disse, ou que Platão ensinou, e não posso confiar no que dizem que Jesus disse?

Se os filósofos de hoje e pensadores do meu tempo aceitam que Sócrates talvez tenha dito aquelas famosas frases, eu também posso aceitar que Jesus talvez tenha dito a maior parte do que está nos evangelhos. Se dá para crer em Sócrates, que nunca escreveu pessoalmente livro algum, então dá para crer em Jesus, que também não escreveu livros. Se os discípulos de Sócrates merecem credibilidade, os de Jesus também merecem.

Tudo pertence a Ele

Quando ouço dizer que Jesus é o Senhor, entendo o que querem dizer. Tudo é dele. Concordo! Com os irmãos cristãos de outras igrejas também digo que Jesus é Senhor de tudo o que existe. Creio nisso porque creio que Jesus é Deus.

Se sei tudo sobre Deus? Não. Não sei. Jesus sabe! Se sei tudo sobre Jesus? Não sei. Ele é mais do que aquilo que está escrito sobre ele. O evangelho atribuído a João o diz.

> Jesus, pois, operou também em presença de seus discípulos muitos outros sinais, que não estão escritos neste livro.

> Estes, porém, foram escritos para que creiais que Jesus é o Cristo, o Filho de Deus, e para que, crendo, tenhais vida em seu nome (Jo 20,30-31).

> Há, porém, ainda muitas outras coisas que Jesus fez; e se cada uma das quais fosse escrita, cuido que nem ainda o mundo todo poderia conter os livros que se escrevessem. Amém (Jo 21,25).

E é por isso que, com outros cristãos, eu o chamo de Senhor. Ele disse que o Pai lhe deu todo o poder. Então, também tem poder sobre mim e pode ter enchido o céu de santos. Ele pode salvar quem ele quiser e não fará seus santos esperarem até o toque da última trombeta (1Cor 15,52) para levar alguém para o céu! Começa por aí meu relacionamento com os santos por ele santificados. Creio que estão no céu e podem orar por mim porque Jesus tem poder de salvar e os salvou! Disse que iria preparar um lugar para os seus, viria e os levaria, veio e levou! (Jo 14,3). Isto me faz católico: creio que o céu não depende da lista de espera... Depende da misericórdia de Deus.

Mas acho que outros irmãos meus o amam até mais do que eu. Exceto pelo fanático desesperado, desses que não conseguem nem abraçar um católico para não apanhar urticária espiritual. Com os demais, o diálogo vai bem. Deus sabe quem de nós é sincero na busca do diálogo.

91. Eles querem você com eles

Um entre milhões, eles escolheram você para entrar na comunidade deles. Dizem que Deus o quer lá. Pode ser vontade de Deus e pode ser marketing deles... Procure discernir! No seu bairro há crentes que, se puderem, terão você. Uns querem o seu dinheiro: você é freguês. Outros querem seu filho, o nariz, a boca e as veias dele: vendem droga. Outros querem seu voto: são os políticos. E há os que querem sua alma e sua obediência: são os pregadores religiosos.

O traficante age às escondidas; o banqueiro, os prestadores de serviços e os comerciantes que querem o seu dinheiro agem às claras. O político se expõe pelo seu voto. Promete ajudar você. O religioso garante que, no templo dele, você verá, ouvirá e terá doutrinas mais libertadoras; entenderá os mistérios daqui e de lá.

Todos eles querem você

Para quem você dará seu dinheiro, seu corpo e sua alma? Quem deles o devolverá a você mesmo e ao mundo melhor do que você já era? Todos prometem melhorar a sua vida. Já pensou que, na verdade, o que a maioria quer é que, ao melhorar a sua vida, melhorará também a deles? E aí? Pensam mais em você do que neles ou mais neles do que em você?

92. Jesus falou com eles...

Foi Jesus quem disse com meridiana clareza que deveríamos tomar cuidado com os autoproclamados profetas. Não deveríamos lhes dar ouvidos. E acrescentou: "Olhem que eu avisei!" (Mt 24,11-26; Mc 13,22). Era voz corrente entre os primeiros cristãos que muitos se aproveitavam da nova doutrina para ganhar *status* de profetas que não eram. Os fatos confirmam. Era assim naquele tempo, assim continua hoje. Vá a grandes concentrações, ligue sua televisão e seu rádio e conclua você mesmo. Eles dizem que adivinham, que sabem, que Deus fala com eles e manda recados atualíssimos.

Negamos tudo? Cremos em tudo? Ou usamos dos critérios de veracidade e plausibilidade? Segundo Jesus, quem viesse com a conversa do tipo "Eu sei, eu vi, ei-lo aqui, ei-lo acolá, ele me falou, ele mandou dizer, sou seu porta-voz, ele me revelou ontem à noite, Jesus me disse", deveria ser questionado pela assembleia (Mt 24,24-26).

Como a assembleia não leva Jesus a sério, os falsos profetas continuam a todo vapor, anunciando revelações que não lhes foram feitas, dando recados que não lhe foram dados, profetizando o que Jesus não mandou e predizendo o que não vai acontecer nunca!

Ligo a televisão e vejo, nas mais diversas religiões, algum profeta curando quem não está doente, expulsando demônios que nunca foram demônios, dizendo que Jesus lhes revelou o que depois não se verifica, e anunciando milagres que não aconteceram.

Como pregam bem, o povo acaba encantado com sua fala e nunca vai verificar. Esquecem mais do que depressa o milagre anunciado e não realizado. São charlatões aplaudidos de pé a cada nova e bombástica revelação que depois não acontece, mas fica esquecida. Quando o doente, supostamente curado de câncer, morre dois meses depois, eles prudentemente mudam de assunto. O show da fé precisa continuar, então arranjam outro fogo de artifício. O que não podem é deixar de fazer as suas pirotecnias espirituais para atrair mais fiéis.

Charlatão

O pregador que dizia que todos os presentes àquele culto tinham um demônio oculto, que apenas ainda não tinha se manifestado, estava prendendo os fiéis ao medo e à sua pregação.

Não vê quem não quer. Ninguém comprova, nunca mandam aos médicos, como Jesus mandou os leprosos aos sacerdotes do Templo. Não deixam os ex-agraciados com o anunciado milagre voltar e falar a verdade, quando não foram curados. Só podem dar testemunho se forem curados. Se não foram, negam-lhes o microfone.

Agiu bem aquele grupo de mulheres que, naquela quarta-feira, ao ouvir pela enésima vez o pregador dizer que Jesus lhe havia feito uma nova revelação para a comunidade, saíram pisando firme da celebração: "Viemos aqui ouvir falar de Cristo e da Igreja. O que você ouviu quarta-feira não tem a menor importância para nós. Queremos saber o que a Igreja disse e o que está na Bíblia. Guarde suas visões para si mesmo"... Foi o que disseram.

Charlatão é como alcoólatra

Não adiantou nada porque, viciado em revelações quentinhas, toda segunda-feira ele tem uma visão e toda quarta-feira continua a dizer à comunidade o que Jesus lhe disse... Pedro, Paulo, Jeremias, Ezequiel, e o próprio Jesus, já disseram o que pensam desse tipo de pregador que adora dizer que Deus falou com ele... Pena que o povo nem sempre leia a Bíblia. Se lesse, não daria ouvido a esse tipo de conversa! É vidente evidente demais, especialmente agora que suas igrejas têm mídia! Provar, que é bom, poucos provam!

> E os seus profetas têm feito para eles cobertura com argamassa não temperada, profetizando vaidade, adivinhando-lhes mentira, dizendo: "Assim diz o Senhor DEUS; sem que o SENHOR tivesse falado" (Ez 22,28).

> E disse-me o SENHOR: "Os profetas profetizam falsamente no meu nome; nunca os enviei, nem lhes dei ordem, nem lhes falei; visão falsa, e adivinhação, e vaidade, e o engano do seu coração é o que eles vos profetizam" (Jr 14,14).

> Que dizem aos videntes: "Não vejais"; e aos profetas: "Não profetizeis para nós o que é reto; dizei-nos coisas aprazíveis, e vede para nós enganos" (Is 30,10).

> Porque virá tempo em que não suportarão a sã doutrina; mas, tendo comichão nos ouvidos, amontoarão para si doutores conforme as suas próprias concupiscências; e desviarão os ouvidos da verdade, voltando às fábulas. Mas tu, sê sóbrio em tudo, sofre as aflições, faze a obra de um evangelista, cumpre o teu ministério (2Tm 4,1-5).

93. O Cristo hóstia

Um amigo descrente perguntou-me o que vejo na hóstia, que para ele é um objeto, e se ela tem poder. Usou a palavra "hóstia". Armou-me uma cilada. Eu nunca digo o Cristo da hóstia, nem o Cristo na hóstia. Digo: "Cristo-hóstia". Se eu respondesse que Jesus está na hóstia, então admitiria que a hóstia contém, mas não é Jesus. Se dissesse que a hóstia tem poder, sem esclarecer que se trata do próprio Jesus, estaria negando a transubstanciação. Sendo ele professor universitário, quis ver se eu realmente creio na Eucaristia, já que sempre a escrevo com E maiúsculo. Para mim a Eucaristia é Ele!

***

Esperto ele, esperto eu! Disse-lhe que, sem sofismas, eu acredito na presença de Cristo no altar. Falamos do Cristo-Hóstia que é mais do que uma lembrança num crucifixo ou numa imagem. O crucifixo e a imagem não são Jesus. Apontam para ele porque são símbolos. Já a Eucaristia é o próprio mistério do Cristo presente, e não um sinal que aponta para o mistério do Cristo presente. É Ele presente!

Perguntei se ele tinha tempo para uma conversa sobre transubstanciação. Não tinha e não quis. Não vê diferença nenhuma entre a cruz que levo no peito e a hóstia que levanto no altar. Jesus, para ele, é um grande profeta judeu, mas não é Deus.

Continuamos a falar de outros assuntos. Receber uma catequese sobre a Eucaristia não era do seu interesse.

94. Entre Ágabo e Simão

Para quem não se lembra, Ágabo foi um profeta leigo que, por palavras e atos, provou que o Senhor estava nele. Os apóstolos o respeitavam (At 11,28-30; At 21,8-13). Naqueles dias também havia virgens profetisas. Mas provaram por atos e atitudes que o Senhor estava nelas. E houve os falsos e estrepitosos, ávidos de publicidade, que faziam apenas golpe de cena. Fingiam ser profetas que não eram. Simão, o Mago (At 8,9-24), e os filhos de Ceva são exemplo disso (At 19,13-17). Já no tempo de Jeremias, 650 anos antes de Cristo, havia os sérios e os teatrais e interesseiros a quem convinha posar de profetas (Jr 14,14). O que vemos em certas mídias, com homens vestidos de Jesus e dizendo ser ele, ou porta-vozes de Jesus que garantem ser seus mais novos apóstolos, não é novidade. Menos de duas décadas depois da morte de Jesus, os apóstolos enfrentavam esse problema: o dos pseudoapóstolos e pseudoevangelizadores. Mal conheciam a doutrina de Jesus e já se proclamavam seus porta-vozes.

Licença para pregar

A televisão, hoje, está pródiga de profetas, alguns como Ágabo e outros como os sete filhos de Ceva; bons e falsos, serenos e espetaculares. Não são poucos os que frequentam teologia para conseguir diploma e depois agir como se nunca tivessem estudado naquelas faculdades. Elas serviram de trampolim para esses falsos profetas. Precisavam de licença para pregar e não a conseguiriam sem uma faculdade, posto que numa Igreja séria não seriam ordenados, nem padres nem pastores. Então foram, ouviram, passaram nos exames, mas não pregam nada daquilo que lhes foi ensinado. Já tinham sua própria doutrina. Só lhes faltava um diploma.

Não foram éticos. Dez anos depois, diante dos exorcismos, profecias, anúncios de anjos e demônios em ação e outras pregações que fogem da doutrina de sua Igreja, alguém pergunta onde estudaram, e eles dão o endereço da Faculdade de Teologia que lhes deu o título, mas cujo ensinamento eles não praticam. Pega mal para aquela instituição, que, certamente, não ensinou o que eles pregam.

Doutrinas não cristãs

Recentemente me deparei com um pregador católico que ensinava orações contra a inveja e o quebranto. Supostamente, aquela oração derrotava a inveja. Outro fazia sessões de quebra de maldição, libertação da antiga culpa dos antepassados e purificação da árvore genealógica, coisa que no seu curso de Teologia foi vivamente criticado como gesto não cristão, posto que o Cristo já as quebrou e Paulo o atesta em mais de cinco passagens de seus escritos (Gl 3,13; Mt 20,28; Rm 5,9).

Os estudos bíblicos daquela faculdade de nada valeram. Já tinham a intenção de seguir outro pregador, mas este não podia lhes dar o título. Foram lá enganar a faculdade. Simão, o Mago, quis fazer o mesmo, mas os apóstolos reagiram. Nem todas as igrejas e escolas fazem o que os apóstolos fizeram. Não aceitaram ser usados por profetas com doutrinas estranhas para uma ainda mais estranha escola de fé (Hb 13,9; Ef 4,14).

***

Pseudo-Ágabos costumam crer diferente, mais por falta de conhecimento do que por desejo de deturpar a fé. Com frequência profetizam o óbvio e arriscam algum recado que tanto pode dar como não dar certo. Lembram os videntes de fim de ano. Garantem, na televisão, debaixo de intensos holofotes, com rostos de santos iluminados, que o tempo da dor e do sofrimento acabou (Jr 14,11-15). Proclamam com voz solene um tempo de vitória para o seu povo. Humildemente pedem mais contribuição para que a vitória seja completa e garantem que, no ano seguinte, seus ouvintes só colherão graças e vitórias.

***

Não há profecia nisso! Todo mundo sabe que no espaço de 365 dias colhem-se graças e vitórias. Por conta do novo Ágabo, fica a promessa de que "só" colherão isso. Se acontecer uma perda, um acidente, o desemprego ou alguma eventual derrota, o novo profeta espalhafatoso, iluminado pelos holofotes da televisão, dirá que foi vontade do céu, e não tocará no fato de que no dia 25 de novembro ele predissera o fim dos sofrimentos. É o velho truque do marketing que prediz graças e milagres em nome do céu, com a possibilidade de sempre explicar por que não aconteceu do jeito que foi predito.

***

Entre Ágabo e Simão, os fiéis de todas as igrejas são convidados a discernir quem de fato é profeta sincero e quem faz papel de profeta que não é. O tempo, mais breve do que eles esperam, mostra quem disse a verdade e quem se enganou ou mentiu para ganhar audiência e adeptos. É um problema que todas as igrejas precisam resolver. O quanto antes! Se não reagirem, eles continuarão predizendo um futuro brilhante sem dor alguma, como os profetas que Jeremias enfrentou (Jr 14,10-15).

95. Púlpitos e creme de baunilha

Calopsitas da fé

Abordo um assunto candente e delicado: os dos pregadores da fé que falam do que ouviram falar, mas eles mesmos nunca se importaram em saber do que se trata. Simplesmente passam adiante a informação sem nenhuma leitura, nem pesquisa, nem aprofundamento.

Acontece em todas as igrejas. Meio papagaios e meio calopsitas, repetem alguns conceitos, imitam o fundador de seu grupo até no timbre, nos acentos e ênfases do discurso, mas, quando confrontados, limitam-se a citar as frases que decoraram.

Ao falar da necessidade de saber explicar nossa fé e nossa Igreja e mostrar que sabemos do que falamos, perguntei, uma vez, a mais de cem jovens catequistas reunidos, e, outra vez, aos fiéis numa das missas que celebrei, quem ali sabia o que era creme de baunilha. Todos sabiam. Pedi àqueles que sabiam o que era a baunilha que levantassem as mãos, e não deu 5%. No caso dos jovens, apenas três meninas conheciam.

Creme de baunilha

Todo mundo fala em baunilha e até conhece o sabor, mas a grande maioria nunca se importou em saber de onde vinha o sabor... Importante para eles é a parte prática: ou seja, o gosto. Saber a origem do gosto não tinha a menor importância... Dá-se o mesmo sobre o conhecimento da Bíblia, do cristianismo e das igrejas. A história não lhes interessa. Interessa o agora! A catequese não lhes interessa. Interessa diminuir a outra Igreja e aumentar a sua.

Alguém se entusiasma e vai lá divulgar o sabor da baunilha e alguns produtos com este sabor, mas na hora de dizer de onde ele vem e quais os processos que experimenta, se atrapalham. Fazemos o mesmo: vamos lá falar de Cristo, do cristianismo e da origem de nossa Igreja, mas na hora de mostrar o que sabemos de Bíblia, de História do Cristianismo, de Tradição e do caminhar da fé cristã, nos fechamos no gostinho da nossa Igreja e só sabemos dizer que somos os melhores e que o nosso sabor é que é o legítimo. Mal conhecemos a nossa, mas proclamamos que a outras traíram suas origens...

Basta o sabor

Irado com a pergunta, um pregador cristão – e prefiro declinar o nome da Igreja – perguntou que diferença fazia alguém saber de onde se tira o sabor da baunilha. Não basta conhecer o sabor? Não sabendo responder, resolveu agredir, deixando claro que eu também falo de muita coisa que não sei. E ele estava certo! Nós, cristãos e crentes em Cristo, falamos de muita coisa que não sabemos, porque apontamos para o mistério. Mas há um mínimo de conhecimentos que todo cristão deve ter, se é que pretende não ridicularizar a fé cristã.

Já imaginou uma dona de casa a fazer um bolo de baunilha usando um produto com perfume e até com sabor de baunilha, mas que, misturado ao leite, acabará por azedar o bolo? Ela tem que saber que o que parece baunilha é baunilha. É o mínimo que se espera de quem vai pôr comida na mesa dos outros. Muitos pregadores na mídia de agora pregam o que parece cristianismo, mas não é... Por isso suas relações com outros cristãos azedam...

Doutrinas sabor baunilha

Dizer, por exemplo, que um problema de saúde foi mau-olhado e que o câncer contraído foi obra do demônio é tudo menos cristianismo. Lembra o falso creme de baunilha que parece mas não é. Assusta e impressiona a facilidade com que alguns pregadores atribuem tudo a Deus, aos anjos ou aos demônios.

Recentemente faltou luz por duas horas numa cidade. Com isso houve considerável atraso na celebração festiva da missa. Uma fiel deslumbrada, primeiro, atribuiu ao demônio a queda de energia naquela hora. Segundo ela, o demônio quis atrapalhar a festa. Quando a energia voltou, com o grupo de celebrante já a caminho do altar, à luz de velas, ela atribuiu a milagre de Deus que a luz tivesse voltado exatamente na procissão de entrada. Não havia entendido nada.

Quando alguém lhe disse que aquilo nada tinha a ver com Deus ou com o demônio, a resposta foi totalmente baunilhada... Disse que só quem não tinha fé atribuía o incidente a problemas técnicos. Ela via mais longe: foi o demônio e foi Deus... Com esse tipo de pessoas é praticamente impossível praticar ecumenismo. Moramos no mesmo planeta e temos a mesma Bíblia, mas certamente não a lemos do mesmo jeito...

> Em tempo: a baunilha é uma planta tropical do continente americano da família das orquidáceas, de cujas vagens se extraem o sabor e o aroma que lhe são característicos. Saber isso não muda muita coisa, mas ajuda a saber do que estamos falando...

96. Pregação triunfalista

No dia em que o Brasil, em Rosário, venceu a Argentina por 3 x 1, pouco antes da meia-noite, o fundador de uma conhecida Igreja pentecostal, feliz com a vitória, afirmou que Jesus dera a eles o domínio e que um dos seus membros era o maior jogador do mundo. Entusiasmo de momento, hipérbole e afirmação triunfalista! Os católicos já fizeram o mesmo em tempos de menos ecumenismo e respeito pelas outras igrejas. Alguns ainda o fazem. Foi Jesus quem disse que quem se humilha será exaltado e quem se exalta será humilhado (Lc 14,11).

Se o pregador tivesse pensado, se lembraria de que seu famoso jogador já não era mais o número um do mundo, posto que fora suplantado pelo colega de equipe que, por coincidência, era católico. Se tivesse pensado mais, admitiria que o mundo já teve muitos outros jogadores declarados primeiros, que eram de outras religiões, a grande maioria católicos. Dos técnicos de futebol vitoriosos, a maioria era de católicos. Então, como Deus dera a eles o domínio no esporte? Também em outras coisas, onde está o domínio daquela Igreja?

Tenho o hábito de advertir os pregadores católicos para que não exagerem ao descrever seus movimentos, seu grupo de fé ou nossa Igreja. Em muitas coisas somos ótimos. Noutras, somos sofríveis e, noutras, pecadores. Assim com as outras igrejas. Tomemos cuidado com as expressões *domínio, poder, tomar posse*. Talvez ajude o marketing daquele grupo, mas nem sempre é afirmação verdadeira.

É sempre um risco alguém afirmar que algo na sua Igreja começou com o seu grupo. A história costuma desmentir quem vê as coisas com o nariz excessivamente perto da sua agremiação.

Meu IRMÃO crê DIFERENTE

> Não lemos direito um livro quando enfiamos o nariz nele. Nem se lê direito a história, quando achamos que tudo começou conosco. Antes de nós veio gente boa; em muitos casos, bem mais preparada do que nós. Não custa nada admitir que aprendemos algo de alguém e que esse alguém, homem ou mulher, profetizou antes de nós....

97. A verdade mais verdadeira

Houve um tempo em que alguns pregadores católicos garantiam que só nós somos detentores da verdade plena sobre Jesus. Hoje sabemos e afirmamos que ninguém é detentor da verdade plena. Jesus é maior do que todas as igrejas juntas. O próprio *Catecismo da Igreja Católica* afirma que sobre Deus é muito mais o que não sabemos do que aquilo que já sabemos. Santo Tomás de Aquino dizia o mesmo. Ela aprendeu que outros também amam a Jesus e são por ele amados.

O Vaticano II e encíclicas sobre o diálogo com as outras religiões incentivam a afirmação da nossa fé, porém, sem desrespeito pelas outras igrejas. Se eu não achasse que minha Igreja é a melhor, já estaria em outra. Mas isso não me dá o direito de tratar as outras igrejas como se fossem uma aberração. Não preciso diminuí-las para firmar a minha! Para que minha estrela brilhe, não preciso negar a luz das outras estrelas.

Agora, há outros dizendo que só eles podem ensinar a fé e que nós traímos Jesus e não o amamos de verdade. Acham que a verdade está com eles. Alguns pregadores católicos ainda gostam de dizer que os outros estão errados. Alguns mestres evangélicos ainda gostam de mostrar os erros dos católicos. Os livros de uns e de outros chegam a ser cruéis. Não aprendemos quase nada com os erros dos ditos reformadores e dos contrarreformadores. Aqueles livros não eram nada caridosos.

***

Hoje há pessoas agressivas escrevendo em ambas as igrejas. Não se limitam a expor sua verdade. Escancaram os erros da outra Igreja. Comecei este livro falando do que leio na internet.

Tenho comigo alguns folhetos e livros de pentecostais, messiânicos, evangélicos e católicos irados. Recebi-os na rua. Assustam. Uma coisa é lembrar a todos que precisam ser moderados e criticar essas posturas. Outra é citar a Igreja e ofendê-la abertamente, mandando quebrar imagens, queimar livros, símbolos e lembranças. Quem faz isso está mais para Gedeão e Sansão, dois tipos de arruaceiros tidos como heróis (Jz 6–9), do que para Ester e Noemi, mulheres capazes de ver o outro lado das coisas.

***

O esperto leitor consulte sua Bíblia para saber o que eles fizeram e disseram! Quando uma Igreja acolhe como vítima e herói quem chutou com menosprezo os símbolos e os sinais dos outros, existe alguma coisa de profundamente errado com essa Igreja e com esses fiéis. Igrejas de Cristo não agem dessa forma!

Também há os serenos que buscam o diálogo enquanto afirmam suas convicções. Um não pisa nos catecismos dos outros, nem faz pouco caso da versão de Bíblia que o outro usa. Na maioria dos casos, discutir sobre Bíblia é discutir sobre versões e traduções. Quase ninguém a lê em grego, e a maioria de suas traduções veio da chamada *septuaginta*, "versão dos setenta".

> Se os pregadores da "verdade mais verdadeira" continuarem falando mal do caminho dos outros, como, infelizmente, alguns ainda fazem para ganhar novos adeptos, e se afastarem seus fiéis do diálogo com outros irmãos, todos eles correrão o risco de se tornarem pregadores não da verdade mais verdadeira, mas da mentira mais bem contada.

E isso serve para os pregadores do lado de lá e para os do lado de cá. Quem é contra o diálogo é mais diabólico do que pensa que é. Diabólico é tudo aquilo que separa e joga as pessoas umas contra as outras. Simbólico é quem aproxima e põe junto. São palavras com a raiz *diá* e *bolos*. Algumas religiões fazem isso!

Em algumas ruas a vizinhança ficou difícil por causa desses eleitos que insistem em forçar os outros a crer como eles. Que os católicos não entrem nessa! E que os sacerdotes católicos sejam severos contra o católico que ofender a outra Igreja. Um dos caminhos mais bonitos do catolicismo de hoje é o ecumenismo. Isto é:

- os outros também conhecem e amam a Jesus;
- a luz de Deus também brilha neles.
- resolveremos nossas diferenças na oração e no diálogo...

98. Os intérpretes do céu

Se você não é dado a leituras, não vai ler. Mas, se gosta, experimente, um dia, ler algum livro sobre as origens, o desenvolver, as doutrinas e as práticas das religiões. Vai descobrir coisas maravilhosas, mas vai descobrir, também, muita crueldade, muitas semelhanças e muita discordância.

Descobrirá o porquê dos locais e objetos de culto, das roupas, da certeza de que eles estão com a última palavra e que foi a eles, e não aos outros, que Deus confiou a verdade verdadeira. Descobrirá o porquê dos seus livros sagrados, das pedras, arcas e tendas, dos ícones, dos fundadores e profetas, dos mártires e modelos de vida.

Descobrirá por que alguns se ajoelham, outros se arrastam ou se dobram, alguns se tatuam, outros se aspergem, outros se cobrem até os pés e outros se desnudam e flagelam. Descobrirá as mãos para o alto, para baixo, em concha, os punhos fechados, as repetições infindáveis da mesma palavra ou da mesma súplica, do mesmo louvor ou da mesma passagem do seu livro.

Descobrirá promessas de futuro e garantias de céu para quem fizer a mesma coisa cada ano, cada semana, cada mês, e do mesmo jeito. Mas é para quem for obediente ao que seus porta-vozes do céu dizem que é para ser.

Descobrirá os sacrifícios, de sangue ou de suor, as renúncias e as privações, os suspiros, as lágrimas, as revelações e a última palavra de ordem.

As religiões são muito parecidas no bem e no mal, nas suas afirmações absolutas e no seu dogmatismo, nas suas práticas e nas suas condenações, na sua certeza de que são as únicas e verdadeiras intérpretes do céu. Sempre acham um defeito na outra e uma qualidade a mais na sua.

Gostam muito de apontar os pecados das outras e as virtudes da sua. Os sacerdotes da outra pecam mais e erram mais; os seus, em geral, são ótimos. Quando erram, são desculpados. Os sacerdotes dos outros, não! Alguns fazem questão de não saber o lado bom das outras religiões. Se sabem, não comentam para não dar aos fiéis a ideia de que existem coisas boas fora da sua Igreja. Pensam que multidão sincera e milagres só acontecem nos seus locais de culto. Seus jornais, programas e revistas só falam de Deus agindo neles, ou mandando mais gente para eles porque, no seu ideário, salvar significa mandar para eles. Um jogador deles é campeão do mundo e eles proclamam que isso é domínio de Jesus, esquecidos que centenas de outros de outras igrejas ou religiões também foram campeões.

Os intérpretes do céu costumam ser muito radicais e proselitistas. Ou tudo ou nada, ou céu ou inferno, ou santos ou demônios, ou totalmente do grupo ou falhos para sempre! Se for preciso, alguns deles, como já aconteceu, matam e mandam matar em nome do autor da vida. A Bíblia está cheia de histórias de heróis que mataram em nome de Javé. Também cristãos e muçulmanos mataram em nome da sua fé.

Religioso, quando aceita a fé do outro, costuma ser pessoa admirável. Quando se acha o único com direito de interpretar o céu, derrama sangue. É só chegar ao poder que ele impõe suas leis a ferro e fogo. Tudo em nome dos direitos de Deus, que, na verdade, são sua própria sede de um dia governar o mundo e fazer todo mundo pensar, orar e viver como seu grupo.

O mundo está cheio de intérpretes absolutos do céu. Raramente conseguem elogiar os outros. Na sua maioria eles se acham os únicos legítimos e, modéstia à parte, os melhores. Excesso de fé ou falta de humildade? Na verdade, os dois!

Há duas maneiras flagrantes de interpretar a Bíblia: uma, ao sabor da nossa ignorância e, a outra, orientados pelos estudos e pesquisas de gente séria e preparada. A primeira diz: "Deus está me dizendo!". A segunda afirma: "Irmãos estudaram e assim concluíram!".

99. Flores, canteiros e jardins

Conheço muitos jardins mundo afora. Pelo que me lembre, todos eles têm flores e canteiros diferentes. Há perfumes diferentes, cores diferentes, formas diferentes. O que faz aqueles jardins maravilhosos é que todas são sebes, ou flores ou arbustos, mas todas aquelas plantas enfeitam. E todas têm suas raízes no mesmo solo. O que não presta já foi eliminado ou elimina-se. Mas raramente se eliminam as flores.

Existe um jardim chamado Reino de Deus, no qual há canteiros e flores das mais diversas espécies. Nele, rosas não precisam se tornar lírios para louvar o Senhor, nem os gerânios precisam se converter em rosas ou açucenas para louvá-lo. Todos precisam é ser flores e cumprir bem sua missão. Não são iguais nem nunca serão, mas podem conviver maravilhosamente, enfeitando o mundo onde Deus as colocou lado a lado.

Por isso, metáforas à parte, é doloroso ver pregadores e fiéis olhando para os outros como se os outros não fossem flores dignas do céu. Em algum lugar do seu livro leram errado o episódio do seu chamado. Escutaram seu nome e agora acham que Deus só fala o nome deles. Taparam os ouvidos para não ouvir Deus chamar também os outros! Tenho pena desses irmãos! Ficaram com trechos da Palavra, mas não com a Palavra!

100. A briga dos buquês

Uma vez um buquê de rosas vermelhas quis ser o único a enfeitar o altar de Deus. Encontrou um buquê de rosas brancas que se dizia o único com direito de enfeitar o altar de Deus.

Na calada da noite os dois brigaram para ver quem era mais flor do que o outro. De manhã, quando o povo chegou, lá estavam os dois buquês feios, estraçalhados e inúteis.

Alguém meneou a cabeça e os jogou no lixo. Podiam, os dois, enfeitar, lado a lado, o altar de Deus, mas, porque eram tolos, um achava que o outro não devia estar lá e que só ele merecia o nome de buquê. No seu lugar foi colocado outro buquê de margaridas que os dois achavam uma flor horrorosa. E as margaridas enfeitaram aquela festa com muita competência.

Moral da história: Só os buquês de flores estúpidas brigam para ver quem é mais flor do que a outra. Eles e alguns pregadores de religião que não conseguem ver nenhuma beleza na religião dos outros.

101. Creio porque não vejo

Creio na existência das constelações e estrelas como Pegasus, Virgem, Vega, Sírios e Orion, embora nem saiba onde procurá-las. Creio em muitas coisas que nunca vi, mas que um dia verei. Por isso, creio que há seres criados por Deus, que não são humanos. Creio em anjos e arcanjos, e também em querubins e serafins que não são anjos, mas também não são humanos. Não consigo nem mesmo imaginá-los.

A Bíblia diz que eles existem e não pretendo negá-los só porque não cabem na minha imaginação. Para mim, os mensageiros de Deus existem, mas nem me arrisco a desenhá-los ou a pintá-los. Na minha concepção, eles são seres espirituais que não precisam de formas. Quando se manifestaram aos humanos por ordem de Deus, usaram alguma forma, mas não possuem corpos como os humanos.

***

Os santos, diferentemente dos anjos, não são puros espíritos; são seres humanos que se realizaram vivendo para Deus e motivados pela sua fé em Deus. Assim creio. Conseguiram certo grau de perfeição que os qualifica como humanos especiais. Atingiram o seu destino e conseguiram melhor diálogo com o Criador. Acharam um sentido eterno para suas vidas, já neste mundo. Nunca nenhum dos santos que estão no céu se comunicou comigo. Mas eu me comunico com eles e peço que, lá onde estão, salvos e vivos em Deus, orem por mim. Quero encontrá-los, um dia. Tenho uma curiosidade imensa de conhecer alguns deles.

***

Os demônios, ao contrário do que muita gente afirma, não são nem nunca foram humanos. A Bíblia diz que eram espíritos bons que, pelo orgulho, pecaram. Não só os humanos pecaram; eles também e muito antes de nós. De seres superiores acabaram em situação inferior. Por isso, estão no inferno. É o que dizem os textos bíblicos que precisam sempre ser interpretados, porque há uma pedagogia nessas histórias.

Regiões abissais, baixas, inferiores

Houve um tempo em que se pensava que o inferno estava no fogo debaixo da terra. Mas era simbolismo. Era o modo de dizer que o pecado faz isso. Baixa o nível da pessoa. Os demônios na conceituação da maioria das religiões são a personificação da maldade. Numa sociedade agropastoril imaginavam-no com um tridente, colhendo almas como palhas e jogando-as na fornalha ardente. Quem ainda tem essa imagem não cresceu na sua catequese. Nem crianças pensam mais dessa forma.

***

É doutrina da maioria das religiões afirmar que eles não podem nada contra quem é de Deus, mas tentam afastar-nos do bem. É outra forma de conceituar as opções de cada dia que nos fortalecem na escolha do bem.

***

Repito a quem me ouve ou me lê. Eu preciso dos santos e dos anjos e não quero escolher contra o céu. Acho o Céu mais importante do que a Terra. Creio que existem seres humanos salvos, numa outra dimensão do viver em Deus. Acho a utopia e o sonho tão ou mais importantes que a realidade. Não fosse isso, ninguém se casaria... É porque ainda sonham com um futuro feliz e sem solidão que as pessoas se casam. Acham que com eles vai dar certo! Eu vou mais longe e acho que não morreremos para sempre. Viveremos sem o corpo de agora, mas seremos as pessoas de agora, melhoradas e sem os limites do aqui. Deus é eterno, não teve começo nem terá fim. Nós somos eviternos: tivemos começo, mas não teremos fim.

Parte III

Perspectivas

102. Se Deus quisesse tudo igual

Se Deus quisesse tudo igual
teria feito só rosas, mas fez outras flores, aos milhares,
teria feito só bananas, mas fez outros frutos, aos milhares,
teria feito só o tubarão, mas fez outros peixes, aos milhares,
teria feito só a águia, mas fez outras aves, aos milhares,
teria feito só o gato, mas fez outros animais, aos milhares,
teria feito só um tipo de borboleta,
um só tipo de pessoa.

Mas Deus fez gente de todas as cores e raças e tamanhos,
Pouca gente é realmente parecida.

Mais:

Se Deus quisesse tudo igual,
não teria feito as pessoas de tal maneira diferentes,
porque cada um de nós tem o seu DNA,
que é uma espécie de arquivo confidencial de cada ser humano,
pelo qual se pode identificar,
com pouquíssima margem de erro
um ser humano. É nosso cartão de identidade universal.

Não há dois seres humanos com o mesmo DNA; nem mesmo os gêmeos. A ciência está descobrindo o que a religião já sabia:

que Deus criou e cria cada ser humano de maneira especial. Mas a ciência está descobrindo, também, mais depressa do que os pregadores de religião, que é impossível a humanidade pensar e sentir sempre do mesmo jeito. Por sua parte, a religião aprende com a ciência que perguntar e tentar achar respostas aqui mesmo é bom para a fé. Pressa de atribuir tudo a Deus e ao demônio afasta o fiel da busca da verdade. Ele começa a viver de respostas prontas, como quem não mais quer aprender.

***

Enquanto a ciência luta para valorizar o diferente, preservar as espécies, salvar da extinção o que é raro, impedir que se percam espécies de vida raras destruídas, modificadas ou engolidas pelas outras, esses pregadores querem engolir os outros e lutam para que todo mundo, um dia, pense, ore, cuspa, ame, louve, dance e cante aleluia como eles. Não toleram outras religiões e fazem de tudo para provar que os outros estão errados e eles certos, os melhores e únicos. Em resumo, dão a entender que, se Deus um dia destruísse todas as pessoas, eles certamente sobreviveriam, porque são os únicos escolhidos. Ilusão das ilusões! Se Deus permitiu tantos caminhos de fé, deve ser porque Ele sabe conviver com a fé dos seus filhos. Errada ou certa nossa maneira de vê-lo, Deus não deixa de nos amar. Quem não sabe conviver com a fé dos outros são os religiosos de má-fé ou de má índole!

103. Se as Igrejas se calarem

Trabalhadores com fome, pais de família sem trabalho.
Se as Igrejas se calarem, as Igrejas pecarão.
Menores abandonados, crianças cheirando cola.
Se as Igrejas não falarem, as Igrejas pecarão.

Erotismo contra a infância, violência na TV.
Nudismo por toda parte, nas praias e nas novelas.
Tortura, roubo e sequestro, corrupção nos governos.
Gente sem terra e sem teto, crianças fora da escola,
hospitais desativados, doentes não atendidos,
esperas de muitos meses.
Se as Igrejas não falarem, as Igrejas pecarão.

Chacinas e genocídios, guerras por questão de terra,
fanatismo religioso, religião que ataca a outra.
Revistas de erotismo na mão de nossos meninos,
trabalho escravo no campo, salário quase de fome,
aposentado com fome, impostos altos demais,
juros à estratosfera, neoliberalismo em alta,
adolescentes que matam os pais,
adultos que vendem droga e vendem pedofilia,
aborto legalizado, colonos assassinados,
a ordem desrespeitada, invasões por toda parte.
Se as igrejas se calarem, as igrejas pecarão.

No passado, muitos pregadores se calaram, quando judeus eram agredidos, índios e negros escravizados. E houve até quem achasse textos bíblicos para justificar invasão de terras e países, e massacres de infiéis. Hoje, temos que pedir desculpas pelo que nossos antecessores fizeram e jurar que nós não o faremos.

***

Eu sei e você sabe que muitos católicos preferem que o padre não fale desses assuntos e só trate de louvores, curas, milagres e salvação. Mas como leio os documentos da nossa Igreja, sei que não é possível pregar o evangelho sem pregar a justiça e os direitos humanos.

Se, por causa disso, eu perdesse os ouvidos do meu povo e ninguém mais viesse me ouvir, e eu tivesse apenas 20 a 30 católicos à minha frente, eu ainda pregaria a mesma coisa. Não faz mal que, por causa disso, eu não tivesse muitos ouvintes. Jesus também não os tinha e houve um tempo em que até seus colaboradores acharam sua fala dura de engolir (Jo 6,64-67). E ele perguntou aos que ficaram se eles também não queriam ir embora!

Eu penso que uma Igreja que não reza não merece o nome de Igreja. Mas, acho, também, que uma Igreja que se cala diante da dor e da injustiça, e não faz nada de concreto para mudar uma situação política e injusta, também não merece o nome de Igreja. No meu dicionário, religião rima com oração, mas também rima com pão e com libertação!

104. Maria não está lá

Sou dos que louvam Maria e invocam sua intercessão,
mas, quando olham para as imagens que a representam,
olham apenas de passagem, não falam com elas.
Maria não está lá.

Vou ao templo a ela dedicado,
mas não falo olhando para a sua imagem.
Maria não está lá.

Tenho imagens dela no meu escritório e no quarto,
mas não falo com suas imagens.
Maria não está lá.

Canto sobre Maria e para Maria,
sem olhar para sua imagem.
Maria não está lá.

Como de costume,
olho a escultura que me faz pensar nela,
a mãe do Cristo, depois interiorizo e perco os olhos no infinito.
Às vezes os fecho e imagino Maria, lá onde ela está,
ao lado de seu divino Filho, salva por ele que a todos veio salvar.

Então eu lhe digo coisas. E peço que interceda por mim,
porque, de Jesus e de orar e interceder, Maria entende mais.

Não sou um cristão mariano, sou cristão cristocêntrico,
mas, exatamente por colocar o Cristo Jesus
no centro da minha fé,
tornei-me também mariano.

Acolho Maria, porque, quem está perto de Jesus
nunca está longe de Maria,
assim como quem está perto de Maria
nunca está longe de Jesus.
Ela não está na imagem, mas estava lá ao lado do Filho
e agora está onde o Filho está.
Não seria estranho se Jesus,
a quem foi dado todo o poder (Mt 28,18),
ainda não tivesse conseguido introduzir sua mãe no céu?

***

A um amigo de outra religião que me perguntou por que sou cristão, falei de Jesus. Sou cristão por causa dele, não por causa dos seus santos. Mas sou-lhe grato pelos santos que ele nos deu.

A outro amigo que me perguntou por que fiz tantas canções para Maria, respondi que nunca ouvi dizer que um filho não gostasse de ver sua mãe elogiada.

Maria não é deusa, mas nunca ninguém neste mundo esteve tão perto de Deus quanto ela. Afinal, o Filho de Deus morou no seu ventre por nove meses e esteve lado a lado com ela por mais de trinta anos. Maria é cristocêntrica. Ela aponta o tempo todo para o centro que é Jesus, e este, para a Santíssima Trindade. Aprendo com ela!

105. Todos juntos ao menos uma vez

Na Campanha da Fraternidade, os católicos foram à rua e prestaram serviços a todas as pessoas carentes, independentemente de que religiões fossem. Não as obrigaram a orar com eles.

Na outra semana, os evangélicos foram à rua e prestaram serviços a todas as pessoas carentes, independentemente de que religiões fossem. Não as obrigaram a orar com eles.

Na sua Páscoa foram os judeus e, no ramadã, os muçulmanos foram à rua e prestaram serviços a todas as pessoas carentes, independentemente de que religiões fossem. Não as obrigaram a orar com eles.

Numa outra semana os kardecistas ganharam a rua e prestaram serviços a todas as pessoas carentes, independentemente de que religiões fossem. Não as obrigaram a orar com eles.

Foi muito solidário e muito bonito. Todos eles ultrapassaram o discurso. Agiram.

E eu espero pela semana em que, todos juntos, na mesma praça, nos mesmos viadutos e nos mesmos estádios prestem serviços juntos para mostrarem que de fato conseguem ser irmãos entre si e não apenas com os pobres. Aí, sim, o mundo terá uma chance!...

106. Caminhos ecumênicos

Perguntou-me se o seu caminho até o centro era certo.
Eu disse que era.
Por aquele caminho, ele certamente chegaria.

Seu irmão, que ia por outro caminho,
perguntou se também ele estava certo.
Eu disse que sim.
Também pelo outro caminho era possível chegar ao centro.

Mas o terceiro estava num caminho errado.
Pelo caminho que tomara, estava se desviando do centro.

Eu também ia para o centro, mas por outro caminho.
Indiquei a eles vários caminhos.

Então um amigo não ecumênico me perguntou:
– Por que você não indicou apenas o nosso caminho?
E eu lhe disse:
– Porque não foi isso que eles me perguntaram!
– Queriam o quê?
– Queriam saber se estavam certos.

Nenhum deles me perguntara qual o melhor caminho. Se perguntassem pelo melhor, eu lhes teria mostrado o meu. Como os deles também levam, embora demorem mais, respeitei a sua vontade. Eu só alertei aquele que estava indo na direção errada. Era o único que tinha que mudar seu caminho!...

Em resumo, fugi do marketing da fé que gosta de mostrar apenas o seu caminho...

Se ecumenismo não for isso, então alguém precisa me explicar o que é ser ecumênico!

Acontece que eu li a *Ut Unum Sint*, a *Orientale Lumen* e a *Unitatis Redintegratio!*

107. Ecumênico com muita honra

Sou cristão e feliz por ter conhecido a Jesus e sua mensagem.
É uma honra fazer parte dos que seguem Jesus.
Mas isso não me dá o direito nem de relativizar as igrejas,
como se tudo fosse a mesma coisa,
nem de me achar mais santo, mais eleito, mais fiel
e mais católico ou evangélico do que os outros.

Gosto de minha Igreja, que acho um excelente caminho de fé.
Para mim, certamente, o melhor.
Não acho que minhas lentes são as melhores para todos os míopes.
Dizer que minha Igreja é melhor não me dá o direito
de menosprezar a Igreja dos outros nem me dá o direito
de só ensinar e pregar e jamais ouvir.

Nas outras igrejas também há santos e pecadores,
tanto quanto os há na minha.
Não acho que nossas igrejas são iguais em tudo.
Também não acho que as flores são iguais em tudo.
Mas admiro sua beleza, seu perfume e sua forma especial.
Nem tenho medo de que, elogiando alguma flor,
a nossa seja diminuída.

Quero aprender a sentir e admirar a beleza,
o perfume e a maneira de ser das outras igrejas.

Meu IRMÃO crê DIFERENTE

Não tenho medo de ser menos católico,
só porque sou bem educado e respeitoso para com os outros.
Nunca me tornarei membro de alguma Igreja evangélica,
mas nunca deixarei de admirar as coisas boas dessas igrejas.

Expressarei minhas convicções,
tentando jamais desrespeitar as deles;
se desrespeitar, pedirei perdão, mesmo que ele me desrespeite
e não se desculpe.
Levarei em conta a educação que ele
recebeu e as pregações que ouviu...

***

Quanto aos serenos e profundos,
quando aparecerem as diferenças,
falaremos serenamente sobre elas.
Ouvirei de bom grado as suas histórias, exortações e canções,
e espero que ouçam as minhas,
até porque, em lhes falando, tomarei o cuidado
de jamais provocá-los ou diminuir suas igrejas.

Há tanta coisa boa que podemos viver em comum,
que considero perda de tempo discutir sobre o que nos separa.
Discutir religião para ver quem ama e sabe mais, nunca!
Dialogar sobre nossas igrejas, sim!
Sou ecumênico, com muita honra!
Acredito no nosso jardineiro
e no seu jeito de lidar com as flores!

108. O sol que brilha no meu quintal

Todos os dias uma estrela gigantesca brilha
no quintal de minha casa.
Seus raios nos envolvem.
Todos os dias, esta mesma estrela brilha
no quintal da casa do meu irmão.

Meu irmão não é católico como eu.
Mas o sol que brilha na minha casa e na minha Igreja
também brilha na casa e na Igreja dele.

Como sou inteligente, nunca digo que só eu tenho a luz.
Deixo que o sol me ilumine e aplaudo meu irmão
iluminado como eu.
Acho que o Deus que me ilumina também o ilumina.
Nós dois é que recebemos de maneira diferente a mesma luz.

***

Todos os dias a luz de Deus brilha à minha procura.
Todos os dias esta mesma luz brilha para meus outros irmãos.
Como sou inteligente, nunca digo que só eu tenho a luz,
nem que eles não a têm.

Não oramos, nem pensamos, nem dizemos as mesmas coisas.
É que somos limitados pela nossa miopia espiritual.

Ele e eu vemos as coisas dentro dos nossos limites.
Só Deus sabe quem vê mais certo ou mais.

É por isso que sou ecumênico.
Há coisas que meu irmão iluminado pode me ensinar.
Há coisas que eu posso ensinar a ele.
E há divergências que não precisam acabar em discórdia.

O sol que brilha no meu quintal também brilha no quintal dos outros. Quem não entende isso vai fazer discurso de seita! O triste é que há milhares de pregadores fazendo exatamente esse discurso. Encaram a luz de frente e com tanto fanatismo que não conseguem ver o brilho de Deus nos outros.

109. Crescer no ecumenismo

O que muitos cristãos não sabem é que um muçulmano fiel não tem nada a ver com guerra santa. *Jihad* para ele significa "esforço", "luta" "empenho de vida". A guerra era um último recurso e só para se defender. Se vencessem, seriam generosos com os inimigos. Uma das *hadith* (tradições) afirmava que Maomé, ao voltar de uma batalha que vencera, disse que agora começava a maior de todas: reformar a sociedade e o próprio coração. No livro de Karen Armstrong, *Em Defesa de Deus*, se lê à página 111, versão brasileira, que, quando Meca voluntariamente abriu as portas para não entrar em guerra, ninguém foi obrigado a adotar o islamismo e Maomé não tentou instaurar ali um Estado exclusivamente islâmico.

Diz ainda a erudita autora, historiando o islamismo, que nos primeiros cem anos posteriores à morte do Profeta desencorajava-se a conversão ao islamismo, que era religião de árabes, descendentes de Ismael, o primogênito de Abraão, uma vez que os judeus são filhos de Isaac e o cristianismo é a dos seguidores de Jesus. Mais tarde muçulmanos de outras convicções desobedeceram a Maomé e praticaram a violência que Maomé não ensinou.

O que não se ensina é que, entre os judeus, havia conceitos de partilha e de renda mínima ou mínimo necessário; traduziam o judaísmo melhor do que qualquer outro preceito. Sobre eles discorre de maneira claríssima o também erudito Jacques Attali, no seu livro *Os judeus, o dinheiro e o mundo*.

***

O que muitos católicos não sabem é que, quando um evangélico sincero se diz vencedor em Cristo, não pensa em derrotar os outros e, sim, em vencer o pecado e a si mesmo. Mais tarde é que, movidos pelo marketing e pelo proselitismo desenfreado, alguns neoevangélicos de pouca leitura e menor profundidade começaram a falar em vitória sobre as outras igrejas.

O que muitos evangélicos não sabem é que os católicos são orientados por sua doutrina e por seus documentos oficiais a respeitar outras religiões e a ver luz e graça de Deus em outros grupos cristãos. Não temos o direito de declarar que alguém vai para o inferno ou está nas trevas. O católico que faz isso andou lendo textos da Idade Média, mas nossa Igreja evoluiu no diálogo ecumênico.

***

Jesus nem sempre é obedecido por católicos e evangélicos mais aguerridos que teimam em esquecer como ele tratou pessoas de outra fé e como dialogou, deixou falar, elogiou e acolheu.

Às vezes, vinte deles conseguem criar mal-estar entre nações, ao praticar seu ato insano em nome de Deus. O ódio religioso atravessa séculos. E se não tivermos a coragem de nos aproximarmos, levaremos milênios até descobrir que é o mesmo sol que brilha sobre catedrais, matrizes, mesquitas e sinagogas.

Repitamos para não esquecer que o problema não é da luz nem é do céu: é de nossas janelas e portas trancadas e das cortinas e persianas que teimamos em cerrar para orarmos, só nós e só do nosso jeito, ao Pai de todos, mas cujo colo ciosamente afirmamos ser só nosso. Coisa de criança mimada e manhosa!

Se não crescermos, murcharemos!

110. Tão perto e tão distantes

Carta a um pastor amigo

São Paulo, 12 de outubro de 2001.
Meu caro e reverendo Enéas.

Grato por seu e-mail. Foi humilde e esclarecedor.

Concordo com suas preocupações com relação aos dois pregadores que prejudicam nossas igrejas. Um católico e outro pentecostal, como você é. A verdade é que sei muito pouco sobre a sua Igreja e você sabe muito pouco sobre a minha. Sabemos quase tudo de bom sobre nossas igrejas e quase tudo de errado sobre as outras. Alguns dos nossos pregadores nos ensinaram a ver a graça de Deus agindo em nós e o pecado agindo nos outros. Crescemos ouvindo que o nosso lado é que é fiel e o outro é infiel; que nós temos a luz e os outros ainda não a têm. Em outras palavras, estamos no barco certo e somos melhores.

Por isso, por algum tempo nem eu li os livros e as revistas de sua Igreja, nem você os escritos da minha. Fomos educados no preconceito. Ensinaram-nos que nós é que somos os eleitos. Fomos educados a acentuar as nossas diferenças. Ensinaram-nos a negar que o jardim do vizinho é bonito e que suas flores são lindas e sadias. Mas eu tive que mudar e espero que você também! E, se quer saber, foi minha própria Igreja que nos seus documentos deixou claro que os católicos teriam que ser ecumênicos se quisessem ser abrangentes e católicos. Leio muito a *Ut Unum*

Sint de João Paulo II. Lá, ele é categórico a respeito do diálogo. Não é questão de fazer ou não fazer. Um bom católico não tem escolha. Pecaria se fugisse ao respeito por outras igrejas.

As religiões têm muito mais semelhanças que diferenças, mas milhares de pregadores gostam mesmo é de acentuar as diferenças; com exceção, é claro, dos que realmente pregam a verdade e a buscam, sabendo que ela é maior do que todas as igrejas juntas.

***

Conheço seu templo. Em vinte minutos posso ir lá. Vivemos perto e, contudo, nos sentimos distantes. Você não vem orar comigo e eu não vou lá orar com você. Passamos de carro um pelo outro, no supermercado onde compramos, na mesma rua, cada um na direção de sua Igreja, onde vamos falar com o mesmo Pai, mas, nos nossos lugares, tudo porque achamos que no lugar do outro se ora menos e se vê menos. Deus só age no nosso altar...

***

O que foi que realmente houve para que chegássemos a isso? Se nossos fiéis quiserem conhecer os culpados, olhem para os púlpitos. Foi de lá que pregadores birrentos nos ensinaram que não temos nada que aprender um com o outro e que o outro, se quiser achar a verdade, conhecer Jesus e ir para o céu, tem que vir para o nosso lado.

Felizmente, isso está mudando. Alguns de nós estamos conseguindo manter nossas convicções, sem perder o respeito pelo outro. Estamos aprendendo a ver a mesma luz que brilha em nós brilhar no outro. Nossas diferenças de enfoque e até de conceitos continuarão. Mas já será uma grande coisa se conseguirmos orar juntos de vez em quando.

No meu coração a pergunta de sempre: Por que será que alguns pregadores têm tanto medo de se darem as mãos enquanto falam com Jesus?

Você perguntou e respondeu no seu e-mail. Somos igrejas ciumentas e birrentas, como crianças que disputam o colo da mãe. Quando aprendermos a ser igrejas fraternas, veremos a graça de Deus agindo em todos. Agora, ainda são milhões os que, como você diz que lê muito nos meus escritos, não concebem tomar, juntos, um café no bar da esquina.

Mas crentes como você e eu, que se admiram e respeitam, mesmo sendo de outra Igreja, têm aumentado em número. Ouso dizer que já somos maioria. É a graça de Deus a nos aproximar. Um dia, quem sabe! Você e sua esposa continuam me devendo aquele almoço de salmão na brasa com legumes assados, temperados de suco e água mineral, já que nem vocês nem eu gostamos de vinho!

Ver-nos-emos em Cristo e nas nossas igrejas!

Pe. Zezinho, scj

111. Ecumênicos, graças a Deus

Ecumênicos, graças a Deus! Somos de igrejas diferentes. Houve um tempo em que haviam dito a alguns evangélicos para não chamarem a Igreja Católica de Igreja. Seu mentor dizia que éramos uma seita. Era uma retaliação aos padres que diziam a mesma coisa sobre outras igrejas cristãs. Um erudito pregador evangélico foi consultar a História e achou estranho chamar de seita uma Igreja de séculos de atuação, malgrado seus defeitos, Igreja de ação civilizadora, e mais de um bilhão de fiéis. Não era pelo tamanho, mas pela história. Deixou claro aos seus irmãos que a Igreja Católica existiu, existia e existirá, assim como eles, e era melhor que se chamassem de igrejas do Cristo.

Também o cristianismo foi chamado de seita, assim como os fariseus (At 9,2; 15,5; 24,5). O mínimo que devemos uns aos outros é admitir que eles são assembleias de crentes em Cristo e se sentem *ecclesia*, gente eleita e chamada. Se são ou não são, Deus sabe.

Após a leitura o pastor passou a nos ver como Igreja. Eu, que nunca tive dificuldade em chamar de Igreja outros grupos que se chamam Igreja, já ouvi palavras pesadas de irmão católicos mais radicais. Mostraram trechos dos papas e eu mostrei outros trechos e comportamentos dos mesmos papas...

Sei que irmãos meus pensam diferente, porque, para um grupo ser considerado Igreja de Cristo, tem que cumprir o mínimo necessário. Por isso não chamo a todos os grupos cristãos não católicos de Igreja, mas não posso negar que o grupo do pastor age e vive como Igreja de Cristo. O próprio papa João Paulo II, num encontro, os chamou de igrejas históricas.

***

Ainda pensamos e oramos de forma diferente, mas já não nos proclamamos os mais eleitos e os mais fiéis, nem disputamos o primeiro lugar no Reino. Há quem o faça. Um dia, também ele se converterá ao jeito de Paulo, que disse ter combatido o bom combate, travado uma boa luta, mas não disse que derrotou ninguém. Paulo também disse ter feito uma boa corrida, mas não disse que chegou primeiro (2Tm 4,7-8). Não estava à procura de um pódio. Melhor ainda, o apóstolo que todos admiramos disse que estava reservada para ele uma coroa de louros, mas não só a ele, como também a todos os que correram com ele. Sirva-nos de inspiração a humildade de Paulo, que disse:

> Para ganhar os fracos fiz-me fraco com eles. Fiz-me tudo para todos, para por todos os meios chegar a salvar alguns. E eu faço isto por causa do evangelho, para ser também participante dele. Não sabeis vós que os que correm no estádio, todos, na verdade, correm, mas um só leva o prêmio? Correi de tal maneira que o alcanceis. E todo aquele que luta de tudo se abstém; eles o fazem para alcançar uma coroa corruptível; nós, porém, uma incorruptível. Pois é assim que eu corro e combato. Sei para onde corro e não dou socos no ar. Tenho um objetivo e por isso subjugo o meu corpo, e o reduzo à servidão, para que, pregando aos outros, eu mesmo não venha de alguma maneira a ficar reprovado (1Cor 9,22-26).

Combati o bom combate, cheguei ao final da corrida e mantive a fé Agora espero receber a coroa da justiça que me está reservada, coroa que o Senhor, justo juiz, me dará naquele dia; mas não somente a mim, e sim, também a todos os que esperam por sua vinda (2Tm 4,7).

Apliquemos o pensamento de Paulo para todos os irmãos em Cristo. Então poderemos dizer: "Meu irmão e minha irmã creem diferente, mas nos amamos de maneira semelhante e com a mesma e sincera busca de quem sabe que não sabe tudo. Não acho que sou mais e que sei mais do que meus irmãos católicos e os irmãos de outras igrejas".

***

Penso que tenho o que ensinar a eles e que eles têm o que me ensinar. Alguns deles são sábios e profundos e, pelos seus muitos anos de estudo, exegese e amor pela Bíblia, certamente podem me ensinar talvez mais do que eu a eles. Mas tenho sido amado e respeitado pela maioria dos irmãos da minha e das outras igrejas que dizem aprender muito comigo. Se alguém discorda, dou e ele ou a ela este direito. Não vemos tudo do mesmo ângulo.

***

Sou dos que entendem que a água continua fria ou morna, a cachoeira continua o que ela é, independentemente do que achamos que ela seja. Do nosso ângulo, a cachoeira parecerá outra, mas é a mesma. A depender de nossa temperatura, acharemos a água fria ou morna, mas ela é o que é. Assim, as verdades contidas na Bíblia. São o que são e dizem o que os autores quiseram dizer, não necessariamente o que achamos que elas dizem. Não tendo convivido com os autores, só podemos interpretar, vinte ou trinta séculos depois, o que talvez eles tenham querido dizer!

Sou dos que acreditam que Deus inspira e ilumina, mas, como acontece com a luz do sol, nem todos o recebem como Deus os toca, por conta de janelas, portas e cortinas mais fechadas ou mais abertas. De qualquer forma, a luz que vem do sol não nos chega à sua real intensidade. Não a suportaríamos. Não fomos feitos para encarar o sol. Vivemos de vislumbres e penumbras e nos protegemos diante da sua intensidade. Fomos feitos não para encarar a luz, mas para olhar o que a luz ilumina.

> Iluminado, portanto, não é o cristão que olha para o alto e para a luz, e, sim, o que olha para o que a luz ilumina. Santo que olha para o céu procurando Deus lá em cima olhou apenas numa direção. Se quiser achar Deus agindo, é melhor que gire a cabeça para cima, para o lado e para baixo.

O céu fica acima de nós, mas este acima não é "lá em cima". Deus está em toda parte porque é o abrangente, o totalmente Ele mesmo, o diferente, o único, o incomparável, o inefável. Não o acharemos olhando uma só direção ou apenas nos nossos templos, púlpitos e altares. Ele não está apenas lá.

Aquele que para ver mais mira a luz é um equivocado. Dá-se o mesmo com relação aos crentes de todas as religiões. Isso explica os pregadores serenos, preparados e cultos e os outros: os que não estudaram nem estudam e, arrojados, garantem que viram, veem, sentem e tocam o mistério. Alguns até fazem propaganda de si mesmos na mídia, dando a entender que são capazes de prever coisas... A luz dos holofotes os deslumbrou. Dificilmente citam outros irmãos que estudaram mais do que eles. Pelo modo de acederem suas velas, saber-se-á quem é ecumênico e capaz de diálogo e quem não é!

***

Se garantem que Deus veio e pessoalmente acendeu suas velas, devem ser questionados. Se já existem fósforos e círios, por que Deus teria que descer do seu céu e acender cada vela que lhe erguemos? A Bíblia, com séculos de luzes, é um dos seus círios. As igrejas são outros. Cada cristão tem, pois, a chance de mostrar seu grau de humildade, no simples ato de ler e de acender uma vela. Se o livro e a vela dos outros não servem, corremos o risco de morrer de vela apagada...

> Sem diálogo não se acha o céu! E não vale dialogar apenas com os que sentam no mesmo banco de Igreja e cospem, dançam, cantam e oram do nosso jeito. Esse é o caminho mais cômodo. Há diálogos mais plenos e mais difíceis.

João Paulo II, que já citei, fala de diálogo entre igrejas na encíclica *Ut Unum Sint*, do número 7 ao 15. Ele diz que tal diálogo é um imperativo de consciência. Não é questão de diletantismo: temos que buscá-lo se nos consideramos cristãos. Anunciar Jesus sem querer diálogo com os outros que o anunciam é, no mínimo, atitude pecaminosa. Podemos e devemos afirmar-nos católicos, sem desmerecer os outros. Não é tudo igual, mas não é tudo tão diferente que não possamos caminhar juntos na maior parte do caminho!

112. Leituras da fé

Aprender a ler a nossa fé e a fé dos outros! Somos chamados a isso! Já basta o espetáculo das ideologias. Não se espera isso de religiosos. Uma coisa é ressaltar nossos valores, enquanto admitimos nossos erros. Outra, é ressaltar os erros dos outros e esconder nossos desvios.

Partidos políticos fazem isso o tempo todo, no desespero de não perder o poder ou de conquistá-lo. Quando governantes com ideologia nitidamente sectária devolvem fugitivos ou culpados ao regime com o qual simpatizam e se negam a extraditar assassinos e culpados com cuja ideologia se afinam; quando se vê claramente que pela ideologia se mente, se mostra o "mensalão" dos outros e se guarda silêncio sobre os próprios "mensalões"; quando a mídia de um lado inocenta seus parceiros de tudo o que fazem e aumenta os pecados do outro lado; quando religiosos mostram o mesmo comportamento, estamos diante da manipulação da verdade. Serve para as direitas e para as esquerdas do mundo, para democracias e ditaduras.

Ler a nossa fé e a fé do outro com respeito, ter a coragem de assumir as discordâncias sem desvalorizar os outros; admitir as nossas incoerências, quando mostramos as dos outros, é caminho de honestidade. Eu creio, tu crês, ele crê. Eu acerto, tu acertas, ele acerta. Eu erro, tu erras, ele erra. Assim deveriam ser nossas atitudes. Nem sempre são!

O fato de meu irmão crer diferente não deveria ser razão de não nos entendermos. Se achamos que calar seria omissão, não nos calemos. Mas saibamos dizê-lo com serenidade. E se ele o disser, recebamos com serenidade.

É possível? Parece ser! Muitos crentes cristãos o conseguem. Deve ser porque se pautam pela verdade e pela caridade.

113. Não temos medo, somos ecumênicos

Os que se negam a experimentar o ecumenismo dizem que é convicção, mas é medo. Afirmam que é zelo pela pureza da fé, mas é medo. Eles acham que os membros de seu grupo cristão já estão salvos e temem que ouvindo e orando com outros possam perder-se. Não há diálogo nem mesmo quando os outros irmãos são caridosos, serenos, maduros e abertos. Não querem conversa. Conversam com o demônio para expulsá-lo e repreendê-lo, mas não querem nem mesmo orar juntos com um irmão de alguma outra denominação que não siga o evangelho do jeito deles.

O medo de dialogar e perder adeptos leva muitos piedosos cristãos a condenar o ecumenismo. Detectam erro nos outros e acham que os outros, se tiverem uma oportunidade, vão disseminar seu erro também na sua nova religião tão santa e tão pura. Deus os suscitou para mostrar o verdadeiro evangelho. Por que haveriam de ouvir os outros? Por isso, alguns pregadores dizem aos fiéis que ecumenismo é coisa do demônio. Ligue o rádio e os ouvirá... Não admitem que duas pessoas possam mostrar a mesma cachoeira, ainda que de lados diferentes do rio. Não acreditam em bússolas.

Ninguém deve dialogar com o demônio e seus servidores, dizem eles. Mas alguns deles, ainda que de maneira dura, falam com o demônio, que dizem estar em algum dos seus fiéis. Decidem quem é do demônio: os membros da religião que eles combatem, ou quem deles discorde. Por isso, há muçulmanos fundamentalistas contra o diálogo com os cristãos porque os cristãos governam o Ocidente e eles odeiam o Ocidente. Por isso, os judeus radicais não querem saber de diálogo com os muçulmanos.

Por isso há evangélicos, messiânicos e pentecostais instando seus fiéis a evitarem o contacto com pessoas sem fé ou idólatras. Perderiam a pureza da sua fé, misturando-se a esses traidores da Bíblia.

***

Os cristãos que, de fato, descobriram Jesus e a fraternidade amam suas igrejas, mas não acima da fé em Jesus. Por isso, conseguem tranquilamente dizer, como Jesus aos doze: "Deixem-no em paz. Quem não está contra nós, está conosco!" (Lc 9,49; Mc 9,40). O ecumênico aceita os caminhos e o jeito do outro que ama a Deus, mesmo que pense diferente em alguns assuntos. O não ecumênico tem medo. Por isso, diz: "Ele não ora, nem pensa, nem age exatamente como nós, logo, é um transviado. Se não está conosco, está contra nós".

O preconceito é uma arma cruel e anticristã. Jesus combatia isso. Mas é a arma que alguns pregadores usam para segurar seus fiéis em suas igrejas. Ontem, os católicos tinham medo de evangélicos, a quem os padres irados ensinavam a ver como hereges. Hoje, evangélicos têm medo de católicos, a quem seus pastores irados ensinam a ver como idólatras e enganados pelo demônio. Quem tem medo da fé do outro nunca será ecumênico. Será incapaz de ver o outro como filho de Deus. Não leu a parábola sobre o irmão do filho pródigo... Não é nem quer ser da mesma *oikia*. É irmão contra a vontade.

114. Sombras ao redor dos templos

Depois de cinquenta séculos de história, finalmente a natureza foi domesticada: ares, mares, profundezas, elementos. O homem já sabe extrair quase tudo da mãe Terra. Mas ainda não aprendeu a devolver e a repor o que tirou...

Tornou-se mais guerreiro e terrorista, mais cidadão e mais selvagem, mais coisificado e mais coisificador, mais humano, mais bestializado.

A tecnologia o pôs na lua e a quilômetros no fundo do mar em busca de petróleo e minérios. A técnica se aprimorou e a liberdade diminuiu. Aumentou sua capacidade de criar riquezas e, com ela, a capacidade de se corromper e corromper, de roubar e desviar parte das riquezas para seu grupo de poder. Criou uma sociedade na qual tudo parece permitido, mas onde quase tudo é cerceado porque sobre quase tudo é colocado um preço em favor de quem detém o poder.

Portões, alarmes, cadeados, câmeras e guardas proíbem e permitem, mas nenhuma proteção protege. Os *hackers* entram onde querem, os ladrões assaltam até quartéis armados "até os dentes". Descobriram a estratégia da infiltração

Vivemos vigiados por câmeras em toda parte, e alguém tem nossos cadastros, nosso telefone e tudo o que considerávamos secreto. A privacidade desapareceu e a ordem do dia é a superexposição, a invasão e a evasão de privacidade.

Por toda parte liberta-se em nome de Deus, mas também se domestica em nome dele. Como no tempo de Mao Tse-Tung, em que se erguiam os livrinhos vermelhos do líder da nação, hoje se erguem livros do pregador famoso ou Bíblias de determinada

Igreja e só dela! Todos obedecem ao comando de chorar, fechar os olhos, franzir a testa e emocionar-se na esperança de que Deus ouça seus clamores. Está tudo dominado em nome da liberdade.

Jesus mandava tomar cuidado com quem falasse em seu nome ou dissesse saber seu endereço. Chamava a atenção para o costume pagão de usar de muitas palavras para falar com Deus. Deixou claro que só proclamar o nome do Senhor e pagar o dízimo religiosamente não era garantia de salvação. Continua não sendo ouvido, nem por quem prega, nem por quem ouve. Multiplicam-se os holofotes sobre o pregador, enquanto os caminhos prosseguem mal iluminados!...

Não contentes de mostrar seus rostos que poderiam ocupar não mais do que quatro centímetros nas orelhas de algum livro, alguns pregadores, vítimas voluntárias do marketing moderno, enchem toda a página, põem seus rostos e imensos painéis atrás de seus púlpitos e, às vezes, até do altar onde presidem as preces. E dizem que querem ensinar a louvar a Deus acima de tudo.

As igrejas tornaram-se mais centros de difusão dos pregadores do que do Cristo que eles anunciam. Por horas e horas as câmeras passeiam sobre eles, que falam sobre Jesus. Tem que ser assim? Com a modernidade e a facilidade de se conseguirem imagens, não poderiam elas passear mais tempo pelos rostos do povo enquanto o pregador fala?

As imagens de santos foram banidas em muitos templos, mas o lugar delas foi ocupado pela onipresente imagem do pregador. Conseguirão os pregadores da fé vencer a armadilha que os leva a capitalizar na própria imagem?...

115. Sábios e não crentes

Joseph Campbell e Carl Sagan são dois autores do século XX que consulto com regularidade. Seus mais de cinquenta livros estão na minha estante. São profundos, ricos de informação e ricos de questionamento. Particularmente o *Poder do Mito* (Campbell) e *Bilhões e Bilhões* (Sagan) me ajudaram a entender melhor a mente de alguém que sabe mais do que eu, mas não crê como eu. Contudo, vejo que respeitam quem se dá ao respeito. Não aceitam fanatismo nem respostas mágicas e prontas. Também Bento XVI não as aceita. Vejo isso nos livros *Dio e Il Mondo* (San Paolo) e no *Sal da Terra* (Imago), e ainda no *Luz do Mundo* (Paulinas).

***

Tenho outros amigos agnósticos e ateus. Fazem parte dos muitos livros de teologia de autores católicos e evangélicos que leio e anoto com serenidade. Leio, rabisco e anoto. Por uma razão especial, falo agora de Carl Sagan. Poucas pessoas morreram como ele morreu e poucos testemunhos são mais bonitos do que os desse ateu exigente e questionador, mas respeitoso.

No capítulo 19, No Vale da Sombra, do livro *Bilhões e Bilhões*, leio:

> Gostaria de acreditar que, ao morrer, vou viver novamente, que a parte de mim que pensa, sente e discorda vai continuar. Mas, por mais que deseje acreditar nisso, e apesar das antigas tradições culturais difundidas em todo o mundo, que afirmam haver vida após a morte, não sei de nada que me sugira que esta afirmação não passa de *wishful thinking*, piedoso desejo.

Ainda de Carl Sagan me vem outro pensamento:

> Quero ver como vão se desenvolver tendências importantes da história humana, tanto promissoras como preocupantes, por exemplo, os perigos e a promessa de nossa tecnologia, a emancipação das mulheres; a crescente predominância política, econômica e tecnológica da China; o voo interestelar.
> Se houvesse vida após a morte, eu poderia, não importa quando morresse, satisfazer a maioria dessas profundas curiosidades e desejos. Mas a morte nada mais é do que um interminável sono sem sonhos, essa é uma esperança perdida. Talvez essa perspectiva tenha me dado uma pequena motivação para continuar vivo.

Aceitou a morte tranquilamente, casou-se oficialmente com sua mulher para que ela soubesse que era amor sem reservas e compromisso ilimitado. Não foi culpa: foi o laço definitivo. A ciência o ajudou a morrer.

Já assisti a morte de crentes e de ateus serenos e ao fim de crentes e ateus pouco serenos. Aos dois serenos ajudou a sua capacidade de pensar a vida como um todo e um projeto do qual fizeram parte e agora deixavam para quem fica. Uns esperavam ir para o colo de quem chamavam de Criador e os outros para o desconhecido, com a certeza de que tentaram saber o melhor possível o que foi viver.

Vi a morte de católicos, evangélicos, judeus e ateus, e sei dos que a encararam com serenidade e os que, crentes ou não crentes, tiveram culpa e medo. É uma afirmação caluniosa e má a que ouvi num programa de rádio a dizer que os ateus morrem em desespero.

> Já vi crentes morrerem aos gritos e ateus a morrer silenciosos e estoicos. Os crentes assustados não queriam ir para o Deus em quem acreditavam e aqueles ateus tranquilos morreram abertos para alguma outra possibilidade.

Diante do mistério, diz Bento XVI, alguns o tocam e outros não. E não é privilégio só dos católicos (*O Sal da Terra*). Os que o tocam em geral são os que pensaram nele antes de abrir a boca. E raramente disseram que o tinham decifrado. Limitaram-se a dizer: "Eu quero entender, eu creio, continuo querendo saber...".

Recado final

Se o leitor ou leitora chegou ao fim, já sabe o que me motivou.
Quis oferecer leituras da fé a quem tem fé e a quem não tem.
Quis alertar para o risco de esquecermos
que o outro também tem fé.
Quis mostrar que é possível crer diferente
e amar fraternalmente.

Há livros bem mais profundos e melhores do que este.
Mas quem me ouviu e ouve diariamente no rádio e na televisão
já sabe como penso e o que falo a respeito
de convicção e alteridade.

Este livro termina, mas não o assunto.
Em algum lugar do mundo haverá pessoas
que creem de outro modo,
amando do mesmo jeito, ouvindo e dialogando.
E haverá alguns a querer impor seus óculos e suas lentes
para a miopia espiritual dos outros. Não vai dar certo!

Convictos, sim, mas abertos ao diálogo!
Entre as luzes e sombras, que as há em todos os caminhos,
guie-nos a fortíssima luz que é Jesus,
como aquela nuvem chamada "Glória" (*kvod*)
(Ex 16,20; 24,16; 40,34),
nas horas mais difíceis, guiava o povo hebreu pelo deserto.

José Fernandes de Oliveira
(Pe. Zezinho, scj)

Bibliografia

ALVES, Rubem. *O que é religião?* São Paulo: Loyola, 2010.
ARMSTRONG, Karen. *Breve história do mito.* São Paulo: Companhia das Letras, 2005.
_____. *Uma história de Deus.* São Paulo: Companhia das Letras, 1993.
AZEVEDO, Mateus S. *Homens de um livro só.* Rio de Janeiro: Nova Era, 2008.
CAMPBELL, Joseph. *O poder do mito.* São Paulo: Palas Athena, 1990.
CHESTERTON, G. K. *Ortodoxia.* São Paulo: MC, 2007.
GONZÁLES, Justo. *Dicionário ilustrado dos intérpretes da fé*: vinte séculos de pensamento cristão. Santo André-SP: Hagnos, 2005.
HISTÓRIA das Religiões. Europa Collection. 3 DVDs.
MAÇANEIRO, Marcial. *O labirinto sagrado*: ensaios sobre religião, psique e cultura. São Paulo: Paulus, 2011.
MILES, Jack. *Deus: uma biografia.* São Paulo: Companhia de Bolso, 2009.
PROENÇA, Eduardo de; PROENÇA, Eliana Oliveira de (ed.). *Apócrifos e pseudoepígrafos da Bíblia.* São Paulo: Fonte Editorial, 2005.
RATZINGER, Joseph. *Dio e Il mondo.* Milano: San Paolo, 2000.
_____. *Luz do mundo*: o papa, a Igreja e os sinais dos tempos. São Paulo: Paulinas, 2011.
_____. *O sal da terra*: o cristianismo e a Igreja Católica no limiar do terceiro milênio. Rio de Janeiro: Multinova, 1997.
SILVA, Francisco Carlos Teixeira da (org.). *O século sombrio*: uma história geral do século XX. Rio de Janeiro: Campus, 2004.
SUZIN, *Teologia para outro mundo possível.* São Paulo: Paulinas, 2006.
VATTIMO, Gianni. *Depois da cristandade*: por um cristianismo não religioso. Rio de Janeiro: Record, 2002.

Impresso na gráfica da
Pia Sociedade Filhas de São Paulo
Via Raposo Tavares, km 19,145
05577-300 - São Paulo, SP - Brasil - 2014